전란으로 읽는
조선

규 장 각
교양총서
── 013

전란으로 읽는
조선

반란과 전쟁,
혁명이 바꾼 조선과 동아시아

규장각한국학연구원 엮음 | 윤대원 책임기획

글항아리

규장각은 조선 22대 국왕 정조가 1776년에 창립한 왕실도서관이자 학술연구기관입니다. 정조는 18세기 조선의 정치·사회 변화에 능동적으로 대처하기 위해 규장각의 기능을 크게 확대했습니다. 그런 가운데 옛 자취를 본받으면서도 새롭게 변통할 수 있는 '법고창신法古創新'의 정신을 잘 구현할 기관으로 규장각을 키워냈습니다. 조선시대 규장각 자료를 이어받아 보존하고 연구하는 서울대학교 규장각한국학연구원의 역할과 기능도 정조가 규장각을 세운 뜻에서 멀지 않을 것입니다.

규장각을 품고 있는 서울대의 한국학은 처음에는 미약했으나 이제 세계 한국학의 중심을 표방할 단계에 이르고 있습니다. 이러한 성과를 이끌어내는 데 중심이 되었던 두 기관이 있었습니다. 하나는 옛 서울대 문리대로부터 이사해와서 중앙도서관 1층에 자리 잡았던 한국 고문헌의 보고 '규장각'이었고, 다른 하나는 1969년 창립된 '한국문화연구소'였습니다. 한국문화연구소는 규장각 자료들이 간직한 생명력을 불러내어 꽃피우고 열매 맺는 데 중심 역할을 해온 한국학 연구기관이었습니다. 규장각이 세워진 뒤 230년

이 된 2006년 2월 초, 이 두 기관을 합친 '규장각한국학연구원'이 관악캠퍼스 앞자락 감나무골에서 새롭게 발을 내딛었습니다. 돌이켜보면 200여 년 전 정조와 각신閣臣들이 규장각 자료를 구축한 덕에 오늘의 한국학 연구가 궤도에 오를 수 있었던 것이기에 감회가 남다릅니다. 이를 되새겨 규장각한국학연구원은 앞으로 200년 뒤의 후손에게 물려줄 새로운 문화유산을 쌓는 데 온 힘을 다하려 합니다.

규장각한국학연구원은 한국을 넘어 세계 한국학 연구의 중심 기관으로 거듭나겠다는 포부와 기대를 모아, 지난 9년 동안 자료의 보존과 정리, 한국학 연구에 대한 체계적 지원, 국내외 한국학 연구자들의 교류 등 여러 측면에서 성과를 거두었습니다. 그리고 전문 연구자만의 한국학에 머무르지 않기 위해 대중과 함께하며 소통하기 위한 프로그램들을 추진하고 있습니다. 매년 수만 명의 시민과 학생이 찾는 상설전시실의 해설을 활성화하고, 특정 주제에 따라 자료를 선별하고 역사적 의미를 찾는 특별전시회를 열고 있습니다. 2008년 9월부터는 한국학에 관한 여러 주제를 그 분야의 최고 전문가들이 직접 기획하고 대중의 눈높이에 맞춰 강연하는 '규장각 금요시민강좌'를 열고 있습니다. 이 강좌는 지적 욕구에 목마른 시민들의 뜨거운 호응에 힘입어 2015년 2학기까지 열다섯 차례에 걸쳐 이어졌고, 강의 주제도 조선시대 각 계층의 생활상, 조선과 세상 사람의 여행 및 교류, 일기, 실용서, 그림을 비롯한 다양한 내용을 택해 매번 새롭게 진행해왔습니다.

지역사회와 긴밀히 대화하고 호흡하기 위한 노력의 하나로 금요시민강좌는 2009년부터 관악구청의 지원을 받아 '서울대—관악구

학관협력사업'으로 꾸려지고 있습니다. 또 규장각 연구 인력의 최신 성과를 강좌에 적극 반영하기 위해 원내의 인문한국Humanities Korea 사업단이 강좌의 주제와 내용을 기획하고 있습니다. 이 사업단은 '조선의 기록문화와 법고창신의 한국학'이라는 주제로 규장각의 방대한 기록을 연구해 전통사회의 삶과 문화를 되살려내고, 그것이 오늘날 우리에게 주는 의미와 가치를 성찰하고 있습니다. 금요시민강좌의 기획을 통해 우리는 과거의 유산과 현재의 삶 사이를 이어줄 뿐만 아니라, 연구자와 시민 사이의 간격을 좁혀주는 가교 역할도 하려 합니다.

강의가 거듭되면서 시민강좌는 강사와 수강생이 마주보며 교감하는 현장성이라는 장점도 있는 한편, 여건상 한정된 인원만이 강의를 들을 수밖에 없는 한계가 있어 늘 아쉬웠습니다. 이에 한 번의 현장 강좌로 끝내지 않고 강의 내용을 옛 도판들과 함께 편집해 '규장각 교양총서' 시리즈로 발간하게 되었습니다. 이미 조선의 국왕·양반·여성·전문가의 일생을 조명한 책들과, 조선 사람과 세상 사람의 여행을 다룬 책, 그리고 일기와 실용서 및 그림, 사물, 놀이로 조명한 조선에 관한 책들을 펴내 널리 독자의 호평을 얻고 있습니다. 앞으로도 매 학기의 강의 내용을 담아 흥미로우면서도 유익한 책으로 엮어내려 합니다.

교양총서에 담긴 내용은 일차적으로 규장각 소장 기록물과 학자들의 연구 성과에서 나온 것이지만, 수강생과 독자 여러분의 관심과 기대 속에 발전되어나갈 것입니다. 정조의 규장각이 옛 문헌을 되살려 수많은 새로운 책을 펴냈듯이 우리 연구원은 앞으로 다양한 출판 기획을 통해 대중에게 다가갈 것입니다. 이 시리즈가 우리 시대 규장각이 남긴 대표적 문화사업의 하나로 후세에 기억되었으면 좋겠습니다. 여러분의 많은 관심과 성원 바랍니다.

서울대학교 규장각한국학연구원장

김인걸

'신화 만들기'의 기억 너머에서 진실과 마주하기

역사적으로 전란에 대한 기억은 국가의 '신화 만들기'의 선봉에 서 있었다. 역사의 지배자들은 전란을 통해 백성과 국민에게 애국심과 충성심을 고취하고 지배 체제를 유지·강화하려는 목적으로 이에 대한 기억을 곧잘 미화해왔다. 그런 까닭에 전란에 대한 기억은 단지 군사 작전의 역사로만 축소되거나, 상대국과의 적대 관계라는 좁은 시야에 갇히기도 한다. 그러나 실상은 다르다. 전란은 그 사회의 역량이 남김없이 동원되는 총력전일 뿐 아니라 이후 사회 변동에도 지속적으로 영향을 미친다. 또한 전란의 배경에는 주변의 국제질서가 직간접적으로 작용하기 때문에 이들의 이해관계를 시야에 넣지 못하면 진실의 한 부분을 은폐시키는 것이나 다름없다. 나아가 전란에 대한 기억에는 그 최대 피해자인 일반민에 대한 이야기가 거의 지워져 있어 편파성의 논란을 벗어나기 힘들다.

이처럼 전란을 둘러싼 '신화 만들기'의 기억 너머에는 매우 낯설고 때론 인정하기조차 힘든 역사의 진실이 있다. 이 책은 조선시대의 주요 전란들에 대한 우리 기억이 '신화 만들기'의 결과는 아니었는지, 만약 그렇다면 그 이면에 있는 진실은 무엇인지 알아보고자 기획되었다.

세조는 명나라가 건주위의 여진 정벌을 단행하면서 조선에 건주위의 퇴로를 막아달라고 요구했는데도 이를 어긴 채 건주위를 정벌하고 추장 이만주를 죽였다. 명나라에의 사대事大를 무엇보다 중시하던 조선이었건만 왜 이만주를 죽였을까? 건국 초기부터 두만강 및 압록강 북변 일대의 여진 지역에 대한 주도권을 두고 명나라와 경쟁하던 조선은 명에 사대를 하더라도 최소한 두만강 유역을 영토로 확보해 국가의 안전을 꾀하겠다는 국익 우선의 대외의식을 지니고 있었던 것이다.

세조는 이시애의 난(1467)이 국가 정책에 맞서 이시애와 그 일족이 일으킨 반역이라고 규정했지만, 실제로는 함길도 토호 전반이 가담한 반란이었다. 이 난은 조선이 건국 초기에 단행한 여진 정벌 과정에서 중앙 권력과 연계된 관리가 함길도 토호들의 경제적 이익 등을 침해하면서 갈등을 빚은 게 주원인이었다. 세조와 중앙 권력은 세조 타도를 주장하지도 않은 '반란인 듯 반란 같지 않은' 이시애의 난의 원인과 의미를 축소하여 그 불똥이 중앙으로 튀는 것을 막음으로써 정권 안정을 꾀하려고 했던 것이다.

1419년(세종 원년)에 단행된 조선의 쓰시마 정벌과 1510년(중종 5)에 일어난 삼포왜란은 15, 16세기 동아시아 국제질서를 새롭게 구축해간 명나라의 대외정책이 배경이 되었다. 명나라는 건국 초부터 국가가 통제하는 공식 교류인 조공제도와 해금 정책을 강력히 실시해 자국 중심의 국제질서를 구축해갔다. 자급자족의 농업

사회를 지향했던 조선은 이런 새로운 질서 변화에 적응할 수 있었다. 반면 내부 사정으로 외부와의 교류가 필수였던 일본은 생존을 위해 비정상적 교류인 밀무역과 해적활동도 서슴지 않았다. 명나라가 이런 일본을 제압하려고 원정을 계획하자 조선이 선수를 쳐 쓰시마 정벌을 단행했다. 조선은 명이 일본 원정을 결행할 경우 국토에 훨씬 큰 혼란이 일어날 것을 예상했기에 이를 사전에 방지했던 것이다.

임진왜란은 단순히 일본이 조선을 침략한 전쟁이 아니었다. 비록 좌절됐지만 일본은 한반도를 정복해 대륙으로 진출하려는 야욕을 품었다. 이 전쟁 중에 만주에서 누르하치가 여진족을 통일해 청을 건국할 기반을 마련했다. 이 무렵 러시아도 흑룡강 이북까지 진출해 이후 이 지역의 국제관계에서 중요한 축으로 등장하는 등 17세기 명·청 교체라는 동아시아 국제질서의 변화를 일으켰다. 이처럼 임진왜란은 해양 세력인 일본이 동아시아 질서를 재편할 가능성을 보여주었을 뿐만 아니라 한반도를 동아시아에서 대륙 세력과 해양 세력 간의 '지정학적 요충지'로 등장시킨 최초의 역사적 사건이었다.

병자호란은 임진왜란이 초래한 17세기 명·청 교체의 불똥이 한반도로 튀면서 일어난 사건이다. 왜란의 후유증도 극복하지 못한 터에 조선은 또 한번 두 나라 사이에 끼인 샌드위치가 되어 인조가 청 태종에게 머리를 조아리는 굴욕을 당했다. 고립된 남한산성에서 있었던 주전파와 주화파의 논쟁 및 대립은 명과 청 두 강대국을 움직일 지렛대 역할을 할 능력이 없었던 조선의 한계를 드러냈다. 또한 청이 무차별적으로 붙잡아간 피로인과 이들에 대한 조선

조정의 태도는 왕조의 통치 이념인 민본주의의 파열을 드러내고
말았다.

1654년(효종 5)과 1658년 두 차례에 걸쳐 청의 요청으로 이뤄진
'나선 정벌'은 전란에 대한 '신화 만들기'의 실체를 매우 잘 보여준
다. 나선 정벌 당시 2차 파병에 나섰던 신유와 조선의 지식인들은
승리를 기뻐하기는커녕 오히려 그 처지를 한탄했다. 왜냐하면 병
자호란 뒤 '북벌론'을 내세워 자신들의 무능을 은폐하고자 했던
조선의 지식인들에게 나선 정벌은 북벌이 아닌, 오랑캐 청을 돕는
출병이었기 때문이다. 그런데 17세기에 접어들면서 나선 정벌은
오랑캐에게 굴복한 수치심과 북벌의 자괴감을 동시에 해결해주는
'승리의 역사'로 기억 전환을 꾀했다. 현실성도 없고 정치 선전의
도구였던 북벌 담론보다는 양 난 이후 흐트러진 국가 체제를 재건
하고 왕권을 강화하는 일이 필요했기 때문이다.

1728년 이인좌 세력의 무장 반란은 양 난 이후 지배층 내에서
일어난 최대 반란이었다. 영조가 "100년 동안 내려온 세족에서
반역자가 많이 나왔다"고 했듯이 난을 일으킨 주체는 충청도 청
주, 경상도 합천과 거창, 전라도 태인 등지의 양반과 그들의 영향
력 아래 있던 상천민들이었다. 오랜 세월 끌어왔던 당쟁과 그에 따
른 노론의 권력 독점 그리고 농민들의 고통이었던 양역의 폐단 등
이 불을 당겼던 것이다. 결과적으로 이인좌의 난은 영조가 탕평책
과 균역법 등 개혁적 조치를 취하게 만드는 계기가 되었다.

1812년에 발생한 홍경래의 난은 이런 개혁적 조치들이 백성이
바라던 근본적인 쇄신과 어긋났음을 여실히 드러내는 움직임이었
다. 이 난은 사족 세력이 발달하지 못한 평안도의 특수성을 배경

으로, 조선 후기 사회경제적으로 성장한 하층 지식인 등 새롭게 세력화한 평민들이 왕조를 전복시키고자 일으킨 반란이었다. 난은 곧 진압됐지만 '진인설眞人說'을 이념으로 왕조의 전복을 선전하고, 오랑캐 군대인 호병을 원병으로 설정해 화이론華夷論이라는 지배층의 이념에 반기를 들었다. 한편 진압군에 의한 참여자 2000여 명의 학살은 나라의 근간이었던 민본주의 교화 이념을 폐기한 것이나 다름없는 행위였다.

1866년 프랑스군(병인양요) 및 1871년 미군(신미양요)의 강화도 침공은 조선을 식민지화하고 통상무역 팽창을 위해 무역 항로를 개척하려던 제국주의 침략의 연장이었다. 이로써 조선은 전혀 경험하지 못했던 근대 문명과 대포를 앞세운 '힘'이 지배하는 새로운 세계질서로 편입되었다. 그러나 두 차례 침공에 맞선 승리는 오히려 조선의 위정자와 지식인에게 세계정세 및 시대적 전환을 객관적으로 파악하지 못하게 했고, 그 결과 이에 대한 대응은 외세 배격과 왕권 강화라는 '과거 회귀'의 역설로 나타났다. 그 대가는 혹독했으며 1894년 민초들의 봉기로 이어졌다.

'동학농민혁명'은 1894년 당시 약 1052만 명의 인구 가운데 약 200~300만 명이 참가해 30만 명 이상이 희생된 대참사였다. 민초들은 안으로는 민중전선을 형성해 새로운 체제를 건설하려는 변혁운동으로, 밖으로는 일제 침략에 저항하는 민족운동으로 맞섰다. 이들이 혁명 대열에 합류한 것은 대개 동학이 내세운 '생명전선적' 성격 때문이었다. 이런 점에서 '동학농민혁명'에 대한 기존 인식이 당시 농민군 진압 세력으로 본 사관이나 식민사관 등에 의해 뒤틀린 것은 아닌지 새삼 묻게 된다.

청일전쟁은 일본의 '정한론征韓論'과 청의 '조선 속국론'이 충돌한 것이지만 동아시아에서 중화질서의 붕괴와 근대 주권국가 개념을 바탕으로 하는 국제질서의 등장을 뜻했다. 그 결과 동아시아의 중심이 중국에서 일본으로 이동했다. 한반도에 대한 서구 열강의 이해관계가 맞물려 전개된 청일전쟁은 이후 러일전쟁으로 비화되어 마침내 대한제국의 국권 상실로 이어졌다.

신소설 『혈의 누』와 『절처봉생』에서는 당시 지식인들이 청일전쟁과 러일전쟁을 어떻게 받아들였는지 그 일면을 보여준다. 이인직이 『혈의 누』에서 그려내는 청일전쟁은 곳곳에서 전쟁의 실상을 은폐하고 일본군을 미화하는 등 지극히 친일적 성격을 띤다. 작자 미상의 『절처봉생』은 러일전쟁 전후 일가족의 수난기 형태로 쓰인 상업소설이다. 이 소설은 『혈의 누』와는 달리 러일전쟁의 성격에는 무관심하지만 전쟁 전후에 나타난 서울의 변모를 매우 구체적으로 그려낸다는 점에서 주목할 만하다. 두 전쟁에 대한 두 작가의 인식은 한말 입신출세에 경도된 친일 지식인 내지 병합 후 민족의식을 제거당한 지식인의 일면을 보여준다.

역사 속의 전란을 어떻게 기억하고 재해석할 것인가 하는 문제는 현실을 살아가는 우리의 몫이다. 2013년에 상영된 영화 「최종병기 활」에서 오랑캐에게 끌려가던 여주인공 자인을 구하는 신궁 오빠는, 병자호란 당시에는 없었다. 천신만고 끝에 고향으로 돌아왔을 때 이들을 맞은 것은 '정절貞節을 잃은 여자' 즉 '화냥년'이란 돌팔매였다. '화냥년'으로 상징되는 사회적 약자에 대한 뒤틀린 기억은 그로부터 480여 년이 지난 1991년 '일본군 위안부'로 되돌아왔고 이들 역시 수십 년 동안 침묵을 강요당했다. '화냥년'이나 '일본군 위안부' 모두 자국민을 지키지 못한 무능함을 은폐하려고 또 한번 내친 행위일 따름이다.

서울 중학동 일본대사관 길 건너편에 있는 '평화의 소녀상'은 나라 잃은 백성의 설움과 일제가 저지른 전쟁 범죄의 책임을 묻고 그것을 잊지 말자며 인권과 평화의 상징인 나비가 되어 훨훨 날아가겠다고 절규하고 있다. 그러나 그 절규는 '10억 엔'에 또다시 나라로부터 버림받을 위기에 처해 있다. 그 위기는 동아시아 정세가 요동칠 때마다 한반도가 그러했듯이, 21세기 탈냉전 이후 미국과 중국의 패권 경쟁 속에서 또다시 양자택일을 강요받는 현실에서 비롯되었다. 이 현실을 앞에 두고 역사 속의 전란에서 무엇을 기억할 것인가? 그것은 아마 조작된 '신화' 너머의 다소 불편하고 낯선 진실과 마주하여, 한국이 한반도 주변 강대국을 움직일 수 있는 지렛대 역할을 찾는 일이 아닐까?

이 책은 규장각한국학연구원 HK사업단이 펴낸 열세 번째 교양총서다. '조선의 기록문화와 법고창신의 한국학'을 수행하면서 여러 연구자가 공동 연구한 결과물이다. 연구자들은 전란에 대한 독자들의 기억을 일깨우려고 조심스럽게 접근하는 한편 때로는 낯선 내용을 과감하게 펼쳐 보이기도 했다. 그러면서도 가능한 한 쉽게 풀어쓰려 애썼다. 여기에 글항아리 출판사 이은혜 편집장을 비롯한 여러 사람이 편집에 대한 수고를 아끼지 않았다. 바쁜 일과 속에서도 좋은 글을 주신 필자들과 인내와 수고를 마다하지 않은 출판사에 다시 한번 고마움을 전한다. 독자들이 이 책을 통해 조선사회와 한결 가까워지고 이로써 주변 강대국의 이해관계 속에서 항상 전란의 위기에 내몰렸던 한반도의 현실을 이해하는 데 작은 도움이 되기를 바란다.

2016년 1월 25일

집필자를 대신하여

윤대원 쓰다

차례

1장

왜,
이만주를 죽여야 했는가?

◉

조선의 북방 정책과 여진 정벌

이규철

　　조선 초기에는 대외 정벌활동이 유독 활발하게 이루어졌다. 대외 정벌을 단행하려면 대규모 병력과 군수, 작전과 이동 시간 등을 모두 고려해 계획을 세워야만 한다. 더욱이 여느 정책과 달리 실패했을 때 감당해야 할 정치·사회적 위험성이 매우 컸다. 이러한 점들을 생각해본다면 대외 정벌은 결코 순간적인 판단으로 추진할 수 있는 정책이 아니었다. 또한 정벌이라는 방식의 공격성으로 인해 주변국과의 대립을 불러일으킬 수밖에 없었다.

　　조선 초기 대외 정벌의 주를 이루었던 여진 정벌은 명목상 이 지역을 지배하고 있던 명나라와 불가피한 충돌을 일으켰다. 특히 태조에서 성종까지의 재위 시기에는 국왕이 누구보다 사대事大를 강조하면서도 때에 따라서는 이에 구애받지 않고 대외 정책을 펼치곤 했다. 이는 당시 조선이 대외 정벌에 자주 나서면서 국제관계를 정립하고자 했던 데서 기인한 상황이었다. 조선이 공격성이 강한 정벌을 빈번하게 택했던 이유를 생각해보면 외부 세력의 침입에 대한 즉각적인 대응으로 보기는 어렵다. 오히려 대외 정책에 따라 사전에 치밀하게 준비되었기에 정벌이 자주 단행되었다고 보는 편이 맞다.

「장양공정토시전부호도壯襄公征討時錢部胡圖」, 전 이재관, 135.0×101.0cm, 서울특별시 유형문화재 제304호, 1845, 육군박물관. 1588년 장양공 이일이 두만강 너머의 여진족 시전부락을 토벌한 내용을 담은 그림이다. 고려에 이어 조선시대에도 여진족 정벌은 국가 대외 정책의 주요 사안이었다.

세종대, 여진족을 둘러싼 세력 다툼

명나라가 여진 지역에 대해 본격적으로 영향력을 확대했던 시기는 영락제永樂帝 재위기였다. 당시 명나라는 타타르, 오이라트 세력과 전쟁을 거듭했고 이 여파가 요동은 물론 만주 지역에까지 미쳤다. 세종대에 건주위建州衛 이만주李滿住 세력이 압록강의 지류인 파저강婆猪江 일대로 이주해왔던 것은 이런 정세와 맞물려 있었다.

당시 명나라에서는 여진 세력에 대한 영향력을 확대를 넘어 이들을 위소衛所 체제에 편입시키고자 했다. 명초 유기劉基의 건의로 시행되었던 위소 제도는 명나라 군사 제도의 중심이었다. 특히 '위衛'와 '소所'는 군사 편제상 가장 핵심적인 단위로, 전국의 군사 요충지에 설치되었다. 명나라는 1403년(영락제 즉위)부터 1409년(영락 7)까지 송화강과 흑룡강 일대를 중심으로 115개의 위소를 설치했다.

명나라의 여진에 대한 위소제 편입 시도는 해당 지역에 대한 지배권을 확보하기 위해 명나라가 본격적으로 움직이기 시작했음을 의미했다. 이러한 움직임은 명나라가 북방 지역으로 진출하면서

『청실록清實錄』목판화. 명 왕조 가정嘉靖(1522~1566)에 여진족 중 비교적 문명화된 해서海西와 건주建州 두 부락이 남쪽으로 이주해 요동 동북쪽에 거주했다.

「야연사준도夜宴射樽圖」, 『북관유적도첩』, 종이에 색, 31.0×41.2cm, 17세기경, 고려대박물관. 세종 때 김종서가 야인을 격퇴하고 6진을 설치해 두만강을 경계로 국경선을 확정한 뒤 도순문찰리사로 있을 때의 일화를 그린 것이다. 그가 하루는 술파 음악으로 야연을 베풀고 있는데 화살이 날아와 주준酒樽에 적중했다. 주위 사람들이 놀라고 두려워했지만 김종서는 '간사한 사람이 나를 시험했을 뿐이다'라고 하며 침착하게 연회를 마쳤다는 내용이다.

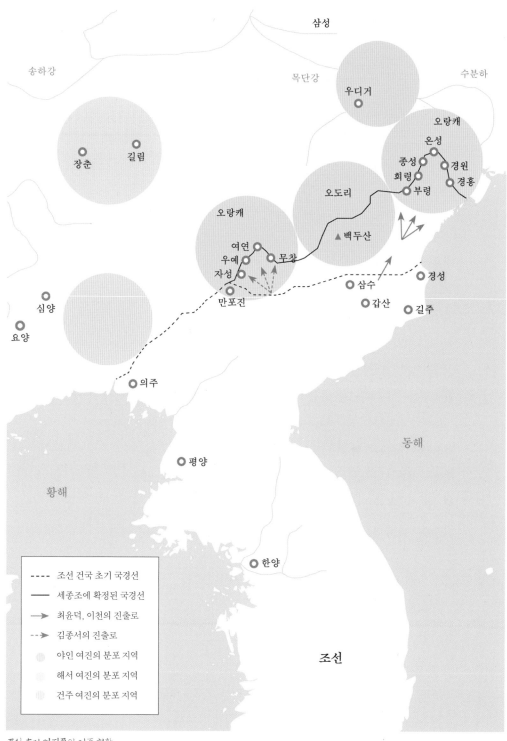

조선 초기 여진족의 거주 현황.

여진 세력에 대한 영향력을 확대하고자 했던 조선과의 충돌을 예고하게 되었다. 요동의 봉주鳳州에서 함께 거주하고 있던 건주위와 건주좌위의 여진인들이 각각 파저강과 아목하阿木河 지역으로 이주했던 시기는 1423년(세종 5, 영락 21)이었다. 이들의 이주는 영락제의 몽골 친정親政에 따른 타타르의 대응과 침입 등으로 봉주에서 생활하기 어려운 상황에서 비롯되었다.

이러한 정세 속에서 조선은 여진에 대한 지배력을 확보하기 위해 파저강 이만주 세력에 대한 두 차례의 정벌을 단행했다. 세종대의 조선은 압록강 일대의 여진 세력에 대한 군사행동을 단행했고, 명나라는 두만강 지역의 야인들을 회유하기 위해 노력했다. 따라서 여진 지역에 대한 주도권 문제를 두고 양국이 대립하는 양상이 직접적으로 나타나지는 않았지만 둘의 이해관계가 엇갈리고 충돌할 조짐들은 드러나고 있었다.

조선과 명나라는 각각 두만강 북변 일대와 압록강 북변 일대를 자신들의 주도권이 확실히 보장되는 지역으로 판단했다. 결국 세조대에 이르러서 양국은 이 문제를 둘러싸고 좀더 직접적으로 대립하게 되었다. 조선의 대외 정벌이 지속적으로 추진되었던 근본적인 원인에는 바로 여진 세력에 대한 영향력 확보가 결부되어 있었다.

이만주 세력의 출현과
대외 정벌을 단행한 조선의 속내

1419년(세종 1) 쓰시마 정벌 이후 조선은 외부 세력에 대한 출병을 자제했다. 그러는 한편 북방 지역에 대한 활발한 활동을 펼쳐 관련 정보를 폭넓게 수집해나갔다. 특히 여진 세력의 근거지나 주요 추장의 동향과 관련된 내용을 집중적으로 모았다. 이는 당시 조선이 그들 지역에 대해 높은 관심을 유지하고 있었음을 뜻한다.

이런 와중에 건주위의 유력 추장이었던 이만주가 명나라의 승인을 받고 압록강의 지류인 파저강 일대로 이주해왔다. 조선이 사실상 자국의 영향력 아래 있다고 여기던 이곳으로 거처를 옮겨온 이만주 세력에게 주목한 것은 당연했다. 그런데 이만주는 조선보다는 명나라와의 관계를 더 중시했다. 더욱이 이주 초기에 그는 조선과의 관계를 개선하기 위해 큰 노력을 기울이지 않았다. 조선에서 이런 상황을 보고만 있다면 파저강 일대에서는 이만주를 중심으로 명나라의 영향력이 확대될 위험성이 있었다. 따라서 조선은 이만주 세력을 제압하는 동시에 해당 지역에 대한 주도권을 확보할 필요가 있었다.

결국 조선은 여진 세력의 여연闊延(평안북도 자성) 침입 사건을 계기로 이만주 세력에 대한 대규모 정벌을 단행했다. 당시 조선은 여연을 침입했던 여진 세력의 정체를 정확하게 파악하지 못했는데, 그럼에도 이만주를 주동자로 지목하며 정벌을 추진했다. 이는 외부 세력의 침입이 정벌의 근본적인 원인이라기보다는 정벌을 위한 명분으로 활용되었음을 의미한다.

세종대에 첫 번째 여진 정벌의 명분이 되었던 여연 사건에 대해 좀더 살펴보자. 1432년(세종 14) 12월 여진 400여 기가 여연 지역을 공격해왔다. 보고를 받은 세종은 대신들과 방어 대책을 세우는 한편, 사건을 명나라에 보고할 것인지의 여부에 대해 논의했다.

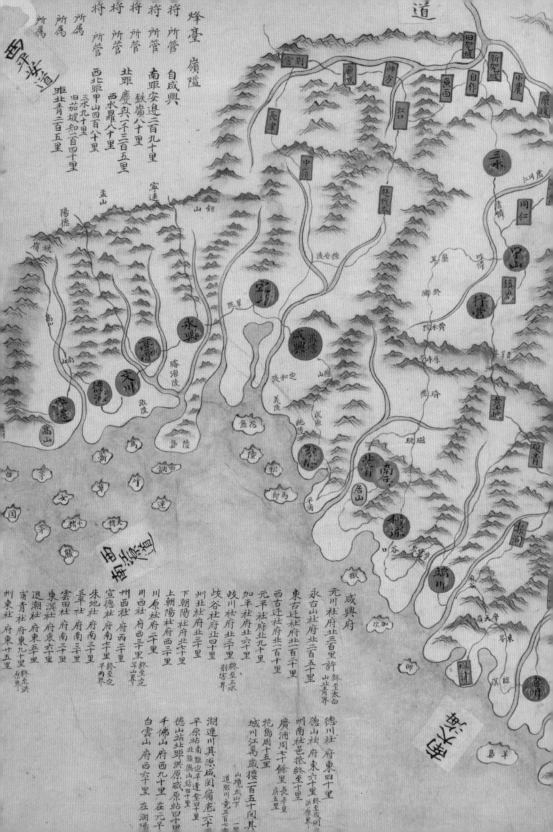

烽臺　嶺隘

將所管　自成興
　　　　南距安邊三百九十里
將所管　北距慶興鐵嶺八十里
　　　　寧遠
將所管　西北距甲山四百四十里
　　　　西水羅八十里
將所屬　三水九十里
　　　　舊加坡知二百四十里
將所屬　北距青三百五十里

咸興府

元川社府北三百五十里許
永古山社府北三百五十里
德古迁社府北二百十里
西古迁社府北一百十里
元古迁社府北九十里
加平社府北六十里
歧山社府北三十里
別害等
下朝陽社府北三十里
上朝陽社府北三十里
州北社府北三十里
川原社府西三十里
宣德社府西三十里
川西社府南七十里
朱地社府南四十里
草黄社府南三十里
雲田社府南三十里
東溟社府東六十里
退潮社府東五十里
甫青社府東九十里
州東社府東十五里

「해동지도」 중 '함경도', 규장각한국학연구원. 두만강과 압록강 일대인 이 부근은 수시로 여진족이 침략하는 등 대외 정벌이 끊임없이 일어나는 곳이었다.

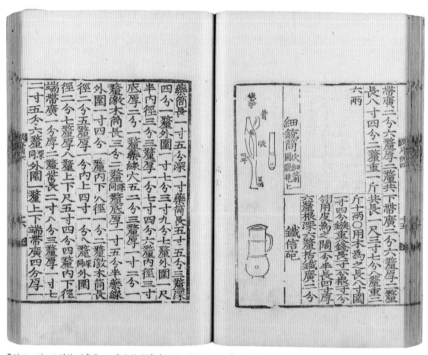

『병기도설』에 실린 세총통, 규장각한국학연구원. 세종대에 사용되었던 무기 중 하나다.

당시 조선 조정에서의 논의과정을 살펴보면 세종은 사건 직후부터 여진에 대한 정벌 의사를 직접적으로 밝히고 있었던 것으로 판단된다.

사실 대외 정벌이라는 대규모 정책이 단 한 건의 국지적 침입으로 결정되었다고 보기는 어렵다. 특히 여연 사건 이전 세종의 재위기 동안 여진 세력의 침입은 드물었다. 뿐만 아니라 침입 규모나 조선의 피해 역시 매우 적었다. 그런데 세종은 갑자기 대규모 군사활동을 거론하기 시작했던 것이다.

이때 여진인 유을합劉乙哈이란 인물이 이만주가 사냥하러 간 동안 훌라온忽剌溫 올적합兀狄哈이 군사 100여 명을 거느리고 여연·강계江界 지방을 공격했다는 정보를 조선에 알려왔다. 아울러 훌라온 올적합이 사로잡아가던 조선인 포로 64명을 이만주가 되찾아 보호하고 있다는 내용도 전달해왔다. 유을합은 이만주가 여연 공격과 무관하다는 점을 증명하고자 했던 것으로 보인다.

이듬해(1433, 세종 15) 1월 이만주는 조선인 포로 64명을 무사히 돌려보냈다. 이 과정에서 이만주는 여연을 공격했던 세력과 자신이 무관하다는 점을 다시 한번 강조했다. 생각해보면 조선인 포로들을 빼앗아 보호하면서 조선에 연락을 취했던 이만주가 조선을 공격했을 가능성은 낮다. 격렬한 전투 끝에 사로잡아갔던 포로들을 굳이 돌려보낼 이유가 없었기 때문이다. 이처럼 조선은 여전히 여연의 침입 주체를 확인하지 못하고 있었다.

한편 조선은 명나라에 여연 사건에 관한 보고서를 보냈다. 보고서는 여연·강계 지방을 침략했던 세력을 파저강 등지의 여진 세력으로 특정했는데, 당시까지 파악된 정보에 따르면 그 여진 세력은 훌라온 올적합이었다. 그런데도 조선은 파저강 일대의 여진 세력이라고 강력하게 주장했다. 이 보고서에는 조선 태종대의 정벌 사례와 영락제의 선유宣諭를 언급하며

세총통, 보물 854호, 육군박물관.
조선 초기의 화기 중에서 가장 주목할 만한 것은 세총통이다.
전체 길이가 14센티미터, 입지름이 0.9센티미터에 불과해 조선시대에 제작된 화기 가운데 가장 작다.
특히 이 세총통은 세종 재위기 여진족을 토벌하기 위해 개발된 화약 무기 가운데 하나다.

여진인들에 대한 추격을 허락해달라는 내용도 기록되어 있었다. 조선은 여연 사건이 일어나기 몇 년 전부터 파저강 일대 여진 세력의 근거지를 파악하기 위해 대규모 정보활동을 펼쳤다. 심지어 세종은 이런 정보활동에 대외 정벌을 위한 목적이 있다는 점을 직접 언급하기도 했다.

조정의 찬반 논란 속에서 세종은 결국 정벌을 결정했다. 세종은 다시 명나라에 사신을 파견해 출병 사실을 알렸다. 당시 조선은 명나라에 보내는 문서에서 파저강 여진 세력의 11년 전 소규모 침입 사건까지 언급하면서 정벌의 정당성을 강조했다. 그런데 조선이 명나라에 출병 사실을 알리는 사신을 파견했던 날짜를 잘 살펴봐야 한다. 조선은 출병 날짜를 일주일 정도밖에 남겨두지 않고 정벌 사실을 알렸다. 이는 명나라가 지정했던 위소 지역에 대한 군사활동을 전개하면서 조선이 사전 허락을 받을 의도가 없었음을 보여준다.

조선의 국왕들, 대외 정벌에 적극 나서다

1433년(세종 15) 4월 19일 최윤덕崔潤德은 평안도와 황해도의 군사 1만5000명을 동원하여 정벌에 나섰고 마침내 커다란 승리를 거두었다. 4월 25일 평안도 감사 이숙치李叔畤의 보고를 시작으로 5월 3일까지 승전 보고가 이어졌다. 최윤덕의 보고에 따르면 세종의 지시를 받고 파저강 정벌을 준비했던 날짜는 3월 17일로 확인된다. 이후 정벌군이 강계부에 집결한 시점은 4월 10일로 기록되어 있다. 조선왕조실록의 기사를 그대로 받아들인다면 조선에서 는 1만5000명의 병력을 한 달도 안 되는 기간에 동원한 것으로 설 명할 수 있다.

하지만 이만한 숫자의 병력과 군량, 작전 계획, 이동 시간 등을 고려해볼 때 이 모든 것을 한 달 내에 준비하는 것은 불가능하다. 현대의 미군이라도 방어가 아닌 공격에서 1만5000명의 병력과 군 량·군수, 작전 계획 등을 이렇게 짧은 시간에 준비하는 것은 불가 능하다. 이는 조선의 대외 정벌이 상당 기간 동안의 계획을 거쳐 시행되었음을 보여주는 것일 터이다. 정벌이 끝난 뒤 조선은 명나 라에 사신을 보내 전쟁 결과를 알렸다. 그런데 그 문서의 내용은 매우 간략했다. 정벌을 허락받기 위해 조선이 명나라에 보냈던 문 서에는 파저강 여진 세력과 관련된 세세한 내용까지 모두 기록되 어 있었다. 심지어 11년 전에 있었던 건주위 여진의 소규모 침략 사실까지 정벌의 명분으로 제시했다. 하지만 정벌의 결과를 알리 는 문서에서 조선은 상당한 전과를 올렸음에도 관련 내용 대부분 을 기록하지 않았다. 이 역시 조선의 대명의식의 실체가 어떠했는 가를 입증하는 장면이라 할 수 있다.

세종은 파저강 정벌에서 큰 성과를 올렸음에도 이만주 세력에 대한 재정벌을 계획했다. 조선은 대외 정벌을 상시적으로 추진하 고자 했다. 세종이 대외 정벌을 적극적으로 활용해 국내외 정치에 서 큰 성과를 얻었던 경험은 후대의 국왕들에게도 영향을 미쳤다. 실제로 세조와 성종·연산군은 물론 중종·명종·선조 등 조선 전 기의 국왕들은 모두 대외 영향력 확대와 국내 정치의 주도권 확보 를 위해 대외 정벌을 적극적으로 활용하고자 했다.

조선이 이만주를 죽이려 했던 이유

1437년(세종 19) 9월 도절제사 이천李蕆이 정벌군 8000여 명을 동원해 2차 파저강 정벌을 시행했다. 이는 6일간 계속되었는데 야인들이 미리 알고 숨거나 도망가서 소규모 전투만 치렀을 뿐 큰 전과를 거두지는 못했다. 당시 조선의 재정벌 목표 중 가장 중요한 것은 바로 이만주를 포착하는 일이었지만, 세종대의 정벌에서는 실패했다.

그렇다면 세종대에는 왜 그토록 이만주를 잡기 위해 힘을 쏟았을까? 그 이유는 다음의 세 가지로 판단할 수 있다. 첫째, 건주위 여진 세력의 구심점 역할을 했던 이만주를 제거하기 위해서였다. 조선은 여진 세력에 대한 영향력을 지속적으로 확대하고자 했다. 따라서 여진 세력이 경제와 군사 등의 문제에서 조선에 더 의지하도록 만들 필요가 있었다. 능력 있는 추장을 중심으로 여진 세력이 통합되어 주변 강대국의 도움이 필요 없게 된다면 조선의 통제력은 감소할 가능성이 높았기 때문이다.

둘째, 이만주가 조선보다는 명나라와 밀접한 관계를 맺고 있는 추장이었기 때문이다. 이만주는 파저강 일대로 이주해올 때 조선의 허락을 구하기에 앞서 명나라 황제의 승인을 받아왔다는 점을 강조했다. 더욱이 영락제와 친척관계였을 뿐만 아니라 명나라의 고위 관직까지 받은 터였다. 조선은 이만주가 파저강 일대로 이주하면서 조선의 영향력 하에 들어왔다기보다는 명나라의 영향력 하에서 근거지를 옮긴 것으로 판단했을 가능성이 높다.

셋째, 이만주는 이주 초기에 조선과의 관계를 개선하기 위해 별

「야전부시도夜戰賦詩圖」, 『북관유적도첩』, 종이에 색, 31.0×41.2cm, 17세기경, 고려대박물관. 체조 때 신숙주가 함길도 도체찰사로서 야인을 정벌하는 동안 있었던 내용을 그린 것이다. 야인이 밤에 진영을 습격해 군사들이 이에 응전하고 있는데도 신숙주는 누워서 움직이지 않은 채 막료를 불러 오히려 적군을 걱정하는 시 한 수를 즉석에서 지어주면서 두려워하지 않았다는 내용이다.

다른 노력을 기울이지 않았다. 조선에서는 이만주가 파저강 일대, 더 크게는 압록강 일대에 대한 조선의 영향력을 인정하지 않는다고 생각했을 가능성이 높다. 특히 조선을 상국上國으로 대접하지 않았던 이만주의 태도 역시 조선의 불만을 키웠던 것으로 보인다.

이런 상황을 그대로 둔다면 압록강 일대의 여진 세력에 대한 명나라의 영향력이 커지는 반면 조선의 영향력은 줄어들 위험성이 있었다. 따라서 조선에서는 압록강 일대가 자신들의 영향력 아래 있는 지역이라는 점을 어떤 식으로든 보여줄 필요가 있었다. 이만주 세력이 압록강과 파저강 일대에 거주하면서 조선의 주도권과 지배력을 완전하게 인정하지 않는 한 조선의 정벌은 사실상 예견된 것이었다. 실제로 조선은 건주위와 모련위毛憐衛의 유력 추장들이 통제 범위를 벗어날 경우 이들을 제거하는 방식으로 영향력을 유지했다. 세조는 모련위의 최고 추장이었던 낭발아한浪孛兒罕과 그 일족을 잡아서 처형했다. 또 신숙주는 정벌군을 출동시키면서 명나라 사신 마감馬鑑의 부름에 따라 모였던 모련위 추장 90여 명을 모두 잡아서 참수하기도 했다.

세조대 건주위의 정벌과 이만주의 처형

이만주는 세조가 집권한 이후 우호적인 태도로 접근하며 조선과의 관계를 개선하고자 힘을 기울였다. 이만주 자신이 직접 한양으로 가서 세조를 만나고자 했을 뿐 아니라 여진 세력의 침입에 관한 중요한 정보를 지속적으로 제공했다. 또 아들을 계속 조선에 보내 연락을 취했고, 명나라 사신들의 여진 지역 활동에 관한 고급 정보도 제공했다. 세종대의 정벌 이후 이만주는 조선과의 관계를 개선하기 위해 많은 노력을 기울였다.

그러나 조선은 지속적인 대외 정벌을 통해 여진 세력을 제압하고 영향력을 확대하려는 의도를 품고 있었다. 세조는 모련위 정벌 직후부터 건주위 정벌을 언급했을 뿐만 아니라 여진 정벌 계획을 자주 입에 올렸다. 특히 이만주의 관계 개선 노력에도 불구하고 결코 그를 신뢰하지 않았다. 이만주 역시 표면적인 태도와는 달리 조선에 의한 정벌에 상시적으로 대비하고 있었다. 특히 조선에 자신들을 정벌 대상에서 제외해달라는 청원을 넣곤 했다. 조선은 이만주의 청원을 응낙하면서 정벌을 단행하지 않겠다고 약속했다. 그럼에도 조선을 믿지 못했던 이만주는 급기야 명나라에 사람을 보내 조선의 정벌을 중지시켜달라고 요청했다.

실제로 명나라에서 조선에 사신을 파견해 이만주 세력과의 관계 개선을 요구하자 세조는 황제의 지시에 따르겠다고 선언했다. 하지만 속마음은 달랐다. 세조의 최측근이었던 신숙주는 일단 황제의 지시에 따르더라도 정벌을 시행할 상황이 생기면 그때에 맞는 새로운 논리를 만들어내서 알리면 된다고 했다. 이만주 세력과의 관계를 개선할 생각이 별로 없었던 것이다.

그리하여 조선은 건주위를 타겟으로 삼아 다양한 군사·정보활동을 전개해나갔다.

조선이 건주위 여진 세력을 본격적으로 압박하기 시작했던 것이다. 한편 명나라 역시 건주위 정벌을 추진했다. 세종과 세조의 재위기 동안 조선은 명나라의 지시에 따르지 않고 독자적으로 여진 지역에 대한 정벌까지 단행하면서 대외 영향력을 확대했다. 이러한 조선의 대외활동은 국제관계에서 복잡한 구도를 조성했다.

세조 집권 초기에 명나라는 조선과 여진의 문제에 대해 사신을 파견함으로써 양측의 교류를 금지하는 정도로만 대응했다. 하지만 지시에 따르지 않고 명나라의 관직을 받았던 낭발아한 부자 등은 처형했다. 더욱이 건주위와 교류를 확대하면서 대규모 정벌까지 단행하자 명나라에서도 보다 적극적인 대응이 필요해졌다. 명나라 역시 건주위에 대한 정벌을 단행함으로써 건주위와 모련위는 물론 해당 지역 일대에 대한 지배권을 분명히 하고자 했다. 동시에 명나라는 건주위 정벌 때 조선의 출병을 요구했다.

명나라의 정벌에 앞서 조선은 1만 5000명의 병력을 동원해 건주위 정벌을 시행하려 했지만 마침 이시애의 난이 일어나면서 출병 계획이 중단되었다. 명나라가 건주위 정벌을 결정하고 조선에 지원을 요구했던 시점은 이시애의 난이 진압된 직후였다. 조선은 명나라의 요구를 받아들여 병력을 출동시켰다.

이 과정은 마치 조선이 명나라의 요구에 따라 건주위에 대한 군사활동을 펼친 것처럼 보인다. 하지만 당시 상황을 잘 살펴보면 조선이 독자적인 목적을 가지고 정벌을 시행했음을 알 수 있다. 원래 명나라가 조선에 요청했던 점은 건주위에 대한 협공이라기보다는 그들의 퇴로를 막아 완전히 격멸할 수 있도록 도와달라는 것이었다. 그럼에도 조선은 1만 병력을 동원해 건주위 정벌을 단행했다.

4군 6진 개척 기록화, 김태, 2001, 전쟁기념관. 세종은 압록강과 두만강 유역에 여진족이 자주 침입하여 백성을 괴롭히자 압록강 방면에 최윤덕을, 두만강 유역에 김종서를 파견하여 여진의 무리를 몰아내고 4군과 6진을 설치했다. 이로써 압록강과 두만강을 잇는 우리나라의 북쪽 국경선이 확정되었다.

조선은 이 정벌을 통해서 결국 이만주와 이고납합李古納哈 부자를 사로잡아 처형했다. 명나라가 건주위 정벌을 성공시키는 데 가장 중요한 점은 여진인들에게 군사적 위력을 떨쳐 복종시키는 것이었다. 동시에 그들의 지도자를 사로잡거나 죽이는 일 역시 정벌의 중요한 성공 요소였다. 그런데 이처럼 중요한 전과를 얻은 것은 명군이 아니라 조선군이었다.

이만주와 이고납합이 지녔던 정치적 위상 등을 고려해볼 때 정벌과정에서 이들을 사로잡아 한양으로 압송하지 않고 처형했던 일에는 이미 세조의 지시가 있었다고 봐도 무리가 없을 것이다. 결국 조선은 명나라의 요청에 따라 수동적으로 건주위 정벌에 나선 것이 아니라 자신들의 대외 목표를 달성하기 위해 명나라의 정벌이라는 기회를 최대한 활용했던 것으로 설명할 수 있다.

이처럼 대외 정벌은 조선의 대외의식이 직접적으로 반영돼 추진되었던 정책이다. 조선 초기 대외 정책의 기조는 자주성과 국익을 지키는 범위 내에서 성실하게 사대에 임한다는 것이었다. 조선은 최소한 압록강·두만강 유역까지를 영토로 확보하면서 국가의 안전을 지키고자 했다. 이를 위해 여진과 쓰시마 등을 영향력 아래에 두면서 조선을 위협하는 세력에 대해서는 비록 중국이라 하더라도 단호히 대처하는 태세를 취했다. 그리고 이러한 대외 정책을 담보하는 수단이 바로 대외 정벌이었다.

2장

이시애 반란 사건의 비밀

함길도 토호들은 왜 들고일어났을까

오종록

　1467년(세조 13) 5월 10일 함길도 길주에서 이 지역의 토착 세력가인 이시애李施愛(?~1467)가 함길도 병마절도사 강효문과 평사評事 권징, 부령 절제사 김익수, 길주 목사 설정신과 그 군관들을 살해한 사건이 일어났다. 이로부터 열흘 남짓 지나는 동안 함길도의 21개 고을 가운데 14개 고을에서 관찰사 신면과 도사都事 박종문, 병마절도부사 겸 북청 도호부사 황기곤과 그 군관들, 정평 도호부사 이효석, 도체찰사 윤자운의 종사관 구치동 등 중앙에서 파견된 관원들이 대거 살해당했다. 기록에 따르면 중앙에서 파견된 관원들뿐만 아니라 행상이나 승도까지도 함길도 사람이 아니면 모두 죽였다고 한다. 다만 윤자운은 그 반당伴倘과 가노家奴까지 모두 살해당했으나, 그 자신만은 함흥에 감금되어 있다가 풀려나 살아서 서울로 돌아올 수 있었다.

　이 사건을 보통 '이시애의 난'이라 부른다. 이 반란에 가담한 함길도 군인은 약 1만 5000~2만 명에 달했던 것으로 추산되며, 반란을 진압하기 위한 병력으로는 3~4만 명 정도가 동원되었다. 함길도에서는 1402년(태종 2)에 조사의趙思義의 반란이 일어난 바 있다. 이때에도 반란 진압을 위해 약 4만 명에 달하는 대규모 병력이 동원되었으나, 반란군의 규모는 6000~7000명 정도에 지나지 않았다. 세종 때 이종무의 지휘 아래 진행된 쓰시마 정벌 및 최윤덕이 지휘한 파저강 유역의 여진족 정벌에 동원한 조선군의 규모는 각각 1만7500명과 1만5000명 정도였다. 그러므로 함길도에서 일어난 두 반란에 대한 진압군의 규모가 3~4만 명에 달했다는 것은 두 사건에 조선 조정이 대단히 놀라 강력하게 대응했음을 말해준다. 그 가운데서 반란의 규모가 더 컸던 것은 이시애의 반란이었다.

그런데 조선 초기 최대 규모의 반란 사건인 이시애의 난은 여러 모로 설명하기 어려운 측면들이 있다. 반란을 주도한 이시애의 행동도 그렇거니와, 반란에 대처하는 세조와 그 조정의 행위에서도 의아한 점이 한두 가지가 아니다. 가장 대표적인 것이 이시애가 반란을 일으킨 까닭이다. 그는 반란이 진행되는 내내 세조나 조선 왕실을 타도하겠다고 한 적이 없기 때문이다. 이로부터 드는 의문은 '그렇다면 왜 이시애는 반란을 일으켰을까?'이다. 이것을 비롯해 이 반란 사건과 관련된 여러 의문을 이 글에서 다뤄보려 한다.

반란인 듯, 반란 아닌 듯

이시애는 반란을 일으킨 직후 '전 회령 절제사'의 자격으로 "강효문이 여러 진의 장수들과 반역을 꾀한 까닭에 죽였다"는 등의 내용을 문서로 작성하여 세조에게 아뢰었다. 반란을 일으킨 장본인이 왜 이런 행위를 했는지 의문이 아닐 수 없다. 문서의 내용은 거의 모두 이시애가 '강효문의 죄상'이라고 주장하는 것들이었다. 이를 순서대로 정리하면 다음과 같다.

1. 오랑캐들이 여러 번 왜적의 배가 후라토도厚羅土島에 정박했다고 알려왔는데도 강효문이 실상을 확인하지 아니했습니다.

2. 왜적이 경원慶源과 종성鍾城의 관청 및 민간의 건물을 불살랐는데 도 강효문은 경원 절제사 이종현의 종이 관련되었기 때문에 이를 아뢰지 아니했습니다.

3. 충청도 연산連山에 사는 전 현감 원맹손의 종 고읍동이 수영水營 진무鎭撫 하수장 등 40인과 함께 배에 쌀과 말안장, 징, 북 따위의 물건을 많이 싣고 길주에 와서 정박했다가 잡혀 '우디캐에게 군사를 청하여 이 도의 중요한 사람들을 모두 죽이겠다'고 했는데도, 강효문은 목사, 판관과 함께 고읍동만 잡아다가 문초하여, 혹은 달래고 혹은 위협해서 육로로 온 것처럼 꾸몄습니다.

4. 농사철이 한창인데 강효문이 여러 진의 정예 병력을 많이 거느리고 길주에 왔습니다.

5. 강효문이 정예 병력을 뽑으며 '너희가 지금 협력하면 서울의 대신大臣과 버응하여 큰일을 이룰 수 있다'고 하고, 설정신, 박순달, 김익수와 사하북 만호 김정안 등을 시켜 각각 그 진의 병력을 거느리고 서울로 향하게 했습니다.

6. 강효문의 군관軍官 현득리를 신문하여 '내가 세 차례나 상경한 것은, 강효문이 후라토도의 왜적과 도내의 군사들을 거느리고 상경하고자 하여, 한명회와 신숙주, 김국광, 노사신, 한계희 등에게 서신을

보내 약속을 정하려 했기 때문이다. 이들에게 다 서신을 보냈더니 모두 응낙하여, 마침내 돌아와서 강효문과 우후虞候 정육을에게 몰래 보고했다'는 자백을 받았습니다. 또 현득리의 자백에 '강효문이 이달 초7일에 정육을을 5진에 보내 여러 장수에게 군사를 더 뽑아오기로 약속했다'고 했습니다.

7. 강효문이 이리하여 병마절도부사 황기곤과 약속한 대로 경성鏡城을 출발하여 이달 초10일에 길주에 도착했기 때문에, 제가 이미 강효문 등을 잡아 죽였고, 사직司直 이시합을 시켜 길주 군사 20인을 거느리고 정육을과 경성 이북 여러 진의 장수들을 잡아 죽이도록 했습니다.

8. 현득리와 고읍동 등을 가두어놓고 친히 신문하시기를 기다리고 있습니다.

함길도에서는 1467년 초부터 다시금 유언비어가 나돌고 있었다. 유언비어는 14년 전 세조가 김종서 등을 살해하고 권력을 장악했을 때부터 왕위에 올라 단종을 영월로 쫓아냈다가 결국 죽인 뒤까지 몇 해 동안 조선 8도에서 난무했었다. 그러나 세조 통치기가 10년을 넘길 무렵이 되어서는 이미 여러 유언비어가 자취를 감추고 있었다. 이 와중에 유독 함길도에서만 새롭게 유언비어가 퍼지고 있었던 것이다.

이때 유언비어에 날개를 달아주었던 이가 바로 함길도 관찰사 오응이었다. 그는 오랑캐로부터 '후라토도에 배 13척이 정박해 있다'는 말을 듣고 이것들이 왜구의 배일 것이라고 짐작하여 안변에서 경흥에 이르기까지 바닷가에 있는 19개 고을의 백성에게 가족을 이끌고 모두 도피하도록 했다. 이에 세조는 '날조된 소식으로

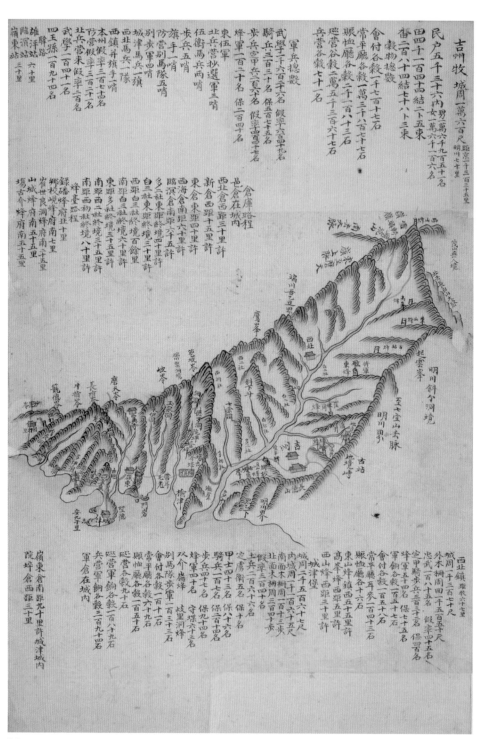

「해동지도」중 '길주목', 규장각한국학연구원. 길주는 함길도 중앙부에 위치한 전략적 요충지였다. 이시애는 바로 이 지역 토착민으로, 이곳에서 난을 일으켰다.

민심을 동요케 했다'는 이유로 오응을 파면하고 그 후임으로 급히 신면을 부임케 했다. 그 뒤로도 함길도에서는 여러 유언비어가 끊이지 않았다. '강효문이 함길도 주민들을 살해하기 위해 충청도 수영 진무 하수장을 시켜 병선兵船 30척을 거느리고 후라토도에 돌아와 정박하도록 했다'는 것도 그 가운데 하나였다.

오랑캐와 우디캐는 모두 여진족 종족의 명칭이다. 오랑캐는 목축도 하지만 대체로 농경생활을 하면서 조선의 울타리 구실을 하고 있었고, 우디캐는 목축이나 어로 위주로 살아가고 있었다. 오랑캐가 '후라토도에 낯선 배가 정박해 있다'고 조선에 알린 것이 사실인지는 알 수 없으나, 그들이 조선의 울타리 역할을 하고 있었으므로, '오랑캐가 그렇게 했다'고 소문 낼 여지는 충분했다. 후라토도에 정박했다는 배들은 처음에는 왜적의 것으로 소문났다가 곧 조선의 상선으로 확인되었다고 하며, 반란이 일어난 뒤에는 다시 충청도 수영 소속 병선으로 바뀌어 소문이 돌았다. 강효문이 왜적과 함께 동원하려 했다는 우디캐는 이따금 조선 주민들이나 가축을 노략질했는데, 오랑캐가 조선의 울타리가 되었던 까닭에 두 종족 사이에 갈등과 대립이 자주 발생하고 있었다. 한편 고려 말 우왕 때에는 왜구가 함길도 지역까지 침략해 큰 피해를 입혔던 일이 있었다. 이러한 까닭에 '강효문이 왜적과 아울러 우디캐를 동원하려 했다'는 이시애의 주장은 설득력을 지닐 수 있었고, 실제로 함길도의 민심을 흔드는 데 꽤 효과가 있었다.

이시애가 올린 문서는 길주의 지인知印 이극지에 의해 5월 16일 세조에게 전달되었다. 세조는 장계를 보고 나서 신하들에게 이극지를 국문하도록 했으나, 사건의 실상은 파악하지 못했다. 그럼에도 이시애가 올린 문서가 세조와 중앙 관원들의 판단을 흐트러뜨린 것도 아니었다. 무엇보다 강효문이 반란군을 이끌고 서울로 진격하면 신숙주와 한명회 등이 내응하기로 약속했다는 정보의 신뢰도가 매우 낮았다. 특히 이시애가 강효문을 국문할 수 있도록 사로잡은 게 아니라 죽여버렸다는 것이 조정으로 하여금 반란의 주체가 강효문이 아닌 이시애일 것이라고 판단하게 만들고 있었다. 다만 이시애가 반란을 일으켰다는 것을 확신할 만한 물증이 없었다.

이날 세조는 사태가 심각하다고 보고 능성군 구치관, 좌찬성 조석문, 도승지 윤필상 등과 함께 밤늦게까지 대처 방안을 의논했다. 『세조실록』의 이날 기록은 "이시애의 반란을 토벌할 계획을 논의했다"고 되어 있다. 따라서 세조와 조선의 중앙 관원들은 처음부터 강효문이 아니라 이시애가 반란을 일으킨 것으로 여겼다고 할 수 있으나, 논의 내용이 실려 있지 않아 얼마나 확신을 갖고 판단했는지는 미지수다. 뒤에서 살펴보겠지만, 진압군 파견은 반란의 주체가 이시애임을 담은 관찰사 신면의 보고가 도착한 뒤에 결정되었다.

세조의 원격 진압 작전, 어떻게 성공했나

함길도 관찰사 신면이 올린 보고는 5월 17일에야 서울에 도착했다. 핵심 내용은 함길도 병마절도부사 황기곤이 "단천端川의 토호가 이시애의 편지를 받고 나서 군사를 거느리고 군수 윤경안, 군관

강덕경 등을 살해했다"고 알려왔다는 것이었다. 이로써 세조와 조정은 강효문이 아니라 이시애가 반란을 일으킨 사실을 확실히 알았고, 또 함길도 중부와 남부 지역의 토호들이 대거 반란에 가담했다는 것도 알게 되었다. 이에 세조는 세종의 왕자로서 자신에게는 이복동생이 되는 밀성군密城君 이침을 총사령관으로 삼고자 했다. 그러나 이침이 병을 핑계로 사양했기에 마침내 조카인 구성군龜城君 이준을 총사령관으로 임명했다. 이준의 공식 직함은 함길도·강원도·평안도·황해도 4도의 병마도총사兵馬都摠使였다. 그리고 조석문을 병마도총사의 부사副使로 삼았다.

　구성군 이준은 당시 나이가 27세에 불과했다. 그럼에도 그를 진압군의 최고 사령관으로 삼았다는 것은 큰 의문이 아닐 수 없다. 또 부사령관에 임명된 조석문은 문신인 데다 군사적 재능이나 군사 직책의 경험도 별로 없었다. 세조 및 구치관을 비롯한 세조의 측근들은 왕족이 총사령관이라야 한다는 것, 부사령관도 무장보다는 문신이라야 한다는 데 합의를 보았던 것으로 추정된다. 반란 진압이 시작된 뒤 부하 장수들 사이에서 젊은 왕족이 총사령관 직을 맡고 군사적 능력이 별로 없는 문신이 부사령관인 것 때문에 작전을 세우고 수행하는 데 문제가 있다는 지적이 나왔고, 나아가 노련한 무장을 새로운 사령관으로 임명해달라고 아뢰자는 의견이 나온 적도 있었다. 이상을 종합하여 판단하면, 세조가 이 두 사람을 총사령관과 부사령관에 임명한 까닭은 무력으로 반란을 진압하는 것보다 다른 무언가를 중요시했기 때문이라고 생각하지 않을 수 없다. 세조와 그 측근들은 이 반란을 진압하는 데에는 무력보다도 조선 왕실의 권위와 인심의 수습이 더 중요하다고 판단했을 가능성이 높다.

　세조와 그 측근들의 판단은 함길도의 특수성에 바탕을 둔 것으로 보인다. 당초 함길도는 조선 왕실의 고향이라는 특성에 더하여 다른 지역에 비해 토호들의 특권을 폭넓게 보장해온 곳이었다. 그러나 6진鎭* 개척이 시작된 뒤로는 성곽을 쌓는 일, 국방을 위한 군역 동원, 사민徙民** 등의 일 때문에 오랫동안 도 전체가 어려움을 겪었고 아울러 중앙으로부터의 통제가 강화되어 토호들은 토착적 지배력을 차츰 잃어가고 있었다. 그 결과 지배층, 피지배층 할 것 없이 모두 불만을 갖게 되었다는 점이 당시 함길도가 갖고 있던 특수성의 핵심이었다. 이것이 함길도가 폭발성을 띠게 된 원인이라고 한다면, 여기에 세조 즉위 이후 한명회와 신숙주 등 중앙의 핵심 권력자 일부가 강효문과 연결되어 지역에 큰 피해를 입혔던 것이 기폭제 구실을 했던 셈이다.

　그러는 한편 세조는 왕실의 고향에서 일어난 반란이기에 쉽게 진정시킬 수 있으리라는 낙관적인 예상도 했던 듯하다. 세조는 4도 병마도총사 이준과 도총부사 조석문에게 부하 장수들과 병력을 배속시키기에 앞서 곧바로 출발하도록 지시했다. 이에 따라 두 사람은 그 이튿날인 18일에 참모들만을 거느리고 출발해야 했다. 사령관이 휘하 병력도 없이 전쟁터로 간다는 것 역시나 이상한 일이 아닐 수 없는데, 만약 세조가 낙관적 전망을 했다고 전제한다면 머리를

• 세종대에 지금의 함경북도 북변北邊을 개척해 설치한 곳으로, 경원·경흥·부령·온성·종성·회령의 진을 이른다.
•• 국가 등 지배 집단이 그들의 이해관계에 따라 피지배 집단의 주거를 강제로 옮기도록 하는 것. 전쟁포로, 내투자來投者, 귀척자제貴戚子弟 등 지배 집단 및 일반 백성, 반란자 등을 대상으로 국경의 개척이나 확장된 영토를 효과적으로 지배하기 위해 실시했다.

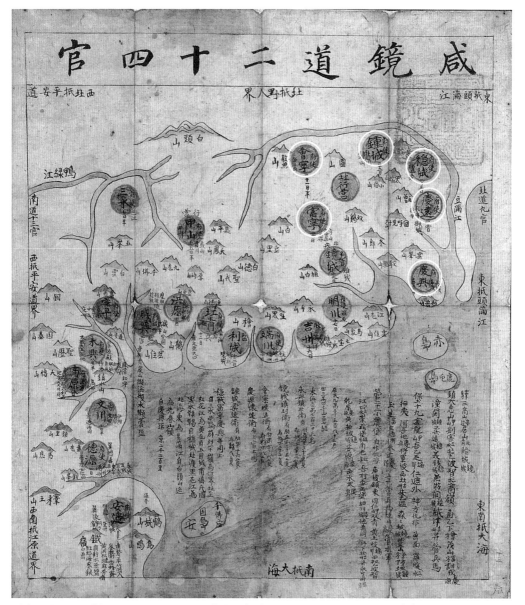

「함경도이십사관」, 채색필사본, 34.9×30.0cm, 17세기 후반, 국립중앙도서관. 표시한 곳이 세종대에 개척한 6진이다.

「신숙주 초상」, 비단에 색, 167.0×109.5cm, 보물 제613호, 15세기 중반, 고령 신씨 문충공파 종약회.

끄떡일 수도 있는 일인 것이다. 그러나 이 낙관적 전망은 한명회와 신숙주 등 중앙의 핵심 권력자들이 강효문과 연결되어 지역에 큰 피해를 입혔다는 사실을 잘 몰랐기 때문에 가능했던 듯하다.

진압군의 사령부가 출발한 이튿날인 19일에 세조는 구치관으로 부터 밀계密啓를 받고 나서 신숙주와 그의 네 아들을 의금부에 가두고, 병이 난 한명회는 집에 연금하고 그 아들들 역시 의금부에 가두도록 했다. 그 이유는 표면적으로는 앞서 이시애가 올린 장계에서 이들이 강효문과 결탁하여 내응하려 했다는 데 있었다. 그렇지만 실제 이유는 무엇보다 신숙주와 한명회의 반당들이 함길도에서 갖은 폐해를 일으켰기 때문이었다. 그러므로 조정은 일단 함길도 주민들의 원망을 누그러뜨리기 위한 조치를 취해야 했던 것이다. 이 밖에 이시애의 반란에 가담한 토호들에게 국가가 그들의 요구를 일부 들어준 것처럼 보이도록 하여 반란의 기세를 약화시킬 필요도 있었다. 세조는 나아가 한명회와 신숙주 등의 공신 세력이 권력을 남용하는 것에 대해 경고를 해야 한다고 판단했을 수도 있다. 이시애가 올린 문서에는 김국광, 노사신, 한계희도 언급되어 있었으나 세조가 이 세 사람은 옥에 가두도록 하지 않았다. 이 셋은 함길도에 반당을 풀어 사적 이익을 추구한 일이 없었으므로 옥에 가둘 까닭이 없었던 것이다.

신숙주와 그 아들들, 한명회의 아들들이 의금부에 하옥된 지 3일 뒤인 22일에 병마도총사 이준이 그 종사관을 보내 이시애가 반란을 일으킨 내용을 자세히 보고하면서 관찰사 신면이 함흥의 토호와 주민들에게 죽임을 당한 사실도 알려왔다. 신면은 신숙주의 아들이었다. 그럼에도 세조는 신숙주와 그 아들들 및 한명회의 아들들을 방면하지 않았고 그 죄를 논하도록 했다. 세조는 도총사 이준이 군사를 거느리고 철령을 넘어 안변安邊으로 들어감으로써 이제 무력 진압이 시작될 것이 분명해진 이튿날인 6월 6일이 되어서야 이들을 풀어주었다.

5월 22일 도총사의 종사관으로부터 보고를 받고 자세한 내용을 캐물은 뒤 세조는 구치관과 우의정 홍윤성, 지중추부사 강순, 행상호군 어유소 등을 불러 밤새 의논했다. 그 결과 얻은 첫 번째 결론이 이시애의 목적은 함길도를 차지하는 것이며 서울로 진격하지는 않을 것이라는 전망이었다. 실제로 이시애는 곧바로 반란군을 몰아 서울로 진격하지 않았고, 그 때문에 진압군은 시간을 벌 수 있었는데, 이시애가 왜 그렇게 했는지가 또한 의문거리다. 세조 등이 얻은 두 번째 결론은 6진 지역이 적의 수중에 들어가지 않도록 사람을 보내 설득해야 한다는 것이었다. 그래야만 반란군을 쉽게 진압할 수 있으리라 판단했다. 결과를 놓고 볼 때, 이 두 가지 판단은 정확했다. 6진 지역은 1433년(세종 15) 이후 새로 개척한 지역이어서 토호적 존재가 많지 않았고, 대체로 토호보다는 중앙에서 파견된 장수와 장교들이 주도권을 쥐고 있었다. 또 화차火車를 비롯한 화약 무기가 다수 배치되어 있고, 군량도 풍부하게 저장되어 있는 곳이었으므로 반란군이 이 지역을 차지하지 못하도록 하는 것이 중요했다. 이들 6진의 일부

「출기파적도出奇破賊圖」, 『북관유적도첩』, 종이에 색, 31.0×41.2cm, 17세기경, 고려대박물관. 이시애가 반란을 일으켜 조정에서 우장군 어유소를 파견하여 토벌했는데, 홍원, 북청, 만령에서 대전을 치렀다. 만령에서 적이 험한 곳을 점령해 화살을 아래로 버려 쏘았기에 아군은 감히 올라갈 수 없었다. 어유소는 작은 배에 정예 군사를 싣고 푸른 옷을 입혀 풀빛과 구별하지 못하게 한 뒤 벼랑을 따라 돌아서 윗봉우리에 이르러 적의 후방을 굽어보며 공격했다. 적이 크게 놀란 터에 아래의 군사들이 기세를 몰아 적을 무너뜨렸다는 이야기를 그렸다.

병력이 반란군에 가담했으나, 병력의 대부분은 현지에 묶여 있었고, 화약 무기와 군량도 반란군에게 넘어가지 않았다. 이에 따라 진압군이 반란군에 대해 병력의 규모, 무기 면에서 우세를 차지할 수 있었다.

진압군 지휘부에 병력이 제대로 배속된 것은 5월 23일이었다. 세조는 도총관都摠管 강순을 평안도 진북장군鎭北將軍으로 임명하여 우선 평안도 군사 3000명을 거느리고 영흥永興으로 들어가게 했으며, 병조참판 박중선을 황해도 평로장군平虜將軍으로 임명하여 황해도 군사 500명을 거느리고 문천文川으로 들어가게 했고, 서울의 정예 병력 1000명을 뽑아 어유소가 거느리고 도총사 이준에게 가도록 했다. 평안도와 황해도에서 징발할 총 병력은 각각 1만 명과 8000명이었다. 또 선전관宣傳官들을 경기 좌우도와 충청도에 보내 군사 3000명을 징발하게 했다. 그러나 반란 진압에 예상보다 시간이 더 걸리자 충청도와 전라도, 경상도에서 추가로 병력을 징발해야 했다. 여기서 우리는 도총사 이준이 명목상으로만 진압군 지휘관이었고, 실질적인 지휘는 서울에 있는 세조가 내리고 있었음을 알 수 있다.

이시애와 강효문, 두 라이벌의 시작과 끝

이시애가 반란을 일으키기 두 달 전부터 함길도에서는 앞서 언급했듯이 유언비어들이 나돌고 있었다. 그 가운데 핵심은 후라토도에 정박한 배가 왜적의 것이라는 소문이었다. 이것은 이시애와 그 일당이 퍼뜨린 것이었을 가능성이 높은데, 곧바로 병마절도사 강효문의 조사에 의해 철저히 부정되었다. 반란을 일으킨 직후 이시애는 강효문이 가짜 병마절도사로서 반란을 일으키려 했고 그 때문에 세조가 의금부 도사를 보내 강효문을 죽이라고 지시했으며, 자신이 강효문을 살해한 것은 그런 이유에서이므로 자신이야 말로 세조가 임명한 진짜 병마절도사이고, 신숙주와 한명회는 강효문과 한편이라는 소문을 퍼뜨렸다. 이 소문에 따르면 세조와 이시애가 한편이고, 신숙주와 한명회, 강효문이 그 반대편이었다. 중요한 점은 이런 대립 구도가 당시 함길도 토호들에게는 잘 먹혀들었다는 사실이다. 그것은 함길도 토호들 대개가 되도록 세조와는 같은 편, 신숙주와 한명회, 강효문 등과는 반대편이고 싶어했다는 것을 의미했다.

이시애 집안은 할아버지 때부터 여진족 전문가로 활동해왔었다. 이시애의 할아버지 이원경은 1370년(공민왕 19) 이성계가 공민왕의 명령을 받들어 요동 방면에 있던 동녕부를 공격할 때 원元의 동녕부 소속 장수로서 우라산성亐羅山城을 지키다가 몇 차례 싸움을 건 뒤 자신은 본래 고려 사람이라며 거느리고 있던 300여 호를 데리고 항복했다. 이를 계기로 이성계는 여러 산성을 항복받고 1만여 호를 얻어 큰 군공을 세울 수 있었다. 그 뒤로 이원경은 이성계의 부하로 활동하면서 중요한 전투에서 여진족 족장들에게 항복하도록 설득하는 일을 했다.

이시애의 아버지 이인화李仁和는 1434년(세종 16) 지갑산군사知甲山郡事로 임명되어 "그 지방 산천의 험하고 평탄함과 요해지 및 여진족의 상황을 연구하여 알지 못함이 없으며, 방어에 유능할 뿐 아니라 행정에도 부지런하여, 백성이 모두 사랑한다"는 이유로 연임했던 인물이다. 그는 이어서 1440년까지 영북진과 종성진의 첨절제사를 지냈는데, 이 시기는 김종서가 함길도 병마도절제사로 6진을 설치하던 때이다. 1442년에는 그가 모친상을 당해 3년상을 마치도록 해달라고 청했으나 세종은 허락하지 않았다. 그는 이해에 함길도 병마도절제사 도진무에 임명된 뒤, 이듬해인 1443년에 종2품 가선대부로 승진하여 경원절제사, 회령절제사를 지냈다. 또 1445년에는 동지중추원사로 임명된 뒤 그대로 회령절제사 직을 수행했다. 이때 세종은 함길도 병마도절제사에게 "이인화는 변방에서 근무한 지 이미 15년이 넘었다. 그 병든 아내가 길주에 있으나 가서 보지 못했으므로 몹시 가엾다. 그러니 방어 임무를 수행하다 겨를이 나면 왕래하게 하라"고 지시했다. 이인화는 1448년(세종 30)에야 중추원부사로 승진하여 서울로 왔다. 여진족 전문가였던 그는 세조 즉위 후 좌익원종공신이 되었다.

이시애는 1451년(문종 1) "돌부처에게 '호군護軍 이시애가 무과 장원을 바랍니다'라고 했다"는 내용으로 기록에 처음 등장한다. 호군은 정4품 무관의 관직이다. 그는 1458년(세조 4) 경흥진 병마절제사가 되어서 몇 년 사이에 재상의 지위인 2품 관원으로 승진한 것을 알 수 있다. 그동안 그가 특별한 관직 이력을 쌓은 기록이 없는 것으로 볼 때, 이것은 세조 즉위 후 거듭된 백관에 대한 가자加資의 혜택을 톡톡히 본 결과였다. 이 밖에 이시애가 1461년(세조 7) 첨지중추원사, 1463~1464년(세조 9~10) 회령진 병마절제사를 지낸 것을 확인할 수 있으나, 매를 잡아 올린 공로 외에 뚜렷한 행적은 없다. 그렇지만 그의 아버지와 할아버지가 대표적인 여진족 전문가였다는 사실, 그리고 그 역시 주로 함길도 6진 지역에서 관직생활을 했다는 사실로 미루어보면 마찬가지로 여진족 전문가였을 가능성이 높다. 이외에 그의 가문이 대대로 길주에 거주했고, 그 족친이 여러 고을에 걸쳐 사는, 한 도를 대표하는 토호였다는 것을 기록에서 볼 수 있다. 반란을 일으킬 당시 그는 모친상을 당해 길주 집에 동생 이시합 등과 함께 있었다.

강효문은 이시애가 반란을 일으켜 가장 먼저 살해한 인물이다. 또한 강효문은 이시애가 함길도 토호들의 지지를 등에 업고 반란을 일으킬 계기를 만들어준 인물이기도 했다. 그는 피살될 당시 함길도 병마절도사 직책을 맡고 있었으나, 본래 문과에 급제한 문신이었다. 그런데 이조 정랑에 있을 때 활을 잘 쏘는 문신으로 추천받아 함길도 병마도절제사의 도사都事에 임명된 뒤로 조정 안에서 여진족에 관한 한 최고 전문가 가운데 한 사람으로 성장했던 인물이었다. 이 점으로 보건대 강효문은 일찌감치 이시애의 라이벌이었던 셈이다.

함길도 병마도절제사의 도사로 임명된 뒤 강효문은 죽기 전까지 관직생활의 대부분을 함길도에서 했다. 그는 경차관敬差官으로서 6진 지역의 국방과 여진족에 대한 대응을 담당했고, 이어서 함길도 도체찰사로 임명된 신숙주 밑에서 종사관을 맡아 1460년(세조 6)의 여진 정벌에서 공을 세움으로써 당상관으로 승진했다. 이어서 함길도 도순찰사가 되어 6진 지역의 국방을 지휘하면서 여진족에 대한 임무도 아울러 관할했고, 함길도 도체찰사 구치관과 그 후임으로 함길도를 포함한 4도 도체찰사가 된 한명회 아래에서 연이어 도체찰부사로서의 임무를 수행했다. 그러고는 2품으로 승진하여 1461~1466년에는 함길도 도관찰출척사를 맡았고, 1466년 7월부터 함길도 병마절도사 직을 수행하고 있었다. 이시애가 매를 잡아 바쳐서 공을 인정받았을 때 강효문은 도관찰출척사로서 이시애의 상관이었다.

진압군을 보내면서 세조는 도총사 이준과 부사 조석문, 신임 함길도 병마절도사 허종 등에게 "이시애가 반역한 정상이 명백하면 반드시 사로잡아오고, 이시애와 강효문의 일에 연루된 자들도 모두 잡아오도록 하며, 연좌된 자들은 여러 고을의 감옥에 나누어 가두어 허술함이 없도록 하라"고 명령했다. 이처럼 강효문은 범죄자로 낙인찍혔던 것인데, 그의 죄상은 첫째 잔치를 열어 술을 마시며 즐기는 일에 절제가 없었다는 것, 둘째 장사치들에게 잘 대해주었다는 것, 셋째 부세를 많이 거두어 권문세가에 널리 뇌물을 주었다는 것, 넷째 토목공사를 많이 했다는 것의 네 가지로 요약된다.

당시 함길도 6진 지역에서는 여러 물자가 귀했다. 그런 가운데서도 근무하는 군인은 많은 반면 곡물 생산량은 상대적으로 부족해 곡물 값이 매우 비쌌다. 따라서 다른 지역에서 대량으로 곡물을 운반하여 팔면 큰돈을 벌 수 있었다. 이를 무곡貿穀이라 했는데, 무곡이 많이 이뤄지면 6진 지역의 곡물 값도 내려갈 것이고 국방에도 도움이 되므로 국가 역시 이를 장려했고, 권세가들도 그 노비들을 동원하여 무곡을 일삼고 있던 터였다. 한명회와 신숙주의 반당들이 대거 함길도에 내려가 있었던 것도 이 때문이었다. 반당은 하인과 노비들을 지휘하는 우두머리급 하인을 말한다. 병마절도사 강효문은 이 두 권세가 반당들의 활동을 뒷받침하여 더 좋은 중앙 관직으로의 승진을 보장받고자 했다. 그러나 이는 이시애와 같은 함길도 세력가의 이익을 해치는 행위였다. 이들 토호도 6진에 내다 팔 곡물이 있었으나, 남부 지역에서 오는 곡물만큼 값을 내릴 수는 없었다. 따라서 이들이 이득을 얻을 기회는 사라졌기에 타지에서 들어와 이득을 얻는 이들에 대한 반감은 커져만 갔다. 이 반감은 적대의식으로, 나아가서는 비합리적인 정서적 공감대로 이어졌다. 이것이 강효문이 반란을 일으키면 신숙주와 한명회가 서울에서 내응할 것이라는 소문이 설득력을 갖도록 하는 근거였다.

세조가 '이시애의 거짓말에 넘어가지 말라'고 보낸 글에 대해 함길도 여러 고을의 토호들은 이시애가 패망하기 직전까지도 '이시애는 전하의 진정한 충신'이라며 이시애가 무척 억울하다는 내용으로 답변하는 글을 보내고 있었다. 이것이야말로 이시애의 난에서 가장 중요한 점이 아닐 수 없다. 이름은 '이시애의 난'이라고 하나, 실제로는 함길도의 토착 지배층 거의 전체가 이시애가 일으킨 살인 사건에 동조하여 들고일어남으로써 지리적으로 확산되고 정치적 의미가 확대된 것이 이 사건이었다. 함길도 토호들은 세조에게 '이시애와 우리는 당신 편'이라고 하면서 신숙주와 한명회가 진정한 반역자라고 주장했던 셈이다. 왜 이런 일이 벌어졌을까? 우선 이것은 다른 지역의 경우 어떠했는지 몰라도, 적어도 함길도에서는 조선 왕실의 권위, 그 가운데서도 특히 세조의 권위가 매우 강력하게 관철되고 있었음을 나타낸다. 세조가 행사하는 권위의 원천은 태조 이성계였고, 함길도는 이성계와 그 선조들의 고향이었으며, 함길도 토호들에게 많은 특권이 부여되었던 이유도 여기

「함흥본궁」, 『북도능전도형』, 종이에 색, 55.3×34.4cm, 조선 후기, 규장각한국학연구원. 함흥 본궁은 조선 태조 이성계가 살던 고향 집으로, 그가 쓰던 활과 화살 등 여러 유물이 보관되어 있었다.

에 있었다. 나이가 어릴지라도 진압군 총사령관을 왕족이 맡아야 하는 것도 이 때문이었다.

이시애가 일으킨 '난'의 핵심 목적은 병마절도사 강효문을 죽이는 데 있었다. 즉 조선 왕조에 맞서 새 왕조를 세우겠다거나 함길도를 독립시키겠다는 따위의 정치적 목적을 갖고 장기간 계획한 사건이 아니었다. 이시애가 3년 전부터 반란을 준비했다는 견해도 있으나, 잘 조직된 지휘부를 갖추지 못한 것으로 보면 빨라야 서너달 전쯤 계획했을 것으로 추정된다. 이시애가 6진 지역으로부터 적극적인 지지를 받지 못했다는 점, 대대로 여진족 전문가가 배출된 집안임에도 여진족의 후원이 없었다는 점 역시 이 사건이 오래전부터 반란으로 계획된 것이 아님을 알려준다. 그러나 이시애가 강효문을 살해하고 각지에 서신을 보내 조정에서 파견된 관원들을 살해하도록 선동하자 곧바로 함길도 중부와 남부 지역 여러 고을의 토호들이 이에 적극적으로 가담했고, 이것은 자연히 반란으로 규정되기에 이르렀다. 사건이 반란으로 확대되어 열흘쯤 지나자 함길도 중앙부에 위치한 길주와 갑산으로부터 남쪽으로 함흥 및 영흥에 이르는 여러 고을에서 호응하여 함길도의 절반 정도가 반란군의 수중 아래에 놓이게 되었다. 그러나 이들이 서울로 진격하려는 움직임은 전혀 없었다. 또 세조와 그 측근들이 우려했던 것과 달리, 이들은 함길도의 주요 관문을 굳게 지키지도 않았다. 그 결과 함길도로 들어가는 주요 길목들에서가 아니라 함길도 안에서 반란군과 진압군 사이에 치열한 전투가 벌어지게 되었다.

세 달에 걸친 치열한 전투와 갑작스러운 결말

4도 병마도총사 이준은 앞서 보았듯이 5월 18일 지휘부를 구성하여 참모진만 거느리고 출발했다. 그가 지휘할 병력은 5월 23일에야 정해져 그제야 병력이 배속되었다. 그 사이에 반란군의 기세는 이미 들판에 붙은 불처럼 함길도 중남부 대부분의 지역으로 확산되어 감영이 있는 함흥조차 반란군의 수중에 들어가 있었다. 반란군의 병력은 2만에 달했으며, 이들은 14개 고을의 수령이나 그 외 관원들을 살해했다. 더욱이 이 지역에서는 바야흐로 장마가 진행되고 있었다. 이 때문에 진압군은 철령을 넘지 못한 채 철원에서 10일 가까이 관망하며 시간을 보냈다. 앞서 세조는 어유소 편에 활과 화살 외에 사전총통四箭銃筒 100개, 삼총통三銃筒 100개, 중신기전 150개, 소신기전 200개를 주어 화약장들을 딸려서 도총사에게 보내 화력을 지원했으나, 화약이 다 장맛비에 젖어 추가 지원을 요청해야 했다. 세조는 이에 종친과 공신들에게서 노비와 말을 차출하고, 추가로 무기와 군량을 모아 지원했다.

장마는 진압군과 반란군 모두의 발을 묶고 있었다. 그러던 중

사전총통(길이 25.7cm, 지름 3.3cm)과
삼총통(길이 32.3cm, 지름 1.7cm), 조선시대, 육군박물관.
화약 무기를 사용하는 전술은 아직 덜 발달했으나,
적의 공포심을 키우는 데에는 매우 효과적이었다.

5월 26일 이시합이 회령진 토호의 군사들에게 공격당해 잡혔다가 겨우 탈출하는 사건이 일어났다. 회령은 6진의 중앙부에 해당되는 곳으로, 경성 병영에서 부령진을 지나 이곳을 거치면 나머지 온성, 종성, 경원, 경흥 등 4진으로 이어진다. 따라서 이시합이 회령에서 공격당했다는 것은 6진의 대부분이 반란군의 수중에 들어가지 않았을 뿐 아니라, 진압군 편에 섰음을 뜻했다. 이 사실이 알려지면서 당연히 철령 남쪽에서 대기하고 있던 관군의 사기가 올라갔다. 때마침 장마도 끝나자 도총사의 본진이 6월 1일 안변으로 들어가 4일에 영흥으로 북상했고, 함길도 병마절도사로 새로 임명된 허종도 6월 4일에 평안도 지역에서 영흥으로 들어가 함길도 남부 지역의 고을들에서 군사를 징발했다. 이어서 6월 중순을 지나는 동안 관군이 함흥 지역의 품관과 주민들을 설득하는 데 성공해 그 병력을 관군이 지휘하기 시작했다.

사정이 이렇게 변하자 함길도 남쪽으로 내려오고 있던 반란군의 주력은 북청으로 물러나 주둔했다가 군량을 탈취하여 동쪽과 북쪽으로 물러났다. 그 빈자리를 6월 21일에 강순이 지휘하는 진압군 선봉군 3000명이 서쪽과 남쪽에서 들어와 차지하며 주둔했다. 그러나 이것은 반란군이 의도한 결과였다. 이틀 뒤인 23일 밤 이시애의 지휘 아래 반란군 1만 6000여 명이 북청을 포위하고는 공격하기 시작했다. 이시애는 병력이 많다는 것을 믿고 성을 공격하여 이 진압군 선봉 병력을 섬멸함으로써 반란의 기세를 크게 올리고자 했으나, 진압군은 목책을 미리 만들어 성의 빈틈을 메우고서 수성전에 대비했다. 한밤에 시작된 치열한 공방전은 이튿날 한낮까지 지속되었다. 관군은 성을 효과적으로 지켜내 반란군의 의

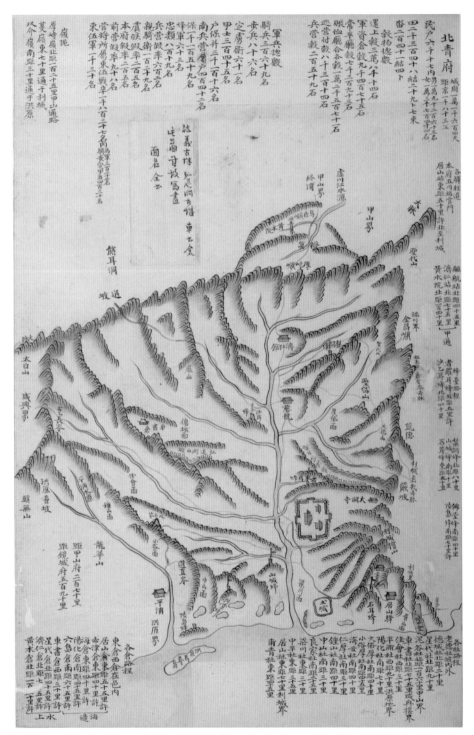

「해동지도」 중 '북청부', 규장각한국학연구원. 길주 바로 남쪽에 위치한 고을로, 이시애의 난 이후 길주를 대신하여 도내 중앙부의 중심 고을이 되었다.

도를 좌절시켰다. 방패를 앞세워 10여 차례 반복하여 공격을 감행했던 반란군의 사상자는 늘어만 갔다. 성을 지키는 군대는 그 열배 규모의 병력을 막아낼 수 있다는 것이 당시의 일반적인 인식이었다. 이시애는 성이 불완전하다는 것을 알고 진압군을 유인했으나, 진압군은 불완전했던 성을 거의 완벽하게 만들어 적은 병력으로도 전투에서 우세를 차지했던 것이다. 결국 이시애가 휴전을 제의했고, 관군이 이에 합의하여 반란군은 동쪽, 관군은 서쪽 지역으로 물러났다. 그 뒤 8월 초까지 여러 차례 중요한 전투가 벌어지기는 했으나, 반란군이 이때 북청 공성전에서 패한 것이 반란이 실패로 기우는 전환점이었다.

음력 7월이 되자 이제 날씨는 선선해졌다. 북청 전투 후 관군 선봉군도 다시 후퇴하여 북청 서남쪽 홍원으로 내려왔던 터에 반란군은 7월 14일 홍원 주변에 집결하여 공격 태세를 갖추었다. 그러나 미리 정보를 입수한 관군이 뒤에 있던 본진 병력 2만3000여 명을 3진으로 편성하여 전진함으로써 반란군의 공격은 무산되었다. 이로부터 숫자의 열세가 뚜렷한 것이 확인되자 반란군에서 이탈하는 병력 수가 늘어, 7월 말에는 반란군 수가 5000명 정도로 줄어들었다. 진압군은 8월 4일 북청 북쪽 이성현利城縣과의 경계에 있는 만령蔓嶺에서 대낮부터 저녁때까지 반란군과 치열한 전투를 벌이고 나서야 그들의 기세를 확실히 꺾을 수 있었다. 그럼에도 구성군 등 진압군의 지휘부는 8월 6일 반란군의 지휘부가 와해되었다는 첩보를 듣고서야 반란이 끝나간다는 것을 확신할 수 있었다. 진압군이 마천령磨天嶺과 마운령磨雲嶺을 넘어가자 반란군 안에서 이시애를 잡아 바쳐 공을 세우려는 이들이 나왔다. 이를 눈치

「등림영회도登臨詠懷圖」, 『북관유적도첩』, 종이에 색, 31.0×41.2cm, 17세기경, 고려대박물관. 세조대의 무신인 남이를 그린 것으로, 이시애의 난 때 약관의 나이에 총대장으로 임명되어 반란을 토벌하고 돌아오던 중 백두산에 올라 시를 읊었다고 한다.

챈 이시애는 여진족과 6진 지역 군사들의 도움을 받고자 길주와 용성을 거쳐 경성 쪽으로 가다가 결국 자기 부하들에게 잡혀 관군에 넘겨졌다. 이시애는 8월 12일 길주에 있는 도총사 본진으로 압송되었다. 도총사 이준은 당초에 세조로부터 받은 명령을 어기고 이시애를 간단히 국문한 뒤 참수했다. 이로써 세 달 이틀간에 걸쳐 벌어졌던 이시애의 난은 막을 내렸다. 이준은 '이시애를 생포해 오라'는 당초의 명령을 어긴 것에 대해 처벌받지 않았고, 심지어 문책조차 없었다. 이렇게 하여 이 사건에는 또 하나의 의문이 덧붙여졌다.

호패법, 함길도 토호 세력의 위기의식을 키우다

『세조실록』은 이시애가 죽은 뒤 그가 반란을 일으킨 원인을 다음과 같이 설명했다. "농경지를 많이 차지하여 축적한 재산이 대단히 많았는데, 국가에서 호패號牌의 법을 시행하자, 그 정비하는 것을 싫어하여 드디어 반역을 꾀했다." 그러나 이 설명이 이시애에게만 적용되는 것은 아니었다. 반란이 일어날 당시의 함길도 토호 전반이 그러했다. 그런 까닭에 이시애가 참수형에 처해진 뒤에도 진압군은 함길도에서 곧바로 철수하지 못했다. 세조와 중앙 권력은 함길도 토호 전반이 가담한 반란을 이시애와 그 일족이 일으킨 사건으로 축소시켜 정리하고 이 지역을 진정시켜야 했다. 반란의 불똥이 중앙 권력의 주요 구성원들에게로 튀는 것도 막아야 했다. 도총사 이준이 시급하게 이시애를 참형한 이유도 여기에 있었을 것이다. 다만 이시애의 신병 처리와 관련하여 새롭게 구체적인 명령이 내려졌던 것인지의 여부는 확인되지 않는다.

호패법은 조선 건국 이후 태종 때 처음 시행한 바 있으며, 그 중심이 되는 목적은 양인 장정을 많이 찾아내 군역을 지우려는 데 있었다. 태종은 특히 함길도 지역의 권세가와 토호들이 차지하여 부리고 있던 가별치加別赤*를 국가의 공민公民으로 규정하여 군역을 지우도록 한 바 있으나, 엄격하게 시행되지는 못했던 듯하다. 세조 때에도 군역제도를 개편하면서 역시 호패법을 시행토록 했는데, 본래 1466년에 새 호적 작성을 마감하기로 했다가 그 시한이 연기되어 1467년 3월에 마감한 뒤 호패법을 시행하게 되었다.

여느 지역과 달리 함길도에서 호패법을 실시한다는 것은 이시애와 같은 함길도 세력가들의 가별치를 철저하게 색출하여 군역 자원으로 충당하겠다는 뜻이었다. 가별치는 신분상으로는 양인이지만 실제로는 세력가의 노비나 다름없는 처지로 살던 사람들이었다. 이들에 대해 그동안 중앙 정부가 국역을 지우려고 하지 않았던 것은 아니지만, 6진을 개척하는 사정 속에서 엄격하게 시행하기는 어려웠다. 그런데 세조가 재위 기간을 10년 넘기면서 자신감을 갖고 평안도와 함길도에 대해서는 5가작통제까지 시행하면서 양인 장정을 철저히 조사해 새 호적을 만들고, 이 호적을 바탕으로 군적을 만들고자 했던 것이다. 이 조치는 가별치를 노비처럼 부렸던 함길도 토호들에게 큰 타격이 될 수밖에 없었다.

• 향화向化한 여진의 대소 추장酋長이 조선의 군민으로 편입하는 것을 막고 그대로 자기 휘하에 두고 사역시키던 백성. 1411년(태종 11) 6월에 혁파하여 모두 조선의 민호民戶로 편입시킴으로써 여진의 토호 세력을 억압했다.

조선시대에 양인은 국가에 국역을 지는 존재였다. 공역公役에 해당되는 국역에서 가장 중요시된 것이 군역이었다. 따라서 권세가든 토호든 양인을 노비처럼 부린다는 것은 공역에 이바지해야 할 사람을 개인의 이익 때문에 사역私役시키는 것을 뜻했고, 나아가서는 당시 국가가 표방하고 있던 부국강병의 이념에도 위배되는 행위였다. 이시애가 이러한 대의명분에 정면으로 맞서 반란을 일으킨 것은 아니었다. 또 미리 치밀하게 계획을 짜서 반란을 일으킨 것도 아니었다. 그럼에도 그가 병마절도사 강효문을 살해한 뒤 명분을 갖추고자 중앙에서 파견되어 있던 관원들을 죽이자고 선동했을 때 많은 사람이 여기에 가담했다는 사실이 중요한 점이었다. 함길도 토호들은 자신들의 존재 가치를 인정하고, 나아가 예전처럼 휘하의 양인들을 노비처럼 부리는 특권도 인정해줄 것을 군사 행동을 통해 요구한 셈이었다.

반란이 진압된 뒤 함길도는 남도와 북도로 나뉘어 각각 병마절도사를 두게 되었다. 흔히 '북병영'이라고 약칭한 북도의 병영은 본래 병영이 있던 경성에 두어졌고, 남도의 병영은 북청에 두어졌다. 국방의 요충지는 대부분 북도에 소속되었으므로, 이 조치는 함길도 전역을 군사적으로 통제하려는 데서 나온 것이라는 해석이 가능하다. 한편 함길도에 호패법을 시행하려던 계획이 다시 연기되어, 토호들은 일단 한숨 돌릴 수 있게 되었다. 국왕과 중앙 권력이 함길도 토호들의 '인정 투쟁'을 수용했던 것이다. 이듬해에 세조가 사망한 뒤 호패법을 강력하게 시행하기까지는 150년 이상이 걸렸으므로, 그동안 토호들의 기득권도 쭉 유지될 수 있었다. 함길도 토호들에 대한 처벌은 최소화되었으나, 이시애와 친족이

거나 혼인관계에 있는 붙이들은 1468년에 대거 형벌에 처해졌다. 중앙에서는 이시애의 난을 진압한 공으로 이준을 중심으로 하는 종친 세력, 강순과 남이 등의 무장 세력이 대두했다. 이 변화는 기존의 훈구 세력에 적잖은 위협이 되었다. 그러나 예종이 즉위한 직후 '남이의 옥사'가 일어난 결과, 남이를 비롯하여 구성군 이준 등 이시애의 난을 진압하는 과정에서 새로이 떠올랐던 세력은 죽임을 당하거나 귀양을 가게 되었다. 이에 따라 기존 훈구 세력 중심의 정치질서가 성종 즉위 이후에도 지속될 수 있었다.

이시애의 난 일지 : 1467년(세조 13)

5월 초   이시애가 함길도 절도사 강효문을 베고 길주를 근거지로 반란을 일으킴.
세조가 3만 명의 반란 정토군를 편성해 함흥을 향해 출병시킴.
이시애가 길주에서 단천, 북청, 홍원으로 남하해 함흥을 점령함. 이후
몇 차례 근거지를 변경함.

6월 19일   관군의 함흥 점령. 북청 공략을 위해 진을 쳤으나 이시애가 북청에서
후퇴해 관군이 반군에게 포위당함.

6월 24일   반군이 10여 차례 공격했으나 응전하지 않음. 이시애에게 자수할 것
을 전하였으나 거부당함.

7월 14일   이시애가 사위 이명효에게 관군의 함흥과 북청 간 통로를 차단케 함.
이시애와 이시합(이시애의 아우)은 진을 펴고 장기전을 준비함. 관군
은 홍원으로 후퇴해 장기전에 대비함. 이시애가 북청을 점령함.

7월 25일   관군이 한밤중에 산개령과 종개령을 넘어 북청을 습격하여, 반군
부절도사 유득지 군을 격퇴함. 패퇴 소식을 들은 이시애가 1만여 군
사를 이끌고 만령으로 이동함.

7월 말   관군이 반군을 공격함. 만령을 사면에서 포위·진격하여 반군의 선봉
진인 **만령 주봉主峯**을 점령함. 중봉으로 진격함.

7월 31일   이시애가 패퇴하여 중봉에서 이성 쪽으로 도망함.

8월 1일   관군이 이시애를 추적함. 반군은 이성에서 다시 북으로 패주함.

8월 8일   남대천을 사이에 두고 관군-반군 간 전투, 이시애가 길주로 패주함.

8월 12일   관군이 단천을 탈환함. 마천령을 넘어 영동역에서 이시애와 이시합을
체포함. 당일 곧바로 효수됨.

3장

열탕과 온탕을 오가는
일본과의 교류

◉

쓰시마 정벌과 삼포왜란

윤훈표

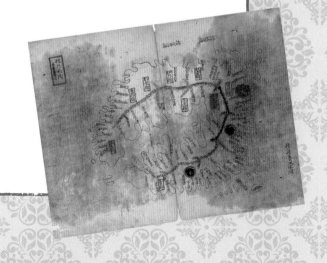

　우리 역사에서 일본과 교류하면서 전란 수준의 격렬한 충돌이
일어난 일은 적지 않다. 그것은 두 국가 사이의 사회경제적 또는
정치적 구조 차에서 기인한다. 일시적인 갈등과 불신에서 빚어지
기보다는 기본적인 존립 방식이 다른 데서 유래한 것이다. 더불어
주변 세계의 질서가 변동하는 데서도 큰 영향을 받는다.

　조선 전기에 들어서도 두 나라 사이에는 여느 때와 다름없이 갈
등과 마찰이 발생했다. 심지어 서로 극렬하게 맞서며 치열한 전쟁
으로 비화하기도 했다. 1419년(세종 원년)에 단행된 쓰시마對馬島
정벌과 1510년(중종 5)에 일어난 삼포왜란三浦倭亂이 그것이다. 겉
으로 보면 단순히 조선과 일본 사이에 벌어진 싸움이라고 할 수 있
다. 그러나 내면을 깊숙이 들여다보면 양국 사이의 문제뿐만 아니
라 그들을 둘러싼 동아시아의 국제질서가 긴밀히 얽혀 있음을 알
수 있다.

　예나 지금이나 일본과의 관계에서 협력할 것이냐 아니면 대결
국면으로 갈 것이냐는 당시 국제 정세의 흐름과도 무관하지 않다.
그런 까닭에 비록 일본의 쓰시마와 조선의 삼포라는 한정된 공간

에서 벌어진 전투라도 국지적 충돌로 이해하기에 좀더 넓은 시야에서 조명할 필요가 있다.

천하의 중심 명나라, 시대를 거스르는 대외 정책

15, 16세기 동아시아 국제질서의 중심축은 당시 유일한 문명국가로 자처했던 명나라와 그 대외 정책이었다. 직전의 원나라와 달리 한족漢族 왕조였던 명은 생활 방식만큼이나 상이한 면모를 과시했다. 특히 대외관계에 개방적이었던 원과 반대로 폐쇄적인 태도를 취했는데, 국가 통제 하에서 엄격하게 시행하는 것이 기본 입장이었다.

전근대 동아시아 세계에서 외국과 공식 교류를 하는 데 국가의 확고한 통제 하에 성립된 체제를 보통 조공제도朝貢制度라고 한다. 이는 중국 황제인 천자가 곧 천하의 지배자임을 전제로 한다. 반면 외국의 통치자는 그의 신하로 자처하고 정기적으로 공물을 바쳐 충성을 서약하는 한편 대신 통치자임을 용인容認한다는 의미로 물품을 하사받는다. 이는 중국 중심의 국제질서를 수용한다는 징표였다. 이때 외국은 형식적으로 중국의 속방屬邦으로 인정되는 대신 천자에 의해 대내외적으로 자신의 지위를 보장받는다.

조공제도는 정치·군사 분야뿐만 아니라 사회경제나 문화적으로도 연결됨을 뜻했다. 그러나 중국이 제도와 절차를 일방적으로 마련했다는 게 문제로, 이로 인해 민간 사이의 왕래는 큰 제약을

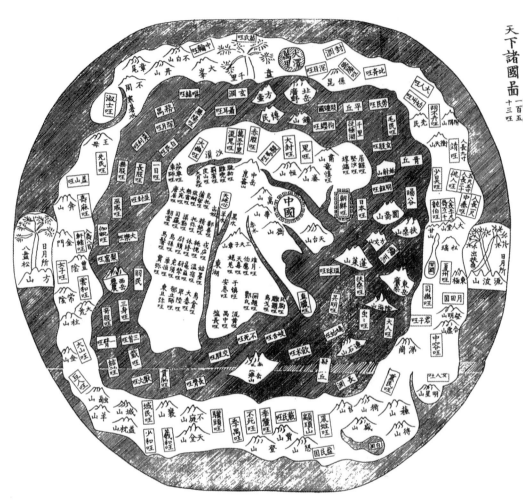

「천하도」, 원본 크기와 소장처 미상. 모리스 쿠랑의 *Bibliographie coréenne*에 실림. 천하도에서 중국은 항상 한 가운데에 있는데, 이는 고전 문명의 중심이 중국이고 한국은 이곳 가까이에 있다는 의식으로, 중국 중심의 국제질서의 관념을 대표적으로 보여준다.

받았다. 다시 말해 자유로운 교섭이 쉽지 않았던 것이다.

조공제도를 명이 시작한 것은 아니다. 이미 오래전부터, 예컨대 최초의 통일 왕조였던 진한 때부터 실시되었다. 다만 명의 그것이 다른 시기와 구별됐던 점은 해금海禁 정책을 시행한 데 있었다. 이는 해상 교통·무역·어업 등을 제한하는 것이었다. 1371년 홍무제가 왜구를 막는다며 외국과의 교역 및 해외로의 출항을 금한 데서 시작되었다.

해금 정책은 바다에만 국한되지 않았다. 오히려 육지의 국경선 쪽이 훨씬 더 철저했다. 그것은 주변에서 제2, 3의 원나라가 출현하는 것을 원천봉쇄하기 위함이었다. 우선 중국의 선진 문물이 밖으로 빠져나가 그편의 발전 동력으로 활용되는 것을 차단하려는 목적이었다. 또한 직접적이 아닌 간접적 지배 방식인 기미책羈縻策과 이이제이以夷制夷 시책을 효율적으로 행하기 위함이었다. 자신들한테 우호적인 세력을 선택해 국가 차원의 공식 교류만, 그것도 확실한 통제 하에서만 가능하도록 했다.

해금 정책을 완성한 인물은 정화鄭和의 원정으로 유명한 제3대 영락제였다. 강력한 해군력을 갖춰 바다를 통한 교류를 국가 차원에서 철저히 통제했다. 하지만 이로 인해 동아시아의 교역 발전에는 수많은 걸림돌이 생겨났다. 몇몇 나라와 종족은 이전부터 내려온, 그리고 사회 내부의 변동 등에 따라 더 활발한 교류를 원했다. 당시 대항해시대를 맞이했던 서양과 비교해서 이런 흐름은 당연했다. 명나라가 시대의 변화에 역행하며 통제를 강화하자 비정상적인 교류도 서슴지 않았다. 정상적인 거래가 힘들어지자 비합법적인 방법과 수단을 동원하는 부류들이 나타났다. 그들의 활동은

명나라 3대 황제 영락제. 그는 해군력을 갖춰 바다를 통한 교역을 차단해 시대를 역행하는 모습을 보였다.

시간이 갈수록 확대되었다.

이를 흔히 북로남왜北虜南倭 현상이라고 한다. 북로는 북방으로 부터 침입한 오이라트와 타타르 등을 가리키며, 남왜는 남부 일대 에서 암약했던 주로 일본 출신의 해적 집단을 일컫는다. 뿐만 아 니라 명나라 내부에서도 해금 정책에 반하는 행동을 서슴지 않았 던 족속이 적잖이 출몰했다. 심지어 외부인들과 적극적으로 손잡 고 활동하기도 했다. 북로남왜 현상은 국방력을 증강시켰고, 다시 재정의 증대와 조세의 증가를 가져왔으며, 국가의 통제력 강화를 위해 관리와 군대 수를 더욱 늘리는 악순환을 초래했다. 이것은 결국 동아시아 국제질서를 정립하는 데 큰 영향을 주었고, 그 여 파는 조선과 일본에도 미쳤다.

조선의 중앙집권제 수립
vs 일본 전국시대의 생존 투쟁

1392년에 왕조를 개창했던 조선은 민심을 조속히 수습하기 위 해 제도 문물을 정비하는 데 박차를 가했다. 일차로 정치적 안정을 이룩하고자 강력한 중앙집권제를 수립했다. 그 핵심을 이루는 사 업 중 하나가 고려식 주속현主屬縣 제도, 즉 수령이 파견되는 소수 의 주현主縣이 그렇지 않은 다수의 속현屬縣을 거느리는 형태에서 벗어나 전국의 고을을 주현으로 만드는 일이었다. 다시 말해 전국 300여 곳의 고을에 지방관을 보내 직접 통치했다. 다음은 숭유억 불崇儒抑佛 정책의 실현, 즉 국정 교학으로 성리학을 채택해 사상적으로 통일하는 작업이었다. 마지막으로는 경제 분야에서 농본억말農本抑末 정책을 추진함으로써 농업을 중시하고 상공업의 성장을 억제했다.

더구나 사치 풍조의 배격과 검소한 생활을 강조함으로써 소비 부문의 확장 및 빠른 증대는 억제되었다. 그 결과 전체 국가 단위로 자급자족에 입각한 체제 운영이 가능해졌다. 예를 들면 혹독한 흉년이 들어서 기근 현상이 만연하더라도 강력한 중앙집권 체제를 동원해 인적·물적 자원의 통제와 이동, 엄격한 분배, 나아가 성리학적인 질서 등을 최대한 활용해서 자체 해결이 가능하도록 만들었다. 외국과의 교류는 크게 필요치 않았으며 허용하지도 않았다. 그러므로 조선은 명나라의 해금 정책을 그대로 수용할 수 있었고, 한층 더 강화된 조공제도에도 쉽게 적응할 수 있었다. 하지만 명 이외의 국가·종족 사이의 교류에는 여러 측면에서 상당한 제약과 제한을 둘 수밖에 없었다.

한편 14세기 중엽에서 말엽까지 일본에도 커다란 변화가 일어났다. 1334년 가마쿠라鎌倉 막부가 멸망했다. 그 뒤를 이어 누가 패권을 장악하는가를 놓고 당시 국왕이었던 고다이고後醍醐 일파와 지방 무사파 사이에 대결이 벌어졌다. 결국 후자의 일원이었던 아시카가 다카우지足利尊氏(1305~1358)에 의해 1336년 이른바 무로마치室町 막부가 수립되었다.

다카우지는 교토를 점령하고 고묘光明를 새로운 국왕으로 옹립하며 정치의 기본 방침인 겐무시키모쿠建武式目를 제정했다. 이것이 북조北朝였다. 반면에 고다이고는 일단 다카우지와 강화조약을 맺고 나라의 요시노吉野로 피신했다. 그곳에서 새로운 조정을 열고 3종의 신기(이른바 산슈노 징기三種の神器), 곧 왕위의 상징으로 역대 국왕이 계승해온 물건인 거울 '야타노 가가미八咫鏡', 검 '구사나기노 쓰루기草薙劍', 옥 '야사카니노 마가타마八尺瓊勾玉'의 세 가지를 가진 자신이 정통이라고 주장했다. 이것이 남조南朝다. 이 남북조 사이에 싸움이 벌어져 60년간이나 지속되었다.

1392년에 내란이 종식되면서 일본의 국내질서도 어느 정도 회복되었다. 그러나 가마쿠라 막부 시기보다도 지방에 대한 지배는 훨씬 더 미약해졌다. 무로마치 막부의 쇼군將軍들은 공식적인 관료제의 관리나 가신들 어느 한쪽에도 의존할 수 없었다. 다만 유력 지방관인 슈고守護와 간레管領에 의한 합의체로 운영될 만큼 권력이 크게 약화되었다.

마침내 15세기 중엽에 이르러 당시 쇼군인 아시카가 요시마사足利義政(1435~1490)의 후계자 자리를 놓고 내란이 발생했다. 1467~1477년에 벌어진 오닌應仁의 난이 그것이다. 그 뒤 막부 권력이 더욱 약해지면서 이른바 전국戰國시대가 펼쳐졌다. 수많은 지방 세력가들이 정권 쟁탈전에 뛰어들면서 사실상 막부의 통제력이 붕괴되었다.

남북조 시기의 내란이 일어났을 때부터 각 지방에서는 나름의 생존 투쟁에 열중했다. 그 일환으로 적극적인 대외 진출이 추구되었다. 약육강식의 풍조에 따라 인근 집단을 아우르는 것은 물론 세력 확장을 위해 해외로 나가는 것도 주저하지 않았다. 오히려 적극적으로 권장되었으며 합류하는 층도 매우 넓어졌다. 그 대상에 고려·조선은 물론 명나라, 동남아시아의 여러 나라와 종족이 포함되었다.

명나라는 조공제도에 따라 무로마치 막부에도 무역 허가증이라 할 수 있는 감합勘合을 보냈고, 이에 의거해 조공 무역이 행해졌다. 그러나 여기에 그치지 않고 지방의 유력자들, 불교의 사원과 신사神社 등도 참가했는데, 그들 뒤에는 상인들이 있었다. 이들은 공식적인 교류뿐만 아니라 민간 차원의 거래, 심지어 밀무역도 불사했고, 여의치 않으면 해적활동에도 적극 가담했다. 공식적인 것보다 비공식, 나아가 약탈과 강탈도 서슴지 않았다.

이미 14세기 말부터 공식, 비공식을 망라한 해외 교류의 비중이 급속히 커졌다. 무시 못 할 정도의 사회경제적인 활동으로 자리잡았고, 대외 교역의 의존도가 높아지면서 반드시 필요하다는 인식도 고조되었다.

동아시아 국제질서의 관점에서 본 쓰시마 정벌

1419년 6월 삼군도체찰사 이종무가 이끄는 조선군이 왜적의 본거지를 소탕한다는 구실로 쓰시마를 정벌했다. 표면상의 이유는 개국 이래 연해지역을 침입하여 막대한 피해를 입히는 왜적의 소굴을 기습 공격함으로써 나라의 우환을 일소하겠다는 것이었다. 그러나 이는 한쪽만의 관점일 뿐, 다른 측면에서 보면 좀더 복잡한 의미가 함축되어 있었다. 즉 당시 동아시아 정세와 관계가 깊었던 것이다.

종전에는 왜적의 근절을 위한 쓰시마 정벌의 배경을 조선과 일본의 양자 관계에서 찾는 것이 일반적이었다. 그러나 근래에 들어

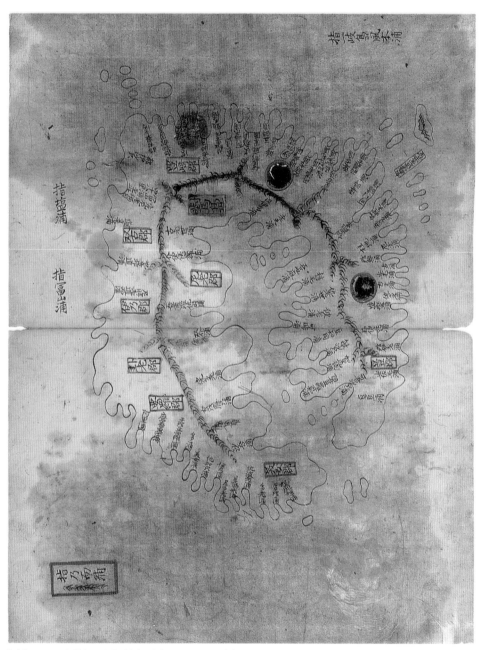

「장운도(掌運圖)」에 실린 '쓰시마', 44.4×34.6cm, 19세기, 국립민속박물관.

와 동아시아 국제질서에 대한 연구가 심화되면서 이전과는 다른 견해가 제시되었다. 이에 따르면 우선 왜적이 명나라의 해안지역에 다수 출몰해 굉장한 피해를 끼치자, 이들을 토벌하려고 직접 원정하는 방안까지 검토했다는 것이다. 그리고 이런 정보가 사전에 조선 측에도 전해졌으며 만약 감행될 경우 생겨날 여러 문제를 심사숙고했다고 한다. 그 결과 조선 정부로서는 명나라 측의 의도를 조기에 종식시키고자 쓰시마로 군대를 원정 보냈다는 것이다. 필요하다면 조선이 군사력을 동원해 저들의 근거지를 충분히 공격할 수 있으므로 명나라에서는 굳이 병력을 파견할 필요가 없음을 각인시키려 했다는 것이다.

『세종실록』의 기사에서도 그런 정황을 구체적으로 포착할 수 있다. 우선 원정이 있기 한 해 전인 1418년(세종 즉위) 12월 11일(음력)에 왜적이 300여 척의 배를 거느리고 명나라를 습격할 것이라는 첩보가 입수되었다. 이 이야기를 듣자마자 당시 상왕으로서 군권을 행사하던 태종이 바짝 긴장하는 모습을 보였다. 자칫하면 중간에 끼어 명으로부터 의심을 살 수 있었기 때문이다. 이에 평안도 지역에 대해 각별히 경계를 강화하라는 지시를 내렸다.

이듬해, 즉 원정이 있던 1419년 1월 13일에 포로로 잡혔다가 탈출한 중국인들로부터 왜적이 전선을 만들어 3월경 명의 해안지역을 대대적으로 습격할 것이라는 제보를 받았다. 2월 16일에는 조선에서 인도했던 중국인들이 명나라로 돌아가 왜적 습격에 관한 정보를 전달했다. 이에 명나라에서도 태세를 가다듬어 주요 지역에 대한 방비를 강화할 것을 지시했다. 또다시 5월 5일 전라도에서 왜선 39척이 중국을 치기 위해 인근 섬에 머물고 있다는 보고가 접수되었다. 그즈음 왜선 50여 척이 충청도 비인을 습격해서 아군 병선을 불사르고 병사들을 살해했다는 급보가 전달되었다. 이때 전사자가 300여 명, 포로 된 자가 40여 명이나 된다는 소식에 정부는 크게 당황했다.

계속해서 5월 13일 황해도에서 5월 11일에 왜적이 해주 인근에 나타나서 중국으로 간다며 식량을 요구해 이를 거부했더니 약탈해갔다는 보고가 올라왔다. 이때 좌의정 박은 등이 태종에게 허술한 틈을 타 근거지인 쓰시마를 정벌한 다음 대기하고 있다가 소식을 전해 듣고 귀환하는 왜적까지 요격해서 박멸하자는 계획을 제시했다. 그 뒤 본격적으로 쓰시마 정벌에 대해 논의가 이뤄졌다.

마침내 이종무를 삼군도체찰사로 임명해서 원정군을 통솔하게 했다. 그리고 영의정 유정현을 삼도도통사三道都統使로, 의정부참찬 최윤덕을 삼군도절제사三軍都節制使, 우박·이숙묘·황상을 중군절제사, 유습을 좌군도절제사, 박초와 박실을 좌군절제사로, 이지실을 우군도절제사로, 김을화와 이순몽을 우군절제사로 삼아 경상·전라·충청의 3도에 있는 병선 227척과 병사 1만7000여 명을 거느리고 출병하도록 했다.

6월 19일 거제도 남쪽 주원방포를 출발해 20일에 쓰시마에 도착했다. 이종무는 도주 소 사다모리宗貞盛에게 항복을 권했으나 대답이 없자 공격을 개시하여 왜적 100여 명을 처형하고 2000여 호의 가옥을 불태웠다. 그리고 131명의 명나라 출신 포로를 찾아냈다. 29일에는 가옥 70여 호를 태우고 명나라 사람 15명과 조선인 8명을 추가로 구출했다. 한편 6월 26일 좌군절제사 박실이 지휘하는 병력을 하선시켜 돌격하도록 했으나 도리어 적의 매복 작전

쓰시마 정벌 기록화, 김태, 2001, 전쟁기념관.

에 속아서 큰 피해를 당하는 사건이 발생했다.

7월 3일 도주의 항복을 받지 못한 상태에서 명나라로 떠난 왜적의 본대 귀환이 임박하자 이종무는 좌군과 우군에게 두지포에 포진하라고 명령한 다음 주력 함대를 이끌고 거제도로 철수했다. 쓰시마에 도착한 뒤 13일 만에 철군을 시작했던 것이다. 한편 정부에서는 계속해서 도주에게 항복을 권유하는 서신을 보냈다. 7월 12일 요동에서 왜적이 크게 패배했다는 소식이 전해지면서 상황은 크게 바뀌었다. 2차 정벌을 중지하고 쓰시마 도주에게 항복을 다시 권유했다. 9월 20일 쓰시마의 항복을 권유하러 떠났던 사신 일행이 도주의 사자를 대동하고 귀국했다. 사자는 도주의 뜻이라며 항복을 청원했다. 하지만 조선은 사자의 말만으로는 믿을 수 없다며 도주의 동생이 직접 올 것을 지시했다. 11월 20일에 또다시 쓰시마 도주의 항복 의사가 전달되었으며 포로가 되었던 조선 군인까지 송환되었다. 이로써 군사적 대치 상황은 일단 정리되었다.

쓰시마 정벌, 조선의 위상을 제고하다

정벌의 성과를 둘러싸고는 다양한 시각이 제시되었다. 첫째로 조선군이 소기의 목적을 거두었으며 이를 계기로 왜적의 침입이 크게 줄어들었다는 사실을 부각시킨 것을 들 수 있다. 이처럼 소탕에 성공한 정벌로 이해하는 것이 한국 사학계의 전통적인 해석이다. 반면 일본 측에서는 쓰시마군이 매복 전투에서 조선군을 크게 이겼다는 사실을 강조했다. 즉 기습 공격을 방어하는 데 성공했다는 것이다. 지금까지도 굳건하게 유지되는 그들 나름의 이해 방식이다.

최근에는 어느 한쪽의 일방적 입장이 아닌 국제 교역과 질서의 변화를 염두에 두고 살펴봐야 한다는 견해가 나오기 시작했다. 먼저 명나라가 무로마치 막부의 쇼군을 통해 왜적을 제어하는 방식을 취했지만 협조를 얻어내지 못하자 정벌을 계획했다는 것이다. 조선은 이런 명나라의 움직임을 탐지하고서 미리 대규모 정벌을 단행했던 것으로 보고 있다. 그 결과 쓰시마에 커다란 충격을 가했으며, 동시에 명나라를 침공했던 왜구들에게도 막대한 피해를 입혔다는 것이다. 쓰시마로서는 더 이상 버틸 힘이 없어 마침내 항복했으며, 이를 계기로 약탈이나 노략질이 아닌 정상적인 거래를 통해 교역이 이뤄지도록 정책 자체를 변경했다.

1426년(세종 8) 쓰시마 도주 소 사다모리의 청에 따라 기존에 개방했던 웅천(창원 진해)의 내이포乃而浦(제포薺浦), 부산포釜山浦 외에 울산의 염포鹽浦를 추가로 열어 교역을 허락했다. 그 뒤 1443년(세종 25)에 정식으로 약조를 맺어 세견선歲遣船 등 교역에 관한 사항들을 정했다. 이것이 바로 계해약조癸亥約條다. 다른 한편 조선은 자체 군사력으로 왜적의 근거지를 공격할 수 있다는 힘을 보여주었다. 즉 쓰시마도 조선군의 작전지역에 포함된다는 점을 입증했다. 이로 인해 왜적의 침입은 크게 줄어들었다. 조선이 언제든 자신들의 빈틈이나 허점을 노릴 수 있음을 깨달았기 때문이다. 그리하여 그들은 부득이 입장을 바꿔 정상적인 거래에 나서야 했다. 조선의 보복을 피하려면 어쩔 수 없는 일이었다.

상황 변화에 힘입어 조선은 최대의 곡창지대인 해안 일대의 지역을 개발·개간하는 데 박차를 가했다. 이는 사회경제적인 안정에 크게 기여했다. 뿐만 아니라 대외적으로는 명나라, 일본과의 관계에서 이전보다 한결 높아진 위상을 지니게 되었다. 동시에 남방의 해안지역이 안정되자 북방으로의 진출, 특히 여진과의 관계에서 적극적인 공세로 나아갈 기반을 마련할 수 있었다. 결국 쓰시마 정벌은 대내외에 조선의 위신을 떨쳐 확고한 위상을 점하게 했던 역사적 사건이다. 아울러 체제의 안정을 확립해 능동적인 정책 추진의 계기를 마련해준 것으로 평가된다.

무엇이 삼포왜란을 일으켰나

쓰시마 정벌 이후 거의 1세기 동안 조선과 일본의 교류는 겉으로는 커다란 마찰 없이 꾸준하게 진척되었다. 즉 온탕의 세월이라 할 만한 것이었다. 하지만 속으로는 계속해서 끓고 있었다. 이는 주로 일본 측의 불만에 의해 야기되었다. 그 상대는 조선 정부였지만, 속을 뒤집어보면 당시 동아시아 국제질서를 주도했던 명나라를 염두에 두고 있었다. 특히 해금 정책이 문제였는데, 그 여파로 조선과 일본 사이에 마찰이 일어났다.

1510년(중종 5) 4월 부산포·내이포·염포 등 삼포에 거주하고 있던 왜인들이 쓰시마 도주의 지원을 받아 난을 일으켰다. 이것이 삼포왜란이다. 조선 정부의 통제에도 불구하고 계해약조 당시 60명으로 제한했던 삼포의 왜인 거류자 수는 해마다 증가하여 1503년에는 2000여 명에 이르렀다. 이들에 대한 보조는 조선에 경제적으로 큰 부담을 지웠다. 그리하여 마침내 쓰시마 도주에게 불법 거류자들을 철수시키는 동시에 출입 선박에 대해 엄중히 감시할 것을 지시했다. 만약 이를 어긴다면 더 무겁게 징계하겠다는 경고도 내렸다.

반면 왜인 거류자들은 그동안 지나치게 억눌려왔다는 피해의식에 시달렸다. 그런 상태에서 경고를 받자 즉각 쓰시마 도주에게 하소연하며 강력하게 맞서줄 것을 청했다. 그리고 원조를 받아 난을 일으켜 내이포·부산포까지 함락시켰다. 이처럼 왜란이 일어난 원인에 대해 종전에는 조선의 대외 정책이 지극히 유약했기 때문이라는 주장이 주로 우리 측 연구자들에 의해 제기되었다. 즉 교린

「초량왜관도草梁倭館圖」, 종이에 색, 조선시대, 국립중앙박물관. 삼포왜란에 대한 조선과 일본 측의 원인 분석은 전혀 달랐다. 일본 측은 조선인들이 왜관에 머무는 왜객에게 행패를 부려서 난을 일으켰다고 주장했다.

정책에 따라 입국하는 왜인에 대해 웬만하면 관용을 베풀고 관대하게 처분해 통제가 해이해지는 것을 자초했다는 것이다. 그로 인해 왜인들 사이에 잘못을 저질러도 벌을 받지 않는다는 인식이 만연했고, 이것이 난으로 폭발했다는 시각이다.

한편 일본 측에서는 혹독한 왜인 통제에서 비롯되었다는 설을 제기했다. 즉 조선의 지방관들이 왜인의 활동을 고의로 방해하거나 제한했다는 것이다. 원래 왜인에게 주려고 책정했던 왜료倭料, 즉 왜관에 머무는 왜객에게 주는 식량 따위를 주지 않는 등 행패를 부렸고, 심지어 왜인을 살해하는 만행을 저질러 이에 격분하여 난을 일으켰다고 했다. 한편 이런 주장에는 자기 합리화의 경향이 매우 농후하다는 비판이 제기되기도 했다.

근래에는 면포綿布 등의 무역을 둘러싼 이해관계의 대립에서 난이 일어난 것으로 파악하는 견해가 새롭게 제기되었다. 특히 이 입장은 국제질서의 변동과 연계시키면서 전과는 다른 각도에서 난을 조명했다. 15세기 후반에 들어서 삼포와 연결된 쓰시마는 규슈, 혼슈의 주고쿠中國 지역, 명나라 복건·절강 지역 등과 통하는 일종의 교역 네트워크의 중심지로 자리잡았다. 특히 면포를 필두로 여러 물품을 중계무역 형태로 거래함으로써 상당한 부와 권세를 획득할 수 있었다. 내심 그것을 확대할 의도가 있었는데 국부 유출을 염려하는 조선 정부가 계속해서 방해하자 불만이 커졌다. 결국 평소 간섭과 통제에 대해 불평이 잦았던 삼포 거주 왜인들을 부추겨 조선 정부에 항거하도록 꾸민 것으로 보고 있다.

해금 정책이 여전한 가운데서도 갈수록 늘어나는 수요에 맞춰 물품 거래를 늘리려 했던 일본 측과 그로 인한 자국민의 피해를 우려했던 조선 측이 정면으로 충돌한 것이 결국 삼포왜란으로 표출되었다는 것이다.

부산포 첨사 살해에서 왜인의 궤멸까지
왜란의 진행 경과

왜란의 경과를 『중종실록』 등을 인용해서 간략히 살펴보면 다음과 같다. 1510년 4월 4일 새벽에 왜인들이 먼저 제포와 부산포를 공격했다. 이들은 성 밖의 민가를 모두 불사르고 성으로 돌입해서 제포 첨사를 포로로 잡았으며 부산포 첨사를 살해했다. 왜인들은 제포와 부산포 두 성의 주민들을 살해하고 이어서 웅천과 동래까지 포위했다. 경상우도병사 김석철이 포위당한 웅천을 지원하기 위해 군사들을 거느리고 접근하여 웅천현 북쪽 웅신산熊神山에 진을 쳤으나 왜인들의 야습을 받고 후퇴했다. 한편 4월 6일 웅천 현감 한륜이 방어 대책을 제대로 세우지 않고 우물쭈물하다가 우선 가족만이라도 피신시키려고 성문을 열었는데, 이 바람에 민심이 동요하여 마침내 함락당하고 말았다. 한편 동래는 포위한 왜인의 수가 적어 그나마 버틸 수 있었다.

4월 8일 왜선 40여 척이 거제도 영등포永登浦를 재차 공격해 함락시켰다. 이때 비로소 보고를 받았던 조선 정부는 전前 절도사節度使 황형과 전前 방어사防禦使 유담년을 각각 경상좌·우도방어사로 삼아 삼포로 보내 이들을 진압케 했다. 그러나 왜인들은 이에 아랑곳하지 않고 4월 9일 조라포를 공격했다. 조선 정부에서는 4월

『해동제국기』에 수록된 '부산포 지도', 규장각한국학연구원.

13일 좌의정을 비롯한 고급 관료들로 구성된 토벌군 지휘부를 편성했다. 그 과정에서 평화적인 외교 교섭을 통해 문제를 해결하자는 파와 무력 토벌을 주장한 인사들 사이에 논전이 치열하게 벌어졌다. 마침내 후자의 의견이 채택되어 중앙에서 토벌군을 조직하도록 했다.

4월 18일에 이르러 중앙에서 파견한 토벌군 지휘부가 현지에 도착해 본격적인 진압 작전에 착수했다. 이튿날인 4월 19일 새벽에 조선 육군은 삼로로 나누어 웅천을 공격했으며 경상우수사 이의종은 수군을 동원해 협공을 가했다. 이를 견디지 못한 왜인들은 웅천을 버리고 제포성 밖의 세 봉우리를 점거해서 농성하려 했다. 그러나 이들을 포위한 조선군이 녹각목鹿角木을 세워 공격에 대비하면서 계속 압박을 가했다. 특히 투석군을 내세워 공격하자 왜인들의 방패가 부서지면서 제대로 막아내지 못했다. 먼저 동쪽 봉우리가 함몰되었고 이어서 서쪽과 남쪽 봉우리도 궤멸되었다. 마침내 왜인들은 모두 배로 후퇴했다. 그 과정에서 도주의 아들인 소모리히로가 피살되었으며 삼포의 나머지 왜인들도 모두 쓰시마로 도주했다. 공식적으로는 292명의 사망자를 냈고, 이로써 삼포왜란은 군사적으로 종결되었다.

왜란 진압 이후의 처리 결과와
변화하는 한반도의 지정학적 위치

삼포왜란이 일어나자 조선과 일본 사이의 통교는 자동으로 중단되었다. 교류 중단에 따른 어려움이 점차 커지면서 일본은 쓰시마 도주를 통해 조선과의 외교 재개를 끈질기게 요청해왔다. 사죄의 의미로 왜란의 주모자 격인 인물을 처형해 그 수급을 바치고, 포로로 끌고 갔던 조선인을 돌려보냈다. 조선 정부에서도 처음에는 거부했지만 영구히 단절하는 것은 곤란했기 때문에 이를 받아들였다. 대신 1512년(중종 7)에 계해약조보다 훨씬 더 까다로운 조건이 담긴 임신약조壬申約條를 체결하는 조건으로 국교를 재개했다. 이로써 삼포 가운데 제포만 개항되었으며 그에 맞춰 교역 선박과 거류민 수가 대폭 줄었다. 이는 표면상으로 보면 조선 측의 의도대로 종결된 것처럼 보인다. 하지만 내면을 들여다보면 양국 관계가 더 복잡해졌음을 알 수 있다. 갈수록 두 나라의 사회 구조 차이가 심화되는 가운데 주변의 국제 정세도 복잡해지면서 갈등 해소를 어렵게 만들었다.

조선은 왕조가 개창할 때부터 농업 위주의 경제활동을 중시했으며 유통 분야가 지나치게 확대되지 않도록 제한했다. 그리하여 조정에서는 일단 개항했다고 하더라도 삼포와 쓰시마의 거래가 규정 이상으로 확대되는 것을 적극 차단했다. 이에 계해약조를 철저하게 준수할 것을 명했는데, 이는 조선 측의 정당한 요구였다. 한편 거래량의 증대를 강력하게 원했던 일본 측에서는 이에 대해 도리어 반발했다. 전쟁을 치르고서라도 자신들의 이익을 극대화하며 조선 측의 기도를 차단하려 했다. 하지만 조선군의 강력한 반격으로 끝내 실패하고 말았다. 이로 인해 입장이 난처해진 일본은 쓰시마 도주를 통해 주모자 처벌과 함께 조선에 사죄하고 외교관계의 회복을 요청했다. 이에 조선에서는 부득이 허락하며 임신약조를 체결함으로써 제포 한 군데에서만 교역하도록 했다.

조선은 삼포왜란, 즉 쓰시마를 거점으로 하는 일본 측의 도발을 일단 저지하는 데 성공했다. 하지만 완전 종식은 불가능했다. 그 뒤에도 여러 차례 약속을 어기고 도발이 되풀이되었던 것이다. 조선은 이에 대해 한편으로는 강경책을, 다른 한편으로는 회유책을 써서 대응했다. 그러나 일본의 궁극적인 요구 사항인 교류 확대는 단호히 거부했다. 조선의 체제로서는 용납하기 어려웠던 것이다.

한편 조선군에 패배해 일시적으로 물러났지만 쓰시마를 필두로 일본 측에서는 완전 후퇴란 곤란했다. 여전히 거래 확대를 강구하면서 한쪽으로는 군사력을 이용한 침공을, 다른 한쪽으로는 교역 확장을 꾀했다. 일단 명나라 쪽으로 직접 나아가 거점을 확보했다. 복건·절강 등지에 성을 쌓아 그 일대의 토지를 점유함으로써 종전의 약탈 후 바로 귀환하는 방식에서 벗어나 거점을 확보해 상주하는 형태로 바꾸었다. 이를 기반 삼아 포르투갈 상인들과도 연계하여 국제적 성격을 띠어나갔다. 그런데 그럴수록 조선에서의 거점과 시장 확보가 중요해졌다. 동아시아 일대의 교역 확대를 결정적으로 방해하는 명나라의 해금 정책을 분쇄하기 위해서는 조선의 협력이 절대적으로 요구되었기 때문이다.

명나라 또한 자신들의 해금 정책을 유지하는 데에는 조선의 협력이 무엇보다 중요했다. 지정학적으로 조선의 협조 없이는 해금 정책은 더 이상 유지하기 힘들었던 것이다. 그런 사실은 동아시아의 여러 나라도 잘 알고 있었다. 특히 일본은 그 점에 대해 깊이 인식하고 있었기 때문에 끝까지 포기할 수 없었다. 그리하여 어느 때고 기회와 시기를 노리고 있었다.

　　　　　＊　＊　＊

　15, 16세기 조선과 일본의 교류에서는 그전과 마찬가지로 군사적 충돌이 뒤따랐다. 대표적인 사건이 곧 쓰시마 정벌과 삼포왜란이었다. 이는 기본적으로 양국의 사회 구조적인 속성에서 비롯되었다. 조선은 자존 위주의 노선을 걸었던 반면, 일본은 내부 사정으로 외부 세계와의 교류가 필수였다. 즉 그들은 교역이 중단되거나 여의치 못하면 결국 모두 망할 것이라는 인식이 강했다. 확대를 위해 온갖 수단을 동원했으며 무력 침공도 불사한다는 입장이었다.

　동아시아의 국제 정세는 두 나라 사이의 관계 형성에 강한 영향력을 행사했다. 그 정세 여하에 따라 충돌과 화평이 결정되었다. 이때 조선은 명나라의 정책을 받아들였던 반면, 일본은 내부 사정상 그렇게 할 수 없었다. 이로 인해 마찰이 일어나면서 때로 격렬한 무력 충돌이 벌어지기도 했다. 따라서 쓰시마 정벌과 삼포왜란은 조선과 일본 사이의 국부적인 충돌이면서 동아시아 국제질서에 큰 영향을 끼쳤던 명의 해금 정책 실시 여부를 판가름하는 결전장이 되었다. 일단 조선이 승리해서 유지되긴 했으나 이로써 모든 게 끝난 것은 아니었다. 이는 더 큰 충돌의 시발점이 되었다고 볼 수 있다.

　기존에는 양국 사이에서 발생했던 충돌을 동반하는 교류를 그들 자체의 내적 운동으로 설명하는 경향이 강했다. 하지만 근래 들어서 국제 정세의 변화와 밀접한 관련이 있음을 의식하게 되었다. 그러므로 동아시아적 세계라는 관점에서 조선과 일본 두 나라의 교류 문제, 즉 충돌과 화평 양 측면을 바라봐야 할 필요성이 커졌다. 그것은 비단 과거만의 문제가 아니라 오늘날에 있어서도 마찬가지다.

4장

임진왜란, 동부 유라시아 대륙 플레이어들의 각축전

◉

열국지적 질서와 지정학적 요충지로서의 한반도

김시덕

임진왜란의 세계사적 의의

1592년에서 1598년까지 7년간 이어진 임진왜란은, 단순히 일본 '민족'이 한국 '민족'을 침략한 전쟁이 아니었다. 이것은 동부 유라시아 대륙에서 일본이라는 플레이어가 이 지역의 질서를 재편할 수 있음을 최초로 보여준, 바꿔 말하면 이 지역에서 해양 세력이 대륙 세력에 최초로 정면 도전한 사건이었다.

일본 열도 세력이 부상하기 전, 한반도 세력은 동부 유라시아의 주변부 세력으로서 안정을 유지할 수 있었다. 신라·고려 등의 왕조가 장기간에 걸쳐 존속했던 사실이 유라시아 대륙에서 지정학적으로 외곽에 위치한 한반도의 안정성을 보여준다. 그러나 해양세력 일본이 세계 정복을 꿈꾸며 한반도로 들어오자, 한반도의 지정학적 성격은 대륙 세력과 해양 세력이 충돌하는 요충지로 재편되었다. 이에 따라 조선의 내외부에서 왕조의 존재 의의는 도전을 받았으며, 임진왜란에 이어 후금(청나라) 세력은 일본이 실패했던 조선 왕조의 굴복을 이끌어냈다. 조선 왕조는 이러한 내외 세력의

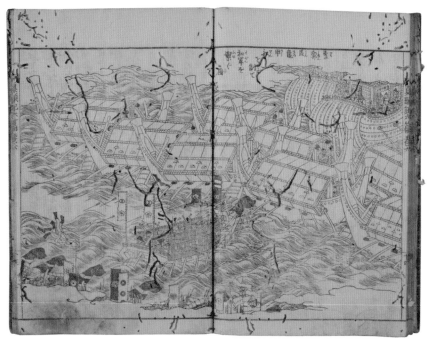

임진왜란 해전에서 이순신이 이끄는 조선 수군이 거북선을 이용하여 일본 수군을 압도하는 장면. 『에혼 다이코기絵本太閤記』6편 권6, 김시덕 소장.

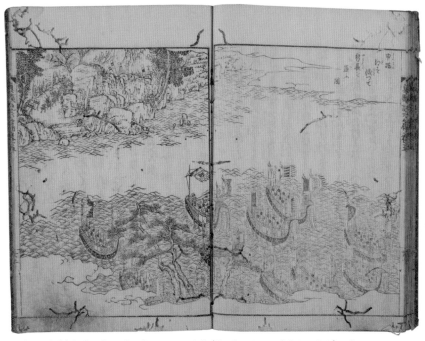

조선군이 임진강을 건너 일본군을 기습하다. 1801년 간행 『에혼 다이코기』6편 권5, 김시덕 소장.

도전으로부터 간신히 살아남았으나, 지배의 정당성을 상실한 왕조는 급속히 보수화되었다.

한반도는 유라시아 대륙의 동해안 지역에 위치해 있으며, 육지에 접한 면보다 바다에 접한 면이 훨씬 넓다. 이러한 지리적 특성에도 불구하고, 역사의 어느 시기까지 한반도 주민들에게는 바다보다 육지에 관심을 갖는 것이 더 현명한 선택이었다. 유라시아 동해안에 자리한 사할린, 쿠릴 열도, 일본 열도, 오키나와 제도, 타이완, 필리핀 등 도서부島嶼部 가운데, 한반도 등 대륙부大陸部를 군사적·정치적으로 위협할 수 있는 세력은 일본 열도뿐이었다. 그러나 일본 열도의 주민들은 발달된 항해 기술을 보유하지 못했던 탓에 한반도의 존립을 위협할 만한 대규모 공격을 가하지 못했다. 반면 발달된 기마騎馬 기술을 보유한 유라시아 동부 평원의 유목 및 반半 유목 세력은 압록강과 두만강이라는 두 개의 천연 장애물을 손쉽게 넘어올 수 있었다. 이에 따라 고려 및 조선 왕조는 한반도 북부에 군사력을 집중시키는 반면 동·서·남해안에는 왜구와 같은 소규모의 간헐적 침략을 대비할 정도의 병력만 배치하는 데 그쳤다. 이것이 임진왜란 초기에 한반도 남부의 방어가 순식간에 무너진 이유였으며, 한반도 북부에 배치되었던 군대가 남하해 임진강에서 일본군과 충돌한 음력 5월 이후 일본군의 진격 속도가 늦어진 이유다.

전근대에 유라시아 동부의 해안지역에서 가장 강한 무력을 보유한 일본은 삼국시대부터 여러 형태로 한반도의 군사·정치적 움직임에 간여하려 했으나, 백제의 멸망과 함께 그런 시도는 좌절되었다. 일본 입장에서 본다면 신라·당과 백제·일본이 충돌한

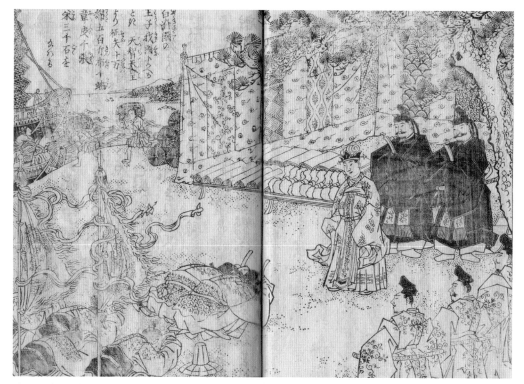

백제가 멸망하자 일본군이 부여풍과 함께 한반도로 건너가 백제를 부활시키려 하다. 1853년 간행 『에혼 조선정벌기絵本朝鮮征伐記』 전편 권2, 해군사관학교 박물관.

663년의 백촌강 전투는 일본 세력이 대륙 진출에 좌절한 첫 번째 시도다.

한편 한반도에 통일 세력이 등장한 이후에는 일본 열도 서부에서 왜구라는 해적 집단이 등장해 동중국해에서 활동했으나, 이들은 북유럽 3국의 바이킹 세력들이 러시아, 노르망디, 시칠리 등 유럽 각지에 항구적인 정착지를 확보한 것과 같은 움직임을 전개하는 데 실패했다. 이것이 일본 열도 세력이 대륙 진출에 좌절한 두 번째 시도다.

스웨덴

덴마크

스코틀랜드

아일랜드

잉글랜드

바이킹의 근거지

흑
해

아프리카

→ 8~11세기 바이킹의 대항해

바이킹의 이동과 정착.

임진왜란은 일본 열도 세력이 대륙부로의 진출을 시도한 세 번째 사건이자, 유라시아 동해안의 해양 세력이 한반도 국가의 존속을 위협한 최초의 사건이었다. 이 시기에 인도·필리핀·일본 등지에서 활발한 선교·식민활동을 펼치던 포르투갈·에스파냐 등 유럽 세력과 접촉하는 과정에서, 도요토미 히데요시는 유럽 세력의 발달된 군사력과 지구 전체를 조망하는 그들의 세계관을 빌려왔다. 그리하여 중세 일본인이 생각하던 '전 세계'인 인도·중국·한반도·일본을 모두 지배하려 했다. 여기서 당시 일본인들이 인도라고 믿은 것은 오늘날의 인도차이나 반도로, 이 시기에 일본인은 유라시아 동해안의 남쪽 지역인 타이·필리핀·베트남·말레

도요토미 히데요시가 가신들 앞에서 조선 침공을 선언하자 가로 기요마사가 적극 찬성하다. 1853년 간행 『에혼 조선정벌기』 전편 권3, 해군 사관학교 박물관.

이 반도 등지에 거주하며 현지 세력과 정치·경제적 관계를 맺고 있었다.

임진왜란 첫해인 1592년 당시 히데요시는 일본인에게 알려진 세계를 모두 정복하겠다는 목표를 세웠다. 그러나 이 목표는 1592년 중순경 한반도 북부의 정예병이 남하하고 명나라 동부를 지키던 군대가 한반도로 진입하면서 좌절되었다. 이에 따라 도요토미 히데요시의 일본은 전쟁 목표를 한반도의 분단과 남부 지역의 지배로 전환했지만 이 역시 실현되지 못했다. 일본 열도의 세력이 대륙 진출에 좌절한 세 번째 시도다.

그러나 이번 사건은 앞의 두 차례의 시도와는 그 성격이 근본적

조선을 신속하게 점령해서 명나라 정복을 위한 전진 기지로 삼는다는 목적이 좌절되자 도요토미 히데요시는 전쟁의 목적을 한반도의 분단과 남부 지역의 지배로 바꿨다. 이에 따라 한반도 남부 지역에서는 일본군에 의한 학살이 자행되었으며, 그 증거가 교토에 자리한 귀무덤耳塚이다. 이는 실제로는 코무덤鼻塚이다. 1802년 간행 『에혼 다이코기』7편 권12, 김시덕 소장.

누르하치가 만주 서부의 심양을 공격하다. 1804년 간행 『에혼 국성야 충의전絵本國姓爺忠義傳』 전편 권2, 국립중앙도서판.

으로 달랐다. 조선과 명이 해양 세력인 일본 세력에 대응하는 사이에 만주 지역에서 아이신 기오로 누르하치의 여진인 세력이 흥기했다. 그리고 결국, 한족의 명나라가 멸망하고 타이완의 독립이 상실되는 100년간의 연쇄 반응이 유라시아 대륙 동부 지역에서 일어났다.

또한 임진왜란의 실패로 인해 몰락한 도요토미 정권에 이어 등장한 도쿠가와 이에야스 정권은 동남아시아 지역에서 일본인의 활동을 억제하고 포르투갈·에스파냐 세력과의 관계를 단절하는 등 내향적인 정책을 전개했다. 이로 인해 그때까지 동남아시아에서 활동하던 일본 세력은 소멸했으며 이 지역에서는 오로지 포르투갈·에스파냐 이후의 유럽 세력과 중국 세력만이 외부 세력으로 남게 된다. 이런 의미에서 임진왜란은 중세까지의 유라시아 동부 지역의 질서를 붕괴시킨 전쟁이었다. 그리고 유라시아 동남부 지역의 이러한 혼란을 틈타, 러시아는 아무르 강(흑룡강) 이북을 확고하게 판도에 넣을 수 있었다.

임진왜란과 병자호란

임진왜란이 유라시아 동부에 초래한 국제질서의 변화를 시간 순으로 살펴보면 다음과 같다. 1586년에는 일본에서 도요토미 히데요시 정권이 수립되었고, 1592~1598년에 임진왜란이 일어났다. 1598년에 도요토미 히데요시가 사망하자 일본군은 퇴각했다. 도요토미 히데요시가 일본을 통일한 지 3년 뒤인 1589년에는 누르하치가 건주여진을 통일했다. 임진왜란으로 명과 조선의 견제가 느슨해진 틈을 타 이듬해에는 누르하치가 건주여진의 대부분을 복속시켰다.

도요토미 히데요시가 사망한 뒤 실력을 키우던 도쿠가와 이에야스는, 1600년에는 세키가하라 전투에서 승리하면서 일본의 실질적인 지배자가 되었다. 이어 1614~1615년의 오사카 겨울·여름 전투에서 도요토미 가문의 잔존 세력이 완전히 패하자, 도쿠가와 이에야스 정권이 확립되었다. 이리하여 임진왜란을 일으킨 일본 세력은 안정을 되찾았다. 그러나 그들이 유라시아 동부에서 촉발한 국제관계의 변화는 만주에서 본격화되었다.

1619년에 명·조선·해서여진(여허)과 누르하치 세력이 싸얼후 산薩爾滸山에서 충돌했으며, 이 전투에서 승리한 누르하치는 여진을 통일했다. 그 뒤 명나라에 대한 공격을 계속하던 누르하치는 1626년 영원성 전투에서 패하고 사망했다. 누르하치의 뒤를 이은 홍타이지는 명나라와의 전면전에 앞서 후환을 없애는 한편, 약탈을 통해 경제적 이익을 얻고자 1627년에 조선을 공격했다(정묘호란). 9년 뒤인 1636년에는 칭기즈칸의 옥새를 손에 넣어 만주인·한인·몽골인의 황제로 등극하고 국호를 청이라 바꾼 뒤, 1636~1637년에 조선을 재차 침략했다(병자호란). 병자호란에서 승리한 청은, 이 전쟁이 조선의 잘못으로 일어났으며 청은 정당한 전쟁을 수행한 것이라고 주장하는 비석인 '대청황제 공덕비'를 한강 남쪽에 세웠다.

한편 중세에 동남아시아에서 활발한 움직임을 보였던 일본인 세력은, 일본 열도에서 쇄국 움직임이 강해지면서 새로운 이민이 오지 않자 쇠퇴하기 시작했다. 1630년에 타이 아유타야 왕국의 왕위

도요토미 히데요시가 사망하자 한반도 남부에 주둔하던 일본 장군들이 철수하기 위해 논의하다. 1800년 간행 『에혼 조선군기絵本朝鮮軍記』 권10, 김시덕 소장.

계승에 개입하던 일본인 야마다 나가마사가 독살당하고 아유타야의 일본인 마을이 철거된 사건은 이러한 경향을 촉진했다.

일본에서는 1637년에 규슈 시마바라에서 발생한 가톨릭교도의 봉기가 진압되었다. 이 진압 전쟁에서 막부를 도운 프로테스탄트 국가 네덜란드는 나가사키의 데지마에서 교역을 허가받았다. 이로써 유라시아 동부의 정치적 변동을 일으킨 일본 열도의 세력은 안정기에 들어섰다. 그러나 그들이 유라시아 동부에 가한 충격타는 점점 더 확산될 터였다.

중원에서는 1644년에 농민 반란을 일으킨 이자성이 북경을 점령하자 명나라의 마지막 황제인 숭정제가 자금성 북쪽의 경산에서 자살했다. 명나라와 청의 경계인 산해관을 지키던 오삼계가 청

오삼계가 청군에 항복하다. 1725년 간행 『명청군담 국성야 충의전明清軍談國姓爺忠義傳』 권2, 국립중앙도서관.

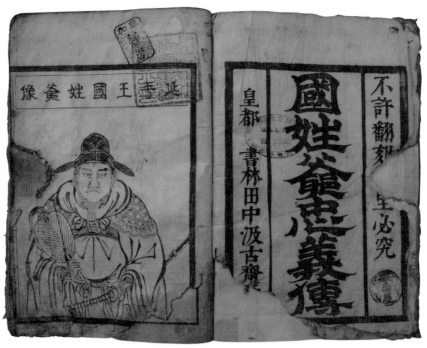

정성공. 1725년 간행 『명청군담 국성야 충의전』 권2, 국립중앙도서관.

에 항복하자, 홍타이지는 숭정제를 대신해 복수한다는 명분을 내세워 만리장성을 넘었다.

이로부터 명청 교체가 본격화되었다. 이에 맞서 중국인 해적 정지룡과 일본인 여성 다가와 마쓰 사이의 혼혈인 정성공이 명나라 부흥 전쟁을 수행했다. 정성공은 1661년 타이완에서 네덜란드 세력을 추방하고, 이곳을 명나라 부흥 전쟁의 거점으로 삼았다. 에도 시대의 일본인은 자신들의 피가 섞인 정성공을 국성야라 부르며 친숙하게 여겨 연극 및 소설의 주인공으로 삼았다. 1673~1681년에는 청나라에 투항해 명나라 멸망에 공헌한 바 있는 한족이 반란을 일으켰으나 모두 진압되었다(삼번三藩의 난). 1683년에는 정성공의 손자 정극상이 청에 항복하여 타이완이 청나라의 영토가 되었으니, 이로써 명나라 세력은 소멸되었다.

러시아라는 플레이어의 등장

한편 1650~1651년에는 예로페이 하바로프가 아무르 강가의 알바진 요새를 점령했다. 청나라 군은 1652~1653년에 러시아 세력의 거점인 아찬스크를 공격하기도 하고, 1654년과 1658년에는 조선군과 연합군을 결성해 공격하기도 했다(나선 정벌). 청나라는, 한편으로는 명나라 및 기타 한족 반란을 진압하느라 러시아와 정면으로 맞설 여유가 없었고, 다른 한편으로는 최후의 유목 제국인 몽골인의 준가르 칸국이 러시아와 연합하여 청나라에 저항하는 것을 피하기 위해 러시아와 우호적인 관계를 유지하고자 했다.

네르친스크 조약

- - - 1689년 네르친스크 조약으로 확정된 국경

- - - 1727년 카흐타 조약으로 확정된 국경

|||||| 미결정지

네르친스크 조약(주황색 선), 아이훈 조약(초록색 선)을 통해 확정된 국경선.

러시아 역시 영토적 야망보다는, 시베리아 및 북아메리카의 러시아 식민지에 안정적으로 식량을 공급해주고 러시아 상품의 시장이 되어줄 것으로 기대되는 청나라와 안정적인 관계를 수립하고자 했다. 이에 러시아와 청 양국은 1689년에 네르친스크 조약을 맺었다. 이로써 준가르 칸국과 러시아가 연합할 가능성을 차단한 청나라는, 1755년에 준가르 칸국을 멸망시키고 동투르키스탄 지역을 장악함으로써 현재의 중화인민공화국으로 계승되는 영토를 확립했다. 그 뒤 러시아는 1858년에 아이훈 조약, 1860년에 북경 조약을 체결하여 현재의 영토를 확정했다.

이리하여 청나라와의 관계를 안정시킨 러시아는, 한편으로는 베링 해협을 넘어 북아메리카로 진출했고, 다른 한편으로는 사할린 섬과 쿠릴 열도를 남하하여 일본 세력과 접촉하게 된다. 러시아는 일본을 식량 공급 기지이자 모피 판매 시장으로서 간주하여 국교 수립을 요청했으나, 일본은 네덜란드 외의 유럽 세력과는 국교를 맺지 않는다는 전략을 고수했다. 그리하여 1806~1807년에 양국 사이에 군사적 충돌이 발생한다(흐보스토프 사건).

이로써 러시아는 유라시아 동부 지역 국제관계에서 주요한 플레이어로 등장하게 되었고, 그 비중은 시간이 지날수록 커지고 있다.

삼국지적 질서에서 멸국지적 질서로

임진왜란 당시 한반도는 대륙의 한족 세력이 유라시아 동해안의 해양 세력인 일본의 대륙 진출을 저지한 완충지이자, 해양 세력인 일본이 대륙으로 세력을 확장하기 위해 반드시 확보해야 하는 거점으로 기능했다. 임진왜란 이전의 한반도는 한족 국가들과 북아시아 지역의 유목민·반 유목민들이 충돌할 때마다 피해를 입긴 했으나 이 두 세력 모두 한반도를 완전히 정복한다는 생각은 하지 않았다. 고구려와의 충돌로 수나라가 멸망하고 당나라도 큰 피해를 입은 역사를 교훈 삼아 대륙의 한족은 한반도의 국가를 멸망시키고 이 지역을 직접 지배한다는 생각을 선택지에서 제했다.

한반도의 한민족 역시 대륙의 한족 국가를 외교적으로 존중하면서 독립을 유지한다는 외교 전략을 세웠다. 한편 북아시아 지역의 유목민·반 유목민들에게는 대륙의 한족 국가들이 최종적인 목표였으며, 한반도 지역은 군사적으로 약탈하고 외교적으로 견제할 대상이긴 해도 완전 정복의 대상은 아니었다. 이런 의미에서 임진왜란 이전의 한반도는 유라시아 동부라는 거대한 무대의 주변부였으며, 21세기 한국인이 생각하는 것과 같은 '지정학적 요충지'는 아니었다.

그러나 임진왜란 당시 유라시아 동해안의 해양 세력인 일본은 대륙으로 나아가기 위해 한반도의 완전한 정복을 꾀했으며, 대륙의 한족 세력은 해양의 일본 세력을 막기 위한 완충지대로서 한반도를 이용했다. 이런 의미에서 임진왜란은 한반도가 유라시아 동부 지역에서 대륙 세력과 해양 세력 간의 '지정학적 요충지'로 대두한 사건이었다. 동시에 기존에는 중원의 한족과 만주의 비非한족을 포함한 중국, 그리고 일본 열도의 일본이라는 두 세력만 염두에 두고 국제관계를 이해하면 되었던 반면, 이제는 러시아라는 새로운 세력까지 포함해 국제관계를 전개해야 했다. 말하자면, 한반도를 둘러싼 세계가 『삼국지연의』의 세계에서 『열국지』의 세계로 바뀐 것이다. 이상의 내용이 임진왜란이 유라시아 동부 지역에 가져온 두 가지 중대한 변화다. 그러나 오늘날의 우리는 특히 러시아가 유라시아 동부에 항구적으로 자리잡고 북한과 국경을 맞대고 있다는 사실의 중요성을 가벼이 여기는 듯하다. 이러한 이해의 부족이 현재 유라시아 동부의 국제 정치에서 한국의 행동을 제약하고 있다.

5장

병자호란을 보는
새로운 시각

◉

극제 패권들의 대결이 한반도에 미친 영향

한명기

철기의 돌격, 최명길의 용기

　1636년(인조 14) 음력 12월 9일, 얼어붙은 압록강을 건넌 청군 기마대는 의주를 지나 질풍같이 남하하기 시작했다. 병자호란이 시작되는 순간이었다. 철기鐵騎라 불렸던 청군 기마대의 진격 속 도는 무서웠다. 안주, 평양, 황주, 개성을 지나 양철평良鐵坪(오늘 날 서울 녹번동 부근)에 도착한 날이 12월 14일이었다. 거의 600킬 로미터에 이르는 의주-서울의 거리를 불과 닷새 만에 주파한 셈 이었다.

　조선 정부는 청군의 기동력이 가공할 만한 수준이라는 사실, 보병 중심으로 꾸려진 조선군으로는 그들의 기마병을 야전에서 당해내기가 어렵다는 사실을 잘 알고 있었다. 그 때문에 청군과 평 지에서 싸우는 대신 병사와 주민들을 대로 주변의 산성으로 들여 보내 조총과 화포를 이용하여 맞서려는 계획을 세웠다. 이른바 청 야견벽淸野堅壁 작전이었다. 또 청군의 침략이 시작되면 인조와 조 정은 서울을 떠나 강화도로 들어가 항전하려는 구상을 짜두고 있

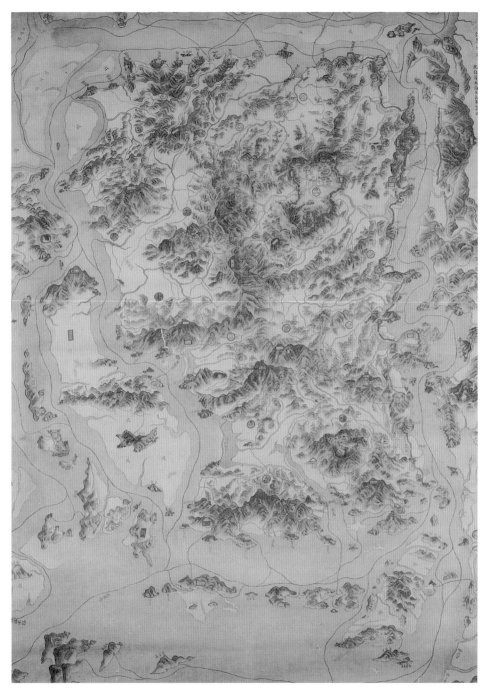

「강화부전도」, 채색필사본, 102.0×146.0cm, 1875~1894, 규장각한국학연구원. 강화도가 군사적 요충지인 까닭에 이 지도에는
돈대墩臺, 봉대烽臺, 산성 등 군사시설이 상세히 묘사되어 있다. 섬 남쪽에는 가릉포언, 둔두언 등 간척을 위해 쌓았던 둑이 그려져
있으며, 동북쪽에는 강화 유수부의 읍성과 관청 건물들이 배치되어 있다.

었다. 하지만 조선의 계획과 구상은 처음부터 어그러지고 말았다.
청군이 예상을 훨씬 뛰어넘는 빠른 속도로 남하했던 데다, 도원수
김자점 등 조선군 지휘관들이 책임을 방기한 채 제대로 보고조차
하지 않고 도주했기 때문이다.

인조와 조정은 청군이 서울로 들어오고 있던 12월 14일 오전에
야 강화도로 가기 위해 창경궁을 나섰다. 하지만 인조 일행이 숭례
문 부근에 다다랐을 때 비보가 날아들었다. 김포에서 강화도로
가는 길이 끊겼다는 소식이었다. 당시 서울에서 강화도로 가려면
양화진 등에서 배에 올라 한강 하류를 따라 김포까지 간 뒤, 강화
도로 가는 배에 옮겨 타는 것이 가장 빠른 방법이었다. 하지만 한
겨울을 맞아 강물이 얼어붙은 상황에서 한강에 배를 띄울 수는
없었고 김포까지는 육로로 가야만 했다. 그런데 그 김포 나루가 청
군에 의해 차단되었던 것이다.

강화도로 가는 길이 막혔다는 소식을 들었을 때 인조와 조정 신
료들은 공황 상태에 빠졌다. 당시 청군 선봉은 이미 녹번동에서
무악재 방면으로 향하고 있었다. 최악의 경우 강화도에 들어가기
는커녕 서울 한복판에서 국왕이 청군에게 포로로 붙잡힐 수도 있
는 아찔한 상황이었다. 이 절체절명의 순간, 이조 판서 최명길崔鳴
吉이 나섰다. 그는 스스로 청군 진영으로 찾아가 협상을 벌이며 시
간을 끌어보겠다고 자원했다. 당시는 분명 전시 상황이었다. 만일
청군 지휘부가 최명길이 고의적으로 시간을 끌려 한다고 판단할
경우, 최명길은 그들에게 죽임을 당할 수도 있었다. 하지만 최명길
은 적진으로 들어가 담판을 벌이며 시간을 끄는 데 성공했고, 인
조와 조정은 그 시간을 이용해 남한산성으로 들어갈 수 있었다.

고립된 남한산성, 격화되는 화전和戰 논쟁

지금도 휴일이면 남한산성은 수많은 사람으로 넘쳐난다. 조선 시대에 남한산성은 서울에서 가장 가까운 군사적 요충이자 전략 거점이었다. 한반도의 중심부에 자리잡고 있는 데다 험준한 산세와 풍부한 수자원까지 갖춘 천혜의 요새였다. 청군이 제아무리 강군이라 해도 얼어붙은 험준한 산길을 돌파하여 한겨울에 남한산성을 함락시키기란 결코 쉬운 일이 아니었다.

하지만 인조와 조정이 '갑자기' 들어갔던 남한산성은 춥고 배고픈 곳이었다. 우선 산성을 지킬 병력이 충분하지 않았다. 당시 남한산성에는 1만여 명의 군사만 있었을 뿐이다. 침략해온 청군 병력이 4만 명 정도였던 데에 견주면 몹시 단약한 형세였다. 그나마 남한산성에 비축된 군량은 이들 병력이 한 달 반 정도밖에는 버틸 수 없는 분량이었다. 전쟁이 일어나기 전, 유사시 강화도로 들어간다는 계획 아래 군량과 군수 물자를 주로 강화도에 비축해두어 남한산성에는 별다른 신경을 쓰지 못한 상태였다. 인조와 신료들이 남한산성으로 들어온 것은 1636년 12월 14일 한밤중의 일이었다. '춥고 배고프고 단약한' 산성의 형세를 확인했던 신료들은 입성 직후부터 다시 강화도로 옮겨가려고 시도했다. 하지만 폭설이 내리고, 산길이 얼어붙은 상황에서 말과 수레가 이동할 수 없었다. 인조가 탄 가마조차 험준한 산길에서 몇 번을 미끄러진 끝에 산성으로 되돌아올 수밖에 없었다. 실제로 당시 남한산성의 추위는 매서웠다. 산성으로 들어온 지 얼마 안 되어 동상에 걸리는 병사들이 속출하고, 급기야 얼어 죽는 병사까지 나타나는 형편이었

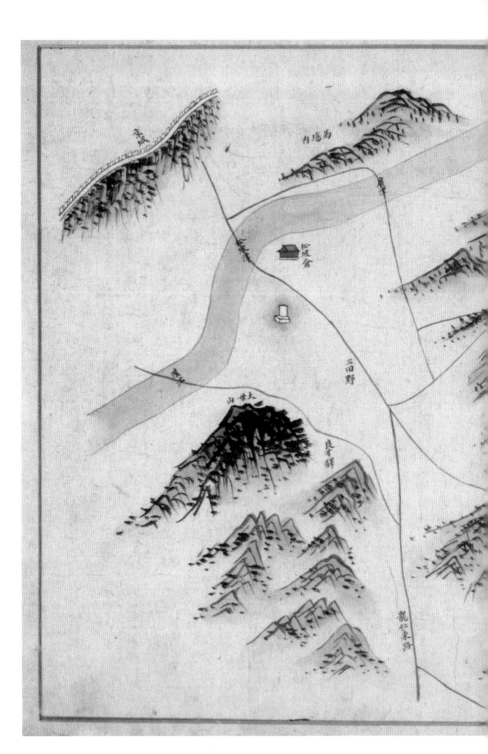

「남한산성도」, 종이에 색, 47.0×66.0cm, 19세기 전반, 규장각한국학연구원. 남한산성 지역은 지형이 험하여 선조대부터 주목을 받아왔다. 그러다가 인조 2년에 이서李曙가 책임을 맡아 축성했다. 국방상의 이유로 계속해서 중시되었으며, '남한산성도' 도 여러 차례 제작되었다.

양황기鑲黃旗　　정황기正黃旗　　정백기正白旗　　양백기鑲白旗

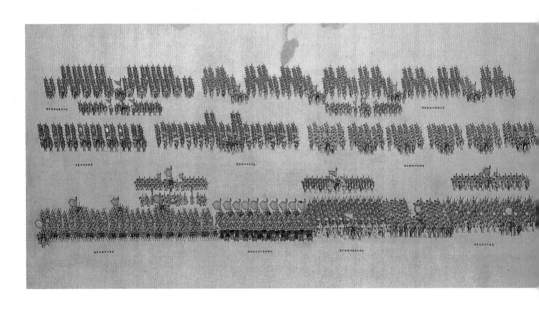

정홍기正紅旗 　양홍기鑲紅旗 　정남기正藍旗 　양남기鑲藍旗

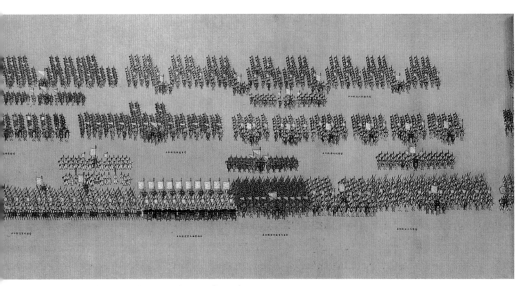

「대열도大閱圖」. 청대 팔기군의 모습(아래)과 병정들이 입었던 갑옷.

다. 변변한 방한복조차 없이 빈 쌀가마니 한 장을 몸에 걸친 채 성루를 지키던 병사들은 추위를 이기지 못하고 쓰러져갔다.

1636년 12월 15일, 남한산성을 포위했던 청군은 인조와 조선 조정이 처해 있던 처참한 상황을 곧바로 알아차렸다. 그들은 소나무를 베어 산성 주변에 목책을 설치하고 목책에는 방울을 달아 성을 안팎에서 완전히 포위했다. 또 광주, 판교, 양평 등 남한산성과 연결되는 주요 길목에 복병을 배치했다. 조선의 남부와 북부 지방에서, 포위된 남한산성을 구원하기 위해 근왕병들이 접근해오는 것을 차단하려는 목적이었다. 성의 안팎을 완전히 차단하여 고사시키는 것은 일찍이 요동에서 명나라 성들을 공략할 때 늘 활용했던 전술이었다.

실제로 남과 북에서 남한산성을 구원하기 위해 근왕병들이 여러 차례 접근했지만, 대부분 오는 족족 청군에 의해 격퇴되었다. 날이 갈수록 산성에 있는 조선 조정은 초조해진 반면, 산성을 포위하고 있던 청군은 느긋했다. 시간이 지나면 조선은 굶어 죽거나, 얼어 죽거나, 아니면 성을 나와서 항복할 것이라는 게 청군의 믿음이었다. 남한산성의 곤경이 깊어갈수록 청군의 요구 조건도 까다로워졌다. 처음에는 조선 조정이 왕세자를 내보내야 화약을 맺을 수 있다고 했다가 나중에는 인조가 직접 나와야 항복을 받아줄 수 있다고 채근했다. 조선 조정의 농성과 저항이 한계 상황에 다다른 1637년 1월 말에는 '청과 끝까지 싸우자고 주장했던 척화신斥和臣들을 묶어 보내야만 항복을 받아줄 수 있다'고 겁박했다.

안팎으로 포위된 채 고립된 성안에서는 신료들 사이에 격렬한

『산성일기』, 30.0×21.5cm, 조선 후기, 한국학중앙연구원 장서각. 병자호란 때 국왕과 신료, 백성이 겪은 일들을 일기 형식으로 작성한 글이다. 남한산성이 포위되어 청군에게 항복하기까지 그 굴욕의 시간 47일을 생생하게 묘사하고 있다.

논란이 벌어졌다. 논란의 귀결은 '문명국 조선의 자존심을 지키기 위해 모두 죽을 때까지 싸울 것인가? 아니면 살아남아 후일을 도모하기 위해 항복할 것인가?' 하는 양자택일의 문제였다.

조선의 지식인들은 일찍부터 만주족과 그들이 세운 청나라를 '오랑캐'라 하여 멸시해왔다. 오랑캐는 사람이 아닌 짐승과 같은 존재였다. 그런 그들이 '오랑캐의 추장'인 청 황제에게 항복한다는 것은 죽음보다도 더한 치욕이자 고통이었다. 때문에 김상헌金尚憲을 비롯해 척화파斥和派라 불리는 신료들은 나라가 망하는 것을 각오하고 끝까지 싸우자고 주장했다. 반면 최명길을 비롯한 주화파主和派의 생각은 달랐다. 필부는 명분과 의리를 지키기 위해 목숨을 가벼이 버릴 수 있지만, 만백성의 어버이인 임금은 그럴 수 없다고 했다. 백성을 살리고 종묘와 사직을 보존하기 위해 치욕을 감수해야 한다며 맞섰다.

하지만 시간은 청군 편이었다. 수그러들지 않는 추위, 하루하루 줄어드는 군량, 더욱이 포위망을 뚫을 가능성이 점점 사라지면서 다가오는 절망감 속에 성안의 장졸들은 지쳐버렸다. 급기야 1637년 1월 하순, 장졸들은 행궁으로 몰려와 "척화파들을 묶어 보내고 전쟁을 끝내자"는 시위를 벌이기도 했다. 상황이 이렇게 파국으로 치닫고 있을 때 산성 안의 사기를 결정적으로 꺾어버리는 사건이 벌어졌다. 1월 22일 청군이 상륙 작전을 감행하여 강화도를 함락시켰다는 비보가 날아들었던 것이다. 강빈姜嬪과 봉림대군鳳林大君을 비롯한 종실宗室들, 조정 고위 신료들의 가족, 그리고 역대 국왕들의 신주神主가 피란해 있던 강화도마저 함락되면서 남한산성도 무너지고 있었다.

인조의 치욕, 백성의 고통

1637년 1월 30일, 남한산성의 서문을 나온 인조는 삼전도三田渡(오늘날 잠실의 석촌호수 부근)로 나아갔다. 나만갑羅萬甲은 『병자록丙子錄』에 이날의 일들을 기록하면서 맨 앞부분에 "해가 빛이 없다日色無光"고 적었다. 자신의 주군에게 곧 닥쳐올 치욕을 예감케 하는 내용이었다.

인조는 삼전도에 설치된 수항단受降壇 아래에서 청 태종에게 세

『병자록』, 나만갑, 국립중앙도서관.

번 큰절을 올리고 아홉 번 머리를 조아렸다. 이른바 '삼배구고두三拜九叩頭'라 불리는 청나라의 항복의식이었다. 병자호란이 조선의 치욕적인 항복으로 막을 내리는 순간이었다. 인조와 조선 신료들의 항례降禮가 끝나자 청 태종은 승전을 축하하는 잔치를 벌였다. 술잔을 돌리고, 주악을 울리며, 활쏘기 시합을 벌이면서 떠들썩하게 놀았다.

청군이 한창 잔치를 벌이고 있을 때 인조는 삼전도의 빈 밭에 앉아 청 태종의 지시를 기다렸다. 이윽고 도성으로 돌아가도 좋다는 지시가 떨어지자 인조는 송파 나루에서 배에 올랐다. 강을 건넌 인조가 말에 올라 청군의 호위 속에 잠실벌을 지나갈 때 슬픈 함성이 메아리쳤다. "우리 임금이시여! 우리 임금이시여! 우리를 버리고 가시나이까?" 청군에게 붙잡혀 잠실 벌판 일대에 수용되어 있던 조선 백성들이 외치는 소리였다. 『인조실록』은 인조를 향해 자신들을 구원해달라고 외쳤던 백성들의 수가 1만여 명을 헤아린다고 적었다. 하지만 '무조건 항복'을 통해 가까스로 왕좌를 지켜낸 임금은 이 가련한 백성들에게 해줄 수 있는 게 아무것도 없었다.

그랬다. '오랑캐 추장'에게 무릎 꿇고 큰절을 올려야 했던 인조의 치욕과 고통도 처절했지만, 병자호란이 남긴 최악의 고통은 바로 '포로 문제'였다. 정확히는 '피로인被擄人 문제'였다. 피로인이란 청군에게 사로잡힌 조선 민간인들을 가리킨다. 인조와 조정이 남

청 태종 홍타이지의 초상.

한산성에서 농성하고 있을 때, 서울과 경기도 일원에서는 청군들에 의해 대대적인 '피로인 사냥'이 자행되었다. 청군은 조선을 침략하기 이전부터 전쟁터에 나가면 피로인들을 획득하는 데 혈안이 되었다. 명나라에 비해 인구가 턱없이 적은 그들에게 전장에서 획득한 피로인들은 소중한 노동력이었다. 건장한 남성들은 병력으로 활용하거나 농작에 사역시켜 식량 문제를 해결할 수 있었다. 여성 피로인들도 여러모로 쓰임새가 있었다.

병자호란이 끝난 직후 최명길은 명군 도독都督 진홍범陳洪範에게 보낸 시신에서 청군에게 사로잡힌 피로인의 수를 최대 50만이라고 했다. "조선이 청에게 엄청난 피해를 입었다"는 사실을 강조하기 위해 과장을 했던 듯하다. 어쨌든 일련의 기록을 종합해보면 피로인의 수는 최소 10만 이상이었던 것으로 보인다. 피로인들은 사로잡히는 순간부터 혹심한 고통을 겪어야 했다. 붙잡히지 않고 죽는 것이 차라리 나을 수도 있었다. 붙잡힌 피로인들은 청군 주둔지 주변으로 끌려와 집단으로 수용되었다. 한겨울의 격심한 추위 속에 변변히 먹지도 못한 채 수용되었던 그들의 고통은 처절했다. 엄중한 감시 속에 도망을 시도하는 것은 물론, 주변 사람에게 말을 걸려고만 해도 청군의 철퇴가 날아들었다. 수용되어 있는 동안 그야말로 얼어 죽고, 굶어 죽고, 맞아 죽는 사

철퇴, 조선 후기, 육군박물관. 피로인들의 갖은 고생은 말할 것도 없고, 그들은 옆의 누군가에게 이야기를 하려고만 해도 철퇴를 맞았다.

람이 속출했다.

청군 지휘부는 이들 피로인을 굴비 두름 엮듯이 묶어 심양으로 끌고 갔다. 이동하는 과정 또한 비참했다. 수십 명씩 열을 지어 수백 킬로미터를 걸어야 했다. 걷는 도중 지쳐 쓰러져 죽거나, 추위와 배고픔 때문에 희생되는 사람이 부지기수였다. 수십 일 동안 옷을 벗지 못한 채 잠을 자야 했던 피로인들의 몸에는 이가 들끓었다.

심양에 도착한 뒤에도 고통이 끝난 것은 아니었다. 많은 피로인이 청인들의 노비가 되어 농장에 배속되거나 매매되어 곳곳으로 끌려갔다. 조선으로 탈출을 시도하는 피로인들 또한 부지기수였다. 하지만 조선을 향해 만주 벌판을 이동하는 동안 수많은 도망자가 지쳐 쓰러졌다. 천신만고 끝에 압록강변까지 왔지만 조선으로 입국하는 것은 여의치 않았다. 청과 '외교 문제'가 생길 것을 우려한 조선 정부는 도망자들을 받아들이는 데 소극적이었다. 압록강을 건널 배편을 구하지 못한 도망자들은 강물에 뛰어들었고, 헤엄쳐 건너려다가 익사하는 사람이 숱하게 발생했다. 입국이 여의치 않자 조선행을 포기하고 청으로 되돌아가는 피로인들도 있었다. 그들에게는 청나라의 형벌이 기다리고 있었다. 도망을 시도했다가 붙

삼전도비.

잡힌 피로인들 중에는 발꿈치가 잘리는 처참한 고통을 겪은 사람
도 있었다.

속환의 난맥상, 환향녀의 비극

청은 피로인들에게 광적으로 집착했다. 이들은 자신들이 '전장
에서 목숨 걸고 얻어낸 성과'라고 강변했다. 청은 도망친 피로인走
回人들을 돌려보내라며 인조와 조선 조정을 겁박했다. 심지어 '주
회인들을 송환하지 않으면 인조를 왕위에서 끌어내리겠다'고 협박
하기도 했다. 청의 겁박을 못 이긴 조선 조정은 주회인들을 색출하
는 데 골몰할 수밖에 없었다. 그 과정에서 무고한 사람들을 붙잡
아 보내는 일도 속출했다. 또 청으로의 박송縛送을 피하기 위해 자
기 신체 일부를 절단하는 사람도 있었다.

이런 와중에 심양으로 끌려간 피로인들을 데려올 수 있는 방법
은 속환贖還이 거의 유일했다. 청측 주인에게 몸값을 치르고 사오
는 것이었다. 청군의 철수를 앞두고 조선 조정은 청군 지휘부와 피
로인들의 몸값贖還價을 논의했다. 당시 속환가는 은銀으로 치렀는
데 애초에 남자는 은 5냥, 여자는 은 3냥 정도였다.

하지만 심양에서 '인간시장'이 열리고 속환이 본격적으로 이뤄
지면서 속환가는 천정부지로 폭등했다. 피로인들을 소유한 청인들
의 농간과 일부 조선 고위 신료들의 무책임한 행동 때문이었다. 조
선의 고위 신료 중에는 자신의 혈육을 빨리 데려오려고 급급한 나
머지 약정 금액보다 수백 배나 많은 속환가를 청측 주인에게 건넨

이도 있었다. 원속인願贖人들이 알아서 몸값을 올려주는 바람에 속환가는 치솟을 수밖에 없었다. 폭등한 속환가를 마련할 수 없는 힘없고 가난한 사람들은 속환을 접어야 했다. 집과 땅을 팔아 마련한 은을 들고 심양으로 달려갔다가 감당할 수 없는 속환가 때문에 울면서 돌아서는 사람이 적지 않았다. 씁쓸하고도 슬픈 장면이었다.

2011년, 700만 명이 넘는 관객을 동원했던 영화 「최종병기 활」을 보면 피로인들이 만주로 끌려가는 장면이 나온다. 혼례를 올린 직후 청군에게 붙잡혔던 여성 주인공 자인은 끌려가는 도중 청나라 왕자의 눈에 띄는데, 수청을 들라는 그의 강요를 거부하다가 끝내는 성폭행을 당할 위기에 처한다. 그런데 그녀는 운이 좋았다. 신궁神弓 수준의 활 솜씨에 신출귀몰하는 재주를 지닌 오빠가 나타나 그녀를 구출해줬기 때문이다.

하지만 병자호란 당시 여성 피로인들이 마주해야 했던 '현실'에서는 '오빠'가 없었다. 여성들에게 병자호란은 '재앙' 그 자체였다. 청군이 들이닥친 마을 곳곳에서는 여성들의 비극이 속출했다. 한 예로 1637년 1월 강화도가 함락되었을 때 수많은 여성이 자결했다. 목을 매거나, 칼로 스스로를 찔렀다. 강화도 주변 바다에는 청군의 능욕을 피하고자 몸을 던지는 여성이 잇따랐다. 워낙 많은 여성이 바다에 뛰어들어 '여인들의 몸을 삼킨 바다 위에 형형색색의 머릿수건들이 낙엽처럼 떠다녔다'는 기록이 나올 정도였다.

사로잡힌 조선 여성들 가운데 많은 수가 심양으로 끌려가던 중 청군 장수들의 첩으로 전락했다. 일부 못된 장수는 자신의 부하가 거느린 첩을 강제로 빼앗거나 자신이 데리고 있던 여성과 교환하기도 했다. 그 과정에서 피로인 여성들은 사실상 상품으로 취급되었다.

심양에 도착했을 때는 또 다른 비극이 그녀들을 기다리고 있었다. 조선 원정에 참전했던 남편이 첩을 데리고 돌아오자 만주인 본처들은 질투심에 몸을 떨었다. 그녀들의 투기와 분노는 조선 피로인 여성들에 대한 학대로 전가되었다. 심지어 피로인 여성에게 끓는 물을 퍼붓는 본처도 있었다. 소식을 보고받은 청 황제조차 격분했다. 향후 피로인 출신 첩들에게 야만적인 방식으로 투기를 일삼는 본처들은 순사殉死시키겠다는 경고까지 나올 정도였다.

심양으로 끌려갔던 여성들 가운데 이런저런 방법을 통해 조선에 돌아온 사람도 적지 않았다. 하지만 귀환한 이후에도 여성들의 고통은 끝나지 않았다. '정절을 잃은 여자'라는 수군거림 속에 본래 남편과 시댁으로부터 버림받곤 했던 것이다. 조정 신료 대다수는 "몸을 망친 여인들에게 조상의 제사를 받들게 할 수는 없다"며 그들과의 이혼을 허용해야 한다고 외쳐댔다. 사선을 넘어 귀환했던 여성들은 이른바 화냥년으로 매도되었다. 병자호란 당시 여성 피로인들이 겪어야 했던 고통의 여파는 길고도 길었다.

병자호란의 비극이 주는 메시지

"1636년 청군이 침략했을 때 인조는 남한산성으로 들어갔고, 극심한 추위와 굶주림 속에서도 결사적으로 항전했다. 조선 신료들은 명나라에 대한 의리와 조선의 자존심을 지키기 위해 '오랑캐'

청에 맞서 끝까지 항전할 것을 주장했던 척화파와, 힘이 부족한 현실을 고려하여 그들의 요구를 받아들이고 후일을 도모해야 한다는 주화파로 나뉘어 격렬한 논쟁을 벌였다. 하지만 외부 지원마저 차단되어 고립된 상태에서 더 이상 버티지 못하고 인조는 결국 삼전도로 나아가 청 태종에게 치욕적인 항복을 하고 말았다."

아마 위의 내용 정도가 보통 수준의 역사 지식을 가진 사람들이 병자호란에서 떠올리는 서사일 것이다. 서사의 핵심 키워드는 '결사 항전' '척화와 주화의 논쟁' '삼전도의 치욕' 등으로 요약할 수 있다. 하지만 병자호란은 위의 서사나 핵심 키워드가 상징하는 것보다 훨씬 더 복합적이고 엄중한 의미를 지닌 사건이었다.

병자호란은 17세기 초반, 기존의 패권국 명나라와 신흥 강국 청나라의 대결 여파, 좀더 구체적으로는 이른바 명청 교체의 불똥이 한반도로 튀면서 일어났던 사건이다. 당시 조선이 처해 있던 상황은 엄혹했다. 7년에 걸쳐 한반도를 할퀴었던 임진왜란이 남긴 후유증을 채 극복하지 못한 현실에서 명과 청의 대결 구도 속으로 휘말렸기 때문이다. 청의 도전에 직면한 명은 임진왜란 때 조선을 원조했다는 '은혜'를 내세워 조선에 자신들 편을 들어 청과 싸우라고 요구했다. 반면 명에 도전했던 청은 조선에 최소한 중립을 지키라며 채근했다. 두 강대국을 움직일 만한 능력이 없었던 조선은 결국 양국 사이에서 '샌드위치'의 처지로 내몰렸다.

조선은 과연 어떻게 해야 했을까? '목숨 걸고 항전하여 오랑캐에게 치욕을 겪지 말자'고 외쳤던 척화파가 옳은가? 아니면 '역량이 부족한 냉엄한 현실을 바로 보자'고 주장했던 주화파가 옳은가? 그런데 분명한 것이 하나 있었다. 조선은 명과 청을 움직일 지

지도에서 보듯이 청나라는 명과 달리 국경의 판도를 크게 넓혀나갔다.

렛대나, 청의 침략을 감당할 역량이 없었다는 사실이다. 강국 사이에 끼인 채 자위능력이 없는 약소국은 외교와 내정 양면에서 전략적으로 사고하고 행동했어야 한다. 하지만 인조는 물론, 척화파나 주화파 모두 그렇지 못했다. 유사시 서울을 버리고 강화도로 들어가 항전한다는 계획이 고작이었다. 정작 청군의 침략이 시작되었을 때는 그나마 강화도로 들어가지도 못했다.

인조가 겨우 남한산성에 들어가 농성하고 있을 때 서울과 경기도 일대의 수많은 백성은 청군의 칼날 앞에 무방비 상태로 노출되었다. 수많은 생령이 죽거나 다치고 심양으로 끌려갔다. 갖은 고통을 겪은 채 끌려가고, 도망쳐오다 물에 빠져 죽고, 발꿈치를 잘리고, 끓는 물을 뒤집어쓰는 참혹한 고통을 겪어야 했다.

조선 백성에게 이런 쓰라림을 안긴 일차적인 책임은 당연히 침략자인 청군에게 물어야 한다. 하지만 그것이 전부일까? 인조를 비롯한 조선 지도자들에게는 책임이 없는 것일까?

지난 수백 년 동안 주변 강대국들 사이의 역학관계에 변화가 생기면 한반도는 어김없이 전쟁터가 되곤 했다. 임진왜란, 병자호란, 청일전쟁, 러일전쟁 등이 그 실례다. 이런 사실을 기억한다면 강대국들에게 일방적으로 휘둘리지 않을 정도의 역량을 키우는 것이 절실하다. 그리고 그것은 냉철하고 민완한 외교능력, 분열된 사회를 통합할 수 있는 포용의 리더십을 지닌 이들의 몫이다. 지도자들이 대국大局을 보지 못하고 전략적이지 못하면 그 피해는 국민에게 돌아간다. 병자호란의 비극에서 곱씹어야 할 대목이다.

밖에서는 신흥 강국 중국이 떠올라 패권국 미국에 도전하고 안에서는 갈등과 분열이 심화되고 있는 오늘, 역사로서 병자호란을 돌아보는 마음은 예사롭지 않다.

6장

오랑캐 러시아를 무찌른 정벌은 왜 상처가 되었나

나선 정벌의 경험과 그 기억의 전환

계승범

　나선 정벌이란 17세기 중반 북만주로 남하하는 러시아(나선羅禪)를 저지하려던 청의 출병 요구에 따라 조선군이 송화강과 흑룡강 유역으로 1654년과 1658년 두 차례에 걸쳐 출정한 사건을 가리킨다. 고등학교 교과서에도 나오는 내용이지만, 조선군이 러시아 지휘관 스테파노프(?~1658)를 전사시키고 승리했다는 단순한 이해에 머물러 있다. 그나마 이런 이해조차 역사적 사실과는 사뭇 다르다. 국가 차원에서 나선 정벌의 실상을 덮고 새롭게 미화하는 작업을 추진했는데, 후대 사람들은 그것을 역사적 사실로 믿어왔던 것이다. 그렇다면 나선 정벌의 실상은 어떠했고, 그 기억은 어떻게 바뀌었을까?

·나선 정벌의 배경

　만주족이 중원으로 들어가면서(1644) 만주 일대는 평화를 되찾았으나, 흑룡강 일대에 등장한 러시아 때문에 새로운 긴장감이 감돌았다. 러시아와 시베리아를 연결해준 주요 매개체는 모피였다. 모피는 화폐 기능을 할 정도로 중요한 자원이었으므로, 러시아는 모피를 대량 확보하기 위해 시베리아 원정을 적극 추진했다. 코사크인을 앞세운 러시아는 아주 빠른 속도로 동진東進을 했다. 우랄 산맥을 넘은 1581년 이후 식민 도시를 건설하며 계속 동진해, 청이 북경을 점령할 즈음인 1640년대 중반에는 이미 흑룡강 어귀까지 탐사를 마치고 현재의 오호츠크를 건설했다. 우랄산맥을 넘은 지 불과 60여 년 만에 아시아 대륙을 동서로 관통한 것이었다. 여기서 멈추지 않고 흑룡강의 큰 지류인 송화강을 거슬러 남하하는 등 만주 일대를 강하게 압박했다.

그런데 만주에서 흥기한 청이 중원으로 옮겨감에 따라 만주 일대의 인구는 크게 감소했다. 또한 당시 청의 주력군은 남명南明을 제압하는 데 대거 투입된 상태였다. 이런 탓에 러시아의 남하를 막는 데 적지 않은 애로를 겪었다. 실제로 청군은 1652년에 우찰라烏札拉, Acharsk 전투에서 크게 패했다. 이후 1654년에 재차 출병하면서 화력 보강을 위해 조선에 총수병銃手兵의 파병을 요구했고, 조선이 이에 응함으로써 1차 원정이 이뤄졌다.

· 1654년 1차 원정의 실상

청은 1654년(효종 5) 2월 조선에 칙사를 보내 총수병 100명을 영고탑寧古塔으로 보내라고 요구했다. 이에 조선 조정은 변급邊岌을 사령관으로 삼아, 총수병 100인 등 모두 152명 규모의 원정군을 편성했다. 조선군은 3월 26일에 회령會寧을 통해 두만강을 건넜고, 여드레 후 영고탑에서 청군에 합류했다. 이때부터 청군의 지휘를 받으며 100리쯤 행군했고 목단강에 이르러 미리 준비한 선박에 승선한 뒤 강을 따라 하류로 북상했다. 선단 규모는 17인

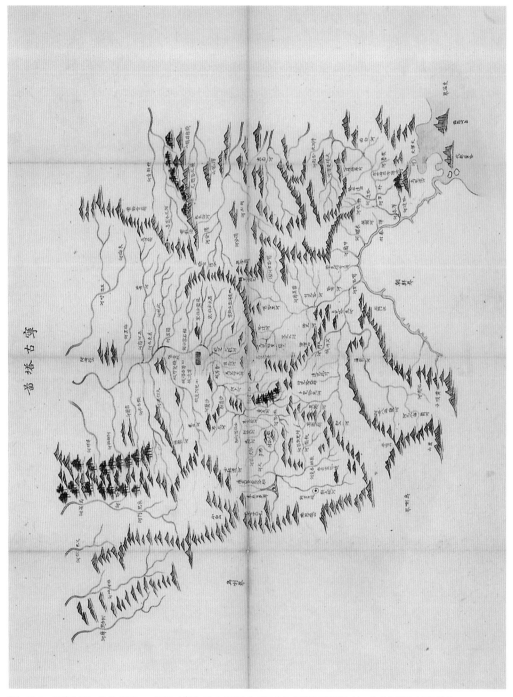

「영고탑도」, 채색필사본, 43.3×63.8cm, 18세기 후반, 영남대박물관. 원정군을 편성한 조선군은 영고탑에서 청군에 합류했다.

승 정도의 중형 선박이 20척, 네댓 명이 승선할 크기의 소형 배가 140척이었다. 이를 통해 보면, 조선군을 포함한 청군 병력은 대략 1000명 정도로 추산할 수 있다.

이 원정군은 영고탑을 떠난 지 14일 만에 목단강이 송화강으로 합류하는 지점에 위치한 왈합터哈(현재 흑룡강 성 의란依蘭의 중심부)이라는 곳에 당도했다. 여기서 왈합 토착인 300명이 원정군에 합류했다. 바로 이 왈합에서 청·조선·왈합 연합군은 러시아군과 맞닥뜨렸는데, 변급은 러시아군 선단의 규모를 300석을 실을 만한 큰 배 13척과 왜선倭船처럼 생긴 작은 배 26척 등 모두 39척으로, 승선 인원은 400명이 조금 안 되는 것으로 파악했다. 당시 러시아군 지휘관인 스테파노프는 320여 명의 병력을 이끌고 흑룡강을 따라 오르다가 송화강으로 접어들어 거슬러 남진南進한 지 사흘 정도 지난 터였다.

청군 사령관은 변급을 선봉으로 삼아 공격하려 했는데, 변급은 아군의 배가 적선에 비해 크기가 작아 불리한 점을 지적했다. 변급의 건의를 받아들인 사령관은 일부 병력을 차출해 강안에서 지세가 높은 언덕에 올라 목책을 설치하도록 했으며, 총수병으로 구성된 조선군은 그 목책 뒤에서 사격하도록 조치했다. 이런 상태에서 연합군의 선제공격으로 전투가 시작되었으며, 서로 배에 승선한 채 총격과 포격을 주고받았다. 강상江上 포격전이 벌어진 것이다. 그러나 이내 수세에 몰린 연합군은 모두 하선해 뭍으로 올라 언덕 위의 방책 안으로 들어갔다. 사기가 오른 러시아군도 상륙해서 연합군의 진지를 빼앗으려고 돌격을 감행했다. 이에 조선 총수병은 방책에 의지해 사격을 가했다. 총탄에 맞아 부상자가 발생하

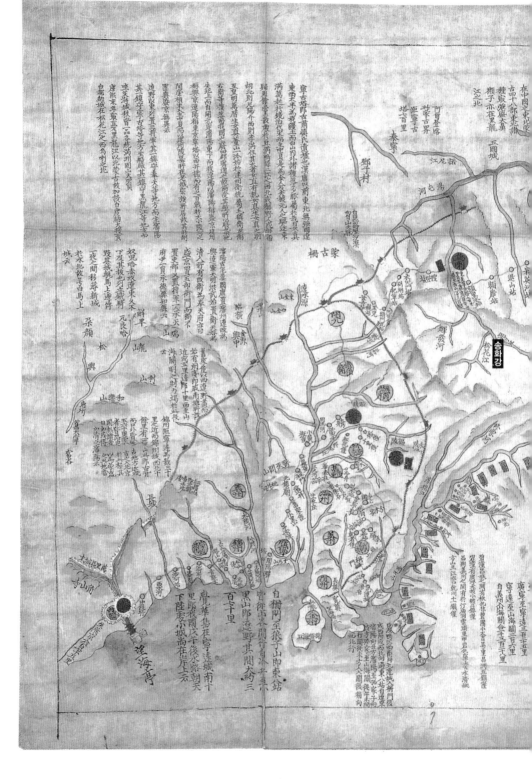

松花江

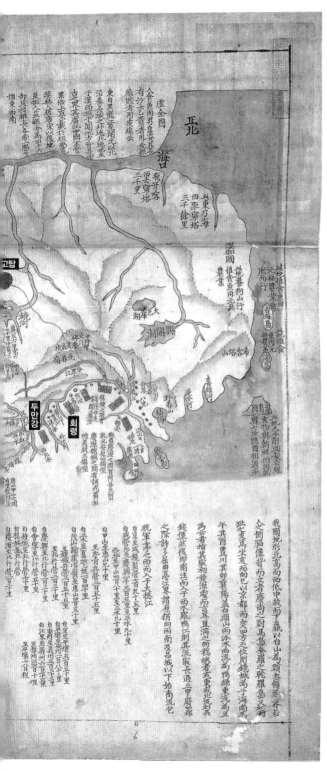

「셔북피아교계도西北彼我交界圖」,
채색필사본, 55.8×43.5cm, 19세기, 국립중앙도서관.

자, 스테파노프는 더 이상의 교전이 힘들겠다고 판단해 병사들을 수습하여 다시 승선한 뒤 하류 쪽으로 후퇴했다.

이에 연합군도 다시 승선하여 나흘 동안 추격전을 펼쳤다. 러시아군은 송화강이 흑룡강으로 접어드는 합류 지점에서 전열을 정비하고 응전하려 했으나, 화약과 식량이 부족하던 차에 마침 동풍이 불자 돛을 올리고 흑룡강 상류 쪽으로 퇴각해 사라졌다. 도중에 34명의 병력을 충원받은 스테파노프는 흑룡강 상류의 쿠마스크 요새로 들어가 수비를 강화했다. 연합군은 송화강과 흑룡강의 합류 지점의 한 섬에 토성을 쌓은 뒤 주력 부대는 곧 철군하여 6월 13일 영고탑으로 귀환했다. 함께 남하한 조선군도 영고탑을 거쳐 84일간의 원정을 마치고 한 명의 전사자도 없이 귀환했다.

1654년 1차 원정은 송화강을 따라 남하하던 러시아 세력을 일단 막았다는 데 의의가 있었다. 그렇지만 러시아군에 결정적인 타격을 가하지는 못했다. 러시아군은 여전히 흑룡강 일대를 누비며 세력을 유지했다. 이에 1655년 봄 청군은 쿠마스크 요새를 포위하고 대규모 전투를 벌였다. 그러나 시일이 흐르면서 식량 문제에 봉착해 스스로 포위망을 풀고 후퇴할 수밖에 없었다. 그러자 청은 또 다른 원정을 준비하면서 조선에 총수병의 징병을 재차 요구해왔다.

· 1658년 2차 원정의 실상

1658년 2월에 청은 총수병 200명을 다시 요구해왔다. 이에 조선 조정은 신유申瀏(1619~1680)를 사령관으로 삼고, 총수병 200명 등 총 265명의 원정군을 조직했다. 이 2차 원정군은 5월 2일 두만강을 건너 9일 영고탑에 당도했고, 10일 목단강 가에서 청의 본진에 합류했다. 11일에는 조선군이 각기 8분대로 나뉘어 청군에 분산 배치되었다.

5월 12일에 연합군은 목단강을 따라 하류로 운항을 시작해서 15일에 송화강과 합류하는 왈합 지역에 도달했다. 그곳에서 송화강 상류에서 건조한 대형 선박들이 도착하기를 기다리며 보름 정도 체류했다. 그동안 연합군은 소를 잡아 잔치를 열고 사격 연습도 하면서 시간을 보냈다. 당시 청군에도 포수 수백 명이 있었지만, 사격 시범에 나선 이들 포수 100명 가운데 과녁을 맞힌 자는 소수에 불과할 정도로 사격에 서툴렀다. 조선군도 좌초左哨와 우초右哨로 나누어 각각 세 발씩 쏘았는데, 좌초 100명 가운데 한 발 이상 맞힌 자는 67명, 우초 100명 중에서는 56명이었다. 조선군 포수의 명중률이 청군 포수의 것보다 월등했던 것이다.

마침내 5일 연합군은 송화강을 따라 흑룡강을 향해 북쪽으로 내려가기 시작했다. 연합군의 규모는 지휘선 4척, 중대형 선박 36척, 중소형 선박 12척 등 모두 52척이었다. 이로써 보면, 연합군의 병력은 조선군을 포함해 2500명 정도로 추정된다. 연합군 선단은 나흘 뒤인 9일 흑룡강 합류 지점을 조금 못 미친 곳에서 흑룡강 진입 태세를 갖추었다.

한편 스테파노프가 이끄는 540여 명의 러시아군은 1657년 겨울을 흑룡강 하류 쿠민스키 요새에서 지내고, 1658년 봄이 되자 매년 그랬듯이 현지인들로부터 모피를 징수하면서 흑룡강을 거슬러 오르기 시작했다. 도중에 현지인들을 통해 중국의 공격이 있을 것이라는 첩보를 접한 스테파노프는 180명의 대원을 척후 선발대

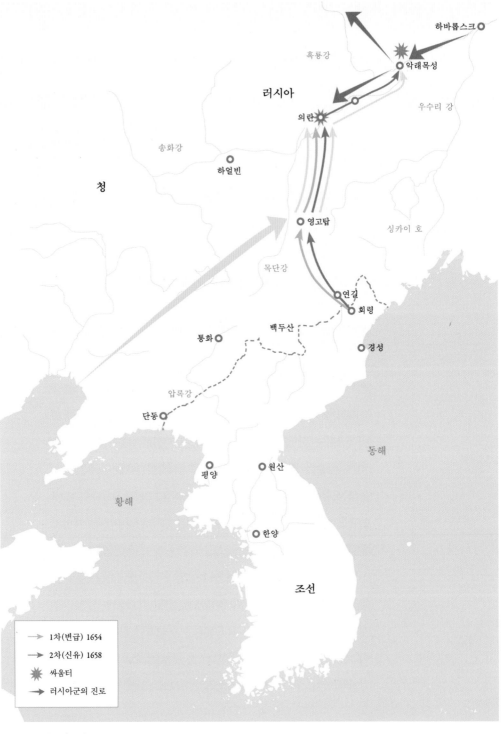

제1, 2차 나선 정벌의 진로.

로 삼아 앞서 올려 보내고 자신은 본대를 이끌었다.

연합군은 러시아군의 본대를 목표로 삼아 흑룡강으로 진입해 20리쯤 하류로 내려가다가, 러시아군 선단을 발견했다. 당시 스테파노프의 본대는 대형 선박 11척 규모였는데, 연합군 선단을 보자 즉시 10리쯤 내려가 강안으로 붙어 서며 포진했다. 계속 접근하여 적이 사정거리에 들자 연합군은 집중포화를 퍼부었다. 수적으로 열세였던 러시아군은 총탄과 포탄을 이기지 못하고 배 안으로 숨거나 강에 뛰어들어 뭍으로 피하는 등 응전을 제대로 하지 못했다. 그렇지만 배 안에 숨은 러시아군과 근접 총격전을 벌이는 과정에서 연합군에 적지 않은 사상자가 발생했다. 전황이 다급해지자, 연합군은 작전을 바꿔 불화살로 공격함으로써 러시아군 선박 7척을 불태웠다. 날이 저물어 전투가 어려워지자, 불타지 않은 러시아 선박 4척을 연합군이 느슨하게 포위한 형세로 소강상태에 접어들었다. 그러자 러시아군은 야음을 틈타 모두 한 척으로 옮겨 타고 하류로 도주했는데, 밤이 깊은 탓에 연합군은 추격에 나서지 않았다.

이 전투에서 러시아군은 스테파노프를 포함해 220명이 전사했고, 하류로 도주한 배 한 척에 승선한 인원은 95명이었으며, 나머지 살아남은 병사들은 뭍에 올라 뿔뿔이 흩어졌다. 연합군은 이런 전과 외에도 러시아군 포로 10여 명과 무수한 장비를 노획했으며, 러시아군에 잡혀 있던 토착민 여인 100여 명을 구출했다. 조선군을 포함한 연합군의 피해는 전사 120여 명, 부상 230여 명이었다. 조선군의 피해만 보자면 전사 8명, 중상 15명, 경상 11명이었다.

승리를 거둔 연합군은 상류 쪽에서 내려올지 모르는 또 다른 러시아군을 경계하며 이틀을 더 머물다가 영고탑으로 회군했다. 이때 소탕전을 위해 계속 주둔하라는 청군 사령관의 요구가 있었으나, 신유는 애초의 임무를 완수한 이상 더 머물 이유가 없음을 들어 집요하게 로비했고, 마침내 허락을 받아내 철군 길에 올라 8월 27일 회령으로 귀환했다.

비록 아군의 피해가 적지 않았으나, 이 2차 원정은 의미 있는 승리였다. 이후로는 러시아 세력이 송화강을 타고 남쪽으로 깊숙이 내려오지 않았기 때문이다. 이후에 전개된 청과 러시아의 전투는 대개 흑룡강을 따라 벌어졌으며, 청군이 러시아군의 요새를 선제공격하는 형국으로 전개되었다. 그렇지만 어느 쪽도 상대방에게 결정적인 타격을 입히지 못한 채 긴장을 유지하다가, 네르친스크조약(1689)에 따라 청이 러시아의 남하를 대체로 흑룡강 선에서 막는 것으로 양국 사이에 타협이 이뤄졌다. 이에 청도 더 이상 조선에 출병을 요구하지 않았고, 조선으로서는 소규모 병력을 두 차례 파병한 것으로 나선 정벌을 끝낼 수 있었다.

나선 정벌 뒤 조선군 사령관이 장탄식을 한 이유

2차 원정의 사령관 신유는 오랑캐(청)의 요구에 따라 다른 오랑캐(러시아)를 치러 장도에 오른 착잡한 심경을 러시아군을 격파하고 개선하면서 지은 연작시로 남겼다.

배 안에서 잠 못 들고 호가胡笳 소리 들으니

고국은 아득히 만 리 밖에 멀도다

오로지 경각간에 달려갈 마음뿐이너

어전에 보고 마치면 곧 버 집에 돌아가리

이 첫 시에는 러시아를 물리친 데 따른 심리적 자신감이 보이지
않는다. 오히려 어서 본국으로 돌아가고픈 생각으로 가득하다. 개
선을 앞둔 사령관의 심정이 이렇게 허전한 이유는 무엇일까? 그것
은 비록 오랑캐 러시아를 격퇴하긴 했지만, 또 다른 오랑캐인 청의
요구에 따른 원정이었기 때문이다. 이런 심리는 신유의 두 번째 시
에 극명하게 드러난다.

이역 만리 출정에서 성공하기는 세상에 드문 일이건만

(그것에 성공한) 이 나그네 마음은 어찌하여 또다시 장탄식인고

이번 원정은 예전의 심하瀋河 원정과는 근본적으로 다르너

죽어 고국으로 돌아가지 않은 김공金公이 오히려 부럽도다

이 시는 오랑캐의 요구에 응한 출정이라는 부정적 심리 상태를
극적으로 표출하고 있다. 1행과 2행에서 신유는 그 어렵다는 해외
원정을 성공적으로 이끌었음에도 자꾸만 슬픈 탄식이 터져나오는
자신의 처지를 하소연하는데, 그 이유는 3행과 4행에 명쾌하게 드
러난다. 3행에서 신유는 이번 출정이 심하 원정과는 다르다고 인
식했다.

심하 원정이란 1619년(광해군 11) 초에 명이 후금 원정을 단행하

면서 조선에 파병을 요구하자, 마지못해 강홍립姜弘立(1560~1627)
이 이끄는 조선군 1만2000여 명이 명을 도와 참전한 사건을 이른
다. 이때 조선군은 요동에서 명군에 합류해 그 지휘를 받았는데, 후
금의 기습 공격으로 거의 부대 전체가 궤멸되었고, 조선군도 60퍼
센트 이상 전사했다. 강홍립 이하 약 4000명은 후금에 투항했다.

이제 신유가 개선을 기뻐하기는커녕 시름에 잠긴 이유가 분명해
진다. 나선 정벌은 명(중화)을 돕는 출정이 아니라 청(오랑캐)을 돕
는 출정이었기 때문이다. 신유의 이런 고민은 그가 마지막 4행에
서 스스로 김공을 부러워한다고 고백하는 가운데 절정에 이른다.
여기서 김공은 심하의 전역에서 전사한 김응하金應河(1580~1619)
를 일컫는데, 김응하는 강홍립과는 달리 마지막까지 후금군과 싸
우다가 장렬하게 전사한 인물이다. 그런데 신유는 바로 그 김응하
와 자신을 극단적으로 비교하며 자괴감에 빠진 것이다. 이는 곧
청을 도운 이번 출정(나선 정벌)에서 승리하고 개선하는 것이 오히
려 명을 도운 출정(심하 원정)에서 패하여 죽은 것보다 못하다는 자
기 고민을 강하게 드러낸 셈이다.

북벌의 꿈을 개탄한 사대부들

이런 심리 상태는 신유와 교유한 당대의 양반 엘리트들에게서
도 공통되게 보인다. 1680년 신유의 부고를 듣고 많은 사람이 만
사輓詞를 썼는데, 현재 50편이 전해온다. 그중에서 북쪽 오랑캐를
가리키는 은유적 표현을 쓴 만사는 모두 30편에 달한다. 특이한

점은 나선(러시아)이라는 말을 지목해 언급한 만사가 하나도 없다는 것이다. 단지 북녘의 오랑캐를 연상시키는 상투적 표현을 썼을 뿐이다. 대신 북벌의 꿈을 이루지 못하고 세상을 뜬 신유를 애석해하는 논조가 가득하다. 한 예로 이조 판서 이원정李元禎(1622~1680)이 쓴 만사의 일부를 살펴보자.

> 남해南海를 총제하니 고래 같은 파도도 잠잠해졌고
> 서관西關에 부임하니 호부절虎符節이 드높았네
> 연산석燕山石에 새기기로 일찍이 마음에 정했건만
> 초검楚劍에 먼지 쌓여 계획이 허사로세

위 글의 전반부는 신유 장군에 대한 상투적인 칭송인 반면, 후반부에서는 이루지 못한 어떤 계획에 대한 안타까움이 배어난다. 연산은 흉노의 땅 이름으로, 전한前漢 때 북흉노를 친 한나라 장수가 연산의 돌에 공적을 새겼다고 전하므로, 위 글의 3행은 무장으로서 신유가 품었던 오랑캐(청) 정벌, 즉 북벌 의지를 드러낸다. 반면 4행의 초검은 항우項羽의 칼을 가리키는 것으로, 항우처럼 신유도 웅지雄志를 성취하지 못했음을 함축한 표현이다.

만사에서는 비록 고인의 공적이 하찮을지라도 다소 과장해서 추모하는 것이 보통이다. 그런데 신유에게는 러시아 오랑캐를 무찌른 큰 공적이 있음에도, 그에 대해서는 일언반구 없이 오히려 북벌을 이루지 못한 일만 개탄한 이런 식의 만사는 당시 사회 분위기와 관련하여 시사하는 바가 크다. 조선 역사에서 의미 있는 해외 원정(나선 정벌)을 성공리에 완수했음에도, 나선 정벌의 승첩이 갖는 의미가 '북벌'이라는 이데올로기에 쉽게 묻혀버릴 정도로 미미했던 것이다.

그런가 하면 신유의 공적을 평가할 때 어느 것에 더 중점을 두는가를 살펴보는 것도 흥미롭다. 이영세李榮世가 쓴 신유의 행장에는 나선 정벌을 다룬 내용이 상당 부분 있는데, 러시아 오랑캐를 무찌른 이야기는 서두에서 극히 소략하게 한 문장으로 언급했을 뿐, 대부분의 내용은 적의 소탕을 위해 영고탑에 더 머무르라는 청군 사령관의 명령을 신유가 지혜롭게 거부하고 조기 귀환한 일에 할애했다. 이런 내용의 행장은 나선 정벌에 대한 당시 양반 관료들의 시각을 상징적으로 보여준다. 오랑캐(러시아)를 무찌른 일보다는 오랑캐(청)의 요구를 거절해 끝내 관철시킨 행위를 훨씬 더 높이 평가하는 시대 분위기를 읽을 수 있기 때문이다. 다른 말로, 신유가 칭송을 받는다면, 그것은 나선 정벌의 승리보다는 청 사령관의 요구를 거부했기 때문인 것이다.

요컨대 신유가 죽던 1680년만 해도 청의 지휘를 받아 러시아를 정벌한 일을 찬양하기보다는, 그 일은 아예 입에 담지도 않되, 못 이룬 북벌의 꿈을 개탄해주는 것이 망자에 대한 예의라고 생각한 이들이 절대 다수였던 것이다. 이런 시대 분위기는 신유의 속마음에도 지울 수 없는 상처로 남아, 개선을 앞두고 쓴 두 편의 시에 절절히 녹아들었던 것이다.

기억 속의 나선 정벌

　나선 정벌에 임하면서 조선 조정은 이중적 심리 상태에 놓였는데, 그 하나는 오랑캐(러시아)를 정벌한다는 자부심이요, 다른 하나는 오랑캐(청)의 요구에 따를 수밖에 없다는 자괴감이었다. 이런 심리는 북벌이라는 시대 분위기와 결합해 매우 흥미로운 양상을 띠었다. 효종 재위 10년간 효종의 정통성을 받쳐준 큰 논리가 바로 북벌이었는데, 막상 그 북벌은 하지 못하고 오히려 청의 요구에 따라 출정한 이율배반적인 문제가 발생할 수밖에 없었기 때문이다. 비록 다른 오랑캐를 친 것으로 위안 삼을 수는 있었지만, 원정 기간 내내 청의 지휘를 받아 작전에 임한 사실은 조선의 조야에 아픈 상처로 다가올 수밖에 없었다.

　그러나 역설적이게도 바로 이 점 때문에 나선 정벌은 북벌과 묘한 함수관계를 맺으며 기억의 전환을 가하기 시작했다. 북벌 이데올로기가 사실상 종말을 고하는 17세기 말 숙종(재위 1674~1720) 때에 이르러 나선 정벌을 대하는 조선 조야의 시각이 새롭게 바뀐 점이 바로 그것이다. 북벌운동이 비록 17세기 중후반을 풍미했지만, 그것은 애초부터 현실성이 거의 없는 정치 선전의 성격이 짙었으며, 그것마저도 17세기가 채 끝나기도 전에 사실상 의미를 잃어버렸다. 그래도 그것이 정치 선전으로만 끝나지 않고 무언가 실제로 이뤄냈다는 자기합리화가 필요한 시점에서 나선 정벌에 대한 기억의 전환이 그 틀을 제공해주었다. 1690년에 숙종이 직접 지어 내린 신유의 제문祭文은 이런 의도적 기억의 전환을 잘 보여준다.

먼 예전 무술년 북녘 변방에 미친개같이 사나운 자들이 있어

이빨로 사람을 물어 죽여도 능히 제압할 수 없었는데

출정한 군대는 굳세고 날랬으며 바람은 불고 날은 맑아

소굴을 쳐부수고 불태우너 그 위엄에 적의 활과 창이 떨었고

개선하여 돌아와 승첩을 아뢰너 더욱더 성총 입어 발탁되었도다

숙종이 지은 이 제문의 내용은 이전의 만사나 행장과는 사뭇 다르다. 못 이룬 북벌의 꿈을 한탄하지도 않으며, 청의 장기 주둔 요구를 거절한 신유의 용기와 지략에 대해서도 말하지 않는다. 오히려 신유의 만사나 행장에서 거의 언급조차 하지 않은 나선 정벌의 전공만을 크게 치하한다. 그렇다면 이는 이제 숙종 자신이 북벌운동을 공식적으로 접겠다는 상징적인 선언일 수도 있지 않을까?

효종(재위 1649~1659)과 현종(재위 1659~1674)은 북벌이라는 시대 분위기로부터 자유로울 수 없었다. 효종은 볼모로 끌려간 바

담비가죽 옷, 기장 87.0cm, 1658, 은진 송씨 종가. 효종은 송시열에게 담비가죽 옷을 하사한 적이 있다. 병자호란 이후 청나라에 대한 복수를 다짐하는 송시열에게 이 옷을 입고 북벌에 나서라는 무언의 명령이었다.

있으며, 현종 또한 1641년에 심양에서 태어났기에 이 두 국왕은 북벌이라는 시대적 담론으로부터 자유롭지 못했다. 반면 숙종은 그런 아픈 과거와는 직접적인 관련이 없는 젊은 새 세대였다. 따라서 호란으로 흐트러진 국가 이념과 체제를 재건하고 왕권을 강화하기 위해 더 이상 굳이 북벌이라는 명분에 집착할 필요가 없었다. 다만 한 시대를 풍미한 북벌 이데올로기와 관련해 숙종이 국왕으로서 해야 할 일은 이루지 못한 북벌을 패배적인 자세로 방치할 것이 아니라 적극적으로 재해석하는 것이었다. 비록 북벌을 성취하지는 못했지만 주체적으로 무언가 이룩한 게 있다는 가시적 성과물을 제시할 필요가 있었던 것이다.

그 성과물 중 하나가 바로 나선 정벌에 대한 기억의 전환이었다. 비록 청을 정벌한 것은 아니지만, 청도 제압하지 못한 또 다른 '북쪽 오랑캐' 러시아를 조선의 힘으로 정토했다는 심리적 전이가 가능했던 것이다. 숙종이 내린 제문의 내용을 보면, 나선 정벌이 청의 징병에 마지못해 순응한 출정이었음을 적시한 문구는 하나도 없다. 오히려 청도 하지 못한 사업을 조선의 힘으로 이뤄냈다는 자긍심이 넘친다. 이제 나선 정벌은 청이 주도한 사업에 조선이 수동적으로 끌려 들어간 것이 아니라, 처음부터 조선이 자신들의 필요에 의해 일으킨 사업으로 둔갑했으며, 그것은 '북벌의 시대'를 마무리하는 데 있어 지극히 가시적인 성과물로 포장되어 새로운 기억으로 되살아난 것이다.

숙종 이후에도 나선 정벌에 대한 인식과 기억은 이런 추세로 계속 확대 재생산되었다. 나선 정벌을 고증한 18세기 이익李瀷(1681~1763)의 『성호사설星湖僿說』이나, 19세기 이규경李圭景(1788~?)의

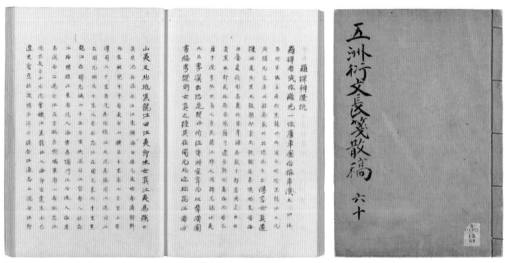

『오주연문장전산고』, 이규경, 규장각한국학연구원. 숙종대 이후 나선 정벌이 조선의 성과물로 포장되어 이 기록물에도 새롭게 재탄생했다.

『오주연문장전산고五洲衍文長箋散稿』가 그 좋은 예다. 작자 미상의 영웅소설인 『빅시황전』 또한 같은 맥락의 작품이다.

이를 종합해보면, 18세기 이후 나선 정벌을 대하는 조선인의 기억 속에는 이미 청이 들어설 자리가 없었다. 청이 사라짐으로써 이제 나선 정벌은 처음부터 조선과 러시아 양국 간의 문제로 자연스럽게 바뀌었다. 그 결과 조선인은 이제 나선 정벌에 대한 정신적 부담을 떨쳐버릴 수 있었다. 굳이 청을 언급한다면, 청이 러시아에 연전연패하여 조선에 도움을 청한 점을 부각시키는 내용뿐이었다. 청도 쩔쩔매는데, 조선군이 가서 무찔렀다는 이런 식의 상황 설정은 이제 조선인이 청에 대해서 내면적 우월의식을 느낄 수 있는 계제가 되었으며, 오랑캐를 정토한 북벌이라는 실천적 기억으로 조선인의 마음속에 되살아났음을 보여준다.

요컨대 병자호란 이후 조선인에게 가장 깊은 상처가 된 두 가지, 곧 오랑캐에게 굴복한 수치심과 현실적으로 북벌을 도저히 이룰 수 없었던 자괴감을 동시에 해결할 수 있는 좋은 소재를 나선 정벌이 제공한 것이다. 신유와 동시대인들이 함께 고민한 나선 정벌의 내면적 상처가 세월이 흐른 뒤 어느새 바로 그 상처를 치유하는 약재로 쓰인 것은 역사의 아이러니라 하겠다. 병자호란의 충격으로부터 벗어나기 위한 갖가지 자구 노력 중에서 나선 정벌에 대한 기억의 틀을 바꾸는 작업은 이렇게 큰 몫을 했다. 현재 우리는 이런 기억 전환 작업의 결과를 역사적 사실로 알고 있는 것이다.

7장

"영조는 우리 국왕이 아니다!"

◉

1728년 이인좌 세력의 무장 반란

정호훈

　국가와 국가 사이에 일어나는 무력 충돌을 두고 통상 전쟁이라 부른다. 조선이 외국 세력과 겪은 전쟁으로는 흔히 임진왜란과 병자호란을 꼽지만, 이것이 전쟁의 전부는 아니다. 나라 안의 여러 정치 세력이 무장한 상태로 권력 쟁탈을 둘러싸고 벌이는 싸움도 전쟁으로 분류할 수 있다. 조선에서는 1728년(영조 4) 이인좌 세력이 일으킨 무장 반란이 대표적인 예다.

　1728년 봄, 이인좌 세력이 일으킨 반란은 보통 '무신란戊申亂' 또는 '이인좌의 난'이라고 한다. 근래에 들어서는 '1728년의 정치변란(혹은 정변)'이라고 부르는 학자도 있다. 이 반란은 1728년 3월 중순 충청도 청주, 경상도 합천과 거창, 전라도 태인 등지에서 동시 다발적으로 일어났으며 20일 넘게 지속된 끝에 관군에 의해 진압되었다.

　이인좌 세력의 무장 반란은 조선의 정치질서를 뒤흔든 일대의 충격이었다. 반란군이 경상도 함양, 충청도 청주를 점령하고 서울로 진격하던 중 정부군에 가로막히며 막을 내린 이 사태는, 남인·소론·북인 당색의 유력 양반 가문 인사들이 대거 참여하여 국왕

영조의 통치를 부정하고 새로운 권력을 세우려 한 점, 전라도·평안도·서울 등 여러 지역에서 반란을 계획하고 있었던 점, 농민과 노비 등 하층민들이 가담했다는 점 등에서 여타 반정부 역모 사건에 견주어볼 때 남달랐다. 이 사건은 조선에 엄청난 과제를 던졌다. 국왕을 비롯한 주요 정치 세력들은 이 사건이 안긴 숙제를 푸는 데 많은 정력을 쏟았으며, 조선은 그런 과정에서 여러모로 변화를 겪었다.

다수의 양반이 백성과 힘을 합쳐 영조를 부정하며 일으킨 이 같은 반란은 조선에서는 그 유례를 찾기 힘들었다. 영조로서는 감당하기 힘든 고통이었으며, 또한 평생의 짐이었다. 영조는 재위 기간 내내 이 사건이 주는 고통에 시달렸으며, 다시는 이런 사태가 일어나지 않기를 기대하며 국정을 운영했다. 국왕이 되자마자 터진 이 반란은 영조대 정치의 방향을 좌우하는 힘 중 하나였다.

실록과 일기 등을 통해 본 반란의 나날들

반란을 일으킨 이들은 지방에 지역 거점을 확보하고 서울로 진격하면 서울에서 내응하여 서로 손잡고 정변을 완수하자는 계획을 세웠다. 그 계획이 치밀하게 짜인 것은 아니지만, 애초의 기대대로 움직였다면 반란군이 서울을 함락하고 궁궐을 접수하는 일은 그리 어렵지 않았을 것이다. 반란군이 일어난 지역은 충청도의 청주, 경상도의 거창·합천·안음, 전라도의 태인이었다. 평양에서는 평안도 병마절도사 이사성李思晟이 군사를 이끌고 합류하기로 했으나 실행에 옮기지는 못했다. 반란을 주도한 세력은 양반과 그들의 영향력 아래에 있는 농민, 노비들이었지만 일부 지역에서는 도적 떼도 합류할 계획이었다.

아래에서는 반란군이 움직인 상황을 지역별로 시간을 따라 확인해볼 것이다. 등장인물과 사건은 『영조실록』 『승정원일기』 『감란록勘亂錄』 등 여러 자료를 활용하여 재구성했다.

· 서울
3월 14일
용인에 살던 최규서崔奎瑞가 긴급한 사태가 벌어졌다고 조정에 알리다.

최규서는 현직에서는 은퇴하여 용인에 낙향해 살고 있었다. 이전 며칠 동안 이 지역은 사람들이 부산히 움직이며 소란스러웠다. 또한 양성陽城과 용인 등지는 사람들이 피란하여 텅텅 비었다.

· 충청도 청주
반란의 중심인물인 이인좌가 반란군을 이끌었으며, 경상도의 풍기·상주, 충청도의 청주, 경기도의 양성·용인 지역에 살던 인물들이 이곳의 싸움에 대거 참가했다. 초기에는 강력한 세력에 힘입어 청주를 함락했지만 서울로 진격해오다가 안성에서 관군에게 패퇴했다.

3월 15일
이인좌 세력이 청주성을 함락하다.

권서봉權瑞鳳 등이 경기도 양성에서 군사를 모은 뒤 청주로 잠입하여 몰래 숨어 있다가 청주성을 성공적으로 접수했다. 이때 절도사 이봉상李鳳祥, 토포사 남연년南延年, 군관 홍임洪霖이 죽임을 당했다. 청주 목사 박당朴鐺은 몸을 피하여 목숨을 구할 수 있었다.

이인좌를 대원수大元帥로 삼아 청주성을 쉽게 빼앗은 반란군은 권서봉을 목사로, 신천영申天永을 병사로, 박종원朴宗元을 영장으로 삼아, 이 지역의 정치·행정·군사권을 장악했다. 이들은 이 지역을 함락한 뒤 이웃 군현들로 공문을 보내 동요하지 말고 협조할 것을 요청했다. 훗날 반란이 진압된 뒤, 정부에서는 반란군과 공문을 주고받은 회인懷仁의 전 현감 김도응金道應과 황간黃澗의 전 현감 이정휘李挺徽를 효시梟示하였다. 도적의 관문關文을 주고받아 신하의 절조를 잃었다는 게 그 이유였다.

3월 16일
도성과 궁궐의 수비를 강화하다.

3월 17일
조정에서 병조 판서 오명항吳命恒을 사로 도순무사四路都巡撫使로 삼아 군사를 거느리고 반란군을 진압하게 하다. 부교리 박문수朴文秀를 도순무사의 종사관으로 삼다.

금군 별장禁軍別將 남태징南泰徵을 붙잡다.

금군 별장(금군청 소속의 종2품관)은 국왕의 친위 부대를 거느리는 고위직이었으므로 국왕의 신임이 막중했다. 반란 세력의 참가 범위가 얼마나 넓은지 짐작이 간다. 영조와 조정 신료들은 남태징이 반란에 참여했다는 사실을 사로잡힌 사람들을 신문함으로써 알게 되었는데, 이때 남태징은 중무장한 군사를 거느리고 대궐 밖에 진을 치고 있었다. 영조가 선전관을 보내 표신標信을 지니고 부르게 하여 궐문에 들어서자마자 붙잡았다. 임금이 남태징에게 "너는 훈신勳臣의 자손으로 그 받은 은혜가 어떠한데 감히 소추小醜들과 함께 역모를 했느냐?" 하고 물으니, 남태징은 그 사실을 인정하지 않았다.

평안 병사 이사성을 잡아들이도록 명하다.

3월 19일
황해 감사 김시혁金始燦에게 유시하여, "3000명의 군병을 내어 동선령洞仙嶺을 막아 지키다가 이사성을 붙잡아오기를 기다린 후 철수하라"고 하다.
남태징의 목을 베다.

3월 20일
도순무사 오명항의 군사가 진위현振威縣 남쪽에 진을 치다.

3월 23일
이인좌 부대가 진천에서 죽산과 안성으로 향하고 있다는 정보가 들어오다. 이에 오명항 부대는 안성으로 가기로 꾀를 내다.
이인좌座 부대는 각 지방의 토적土賊 및 청주진淸州鎭·목천木川 등 여러 고을의 마병馬兵과 금어군禁禦軍 가운데 정예한 자를 뽑아 장사치와 거지 차림을 시킨 뒤 피란민을 따라 은밀히 안성 청룡산 속에 모여들도록 했다. 이인좌 부대는 오명항 부대와 충돌하여 일부 흩어지고 이인좌·박종원 등은 청룡산으로 들어가 진을 쳤다.

이날 정오 무렵 오명항 부대가 대승을 거두다. 박종원을 죽이다.

3월 24일

오명항이 이인좌를 사로잡아 서울로 보내다.

이인좌는 반란군의 권서봉, 목함경, 이지경 등과 함께 촌민들에 의해 사로잡혔다.

적의 괴수 이인좌를 붙잡지 못하자, 오명항이 급히 장교들로 하여금 사방으로 나가 사로잡게 했는데, 마침 촌민들이 이인좌, 위칭僞稱 청주 목사 권서봉權瑞鳳, 위칭 장군將軍 목함경睦涵敬, 위칭 진천 현감 이지경李之經, 박상朴尙, 곽장郭長 등을 사로잡아 바쳤다. 이인좌는 곧 위칭 삼남 대원수三南大元帥라는 자로 처음에 정세윤과 함께 군사를 두 편대로 나누어 자신은 안성으로 갔는데, 안성의 군사가 패배하자 밤에 산골짜기로 도망하여 겨우 죽산에 이르렀다. 그러나 군사가 또 궤멸되자 도주하여 산사山寺로 들어가니, 이곳 마을의 백성인 신길만申吉萬 등이 승려들과 함께 힘을 합쳐 붙잡아 바친 것이다. 위칭 청주 목사 권서봉, 위칭 진천 현감 이지경, 위칭 장군 목함경 등도 백성에게 사로잡혔는데, 혹 함거에 실어 보내기도 하고 혹은 효시하기도 했다.

오명항 부대가 장항령獐項嶺(노루목재)을 넘어 죽산에서 반란군의 부원수 정세윤 등을 참수하다.

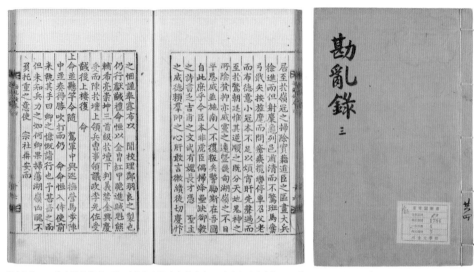

『감란록』, 규장각 한국학연구원. 이인좌의 반란의 순간부터 진압과 회맹제를 하기까지의 전 과정이 시간 순으로 정리되어 있다.

정세윤의 동생 정계윤은 위칭 죽산 부사로 있다가 잡혀 죽었다.

3월 26일

군기시軍器寺 앞에서 백관들이 보는 가운데 평안 병사 이사성을 그의 처자와 함께 목 베어 죽이다.

3월 27일

군기시 앞에서 이인좌의 목을 베고, 법대로 노적孥籍(재산을 적 몰함)하다.

· 경상도 안음, 거창, 합천

경상도의 안음, 거창, 합천에서는 3월 20일에 기병하여 4월 초까지 이 지역을 장악했다. 이미 청주와 서울에서는 이인좌 세력이 진압되고 죽임을 당했지만 이곳에서 이들은 여전히 힘을 떨치고 있었다. 이곳의 주도 세력은 지방의 유력 양반들이었는데, 유향소留鄕所의 좌수座首가 많이 참여한 점이 특징적이었다. 좌수는 유향소의 최고 지위에 있는 인물로 지방의 토착 유력자였다.

3월 20일
안음安陰에서 이인좌의 동생 이웅좌와 정희량鄭希亮이 군사를 일으킨 뒤 힘을 합하여 안음, 거창을 접수하다.

정희량은 정온鄭蘊의 후손이며 중원重元의 아들이다. 노비와 전답이 많은 정중원이 순흥으로 옮겨 살다가 세상을 떠난 뒤, 정희량이 이인좌, 박필현, 한세홍의 무리와 체결하여 영남에서 거병하기로 하다.(『감란록』)

한편 반란군은 거창에서 좌수 이술원李述原을 위협하여 항복하도록 했으나, 이술원이 이에 저항하자 이웅좌 무리가 그의 눈과 코를 베어 죽였다. 정부에서 나중에 그의 충절을 기리고 포충사褒忠祠를 지어 그를 제사 지냈다.

합천의 조성좌·정좌 형제, 좌수 정상림鄭商霖이 합세하여 합천을 접수하다.
삼가三嘉의 좌수 신만항愼萬恒이 현감 이정수李廷秀를 내쫓고 합세하다.

3월 28일

안음의 정희량 등이 거창에서 함양으로 들어온 뒤 전라도로 넘어가려고 하다.

관군이 팔량치에서 이들을 저지하다.

오명항과 박문수가 추풍령을 넘어 경상도로 오다.

4월 1일

이웅좌, 정희량이 거창에 군사를 주둔하다.

4월 2일

선산 부사 박필건 등이 거창의 정희량, 이웅좌를 잡아 목을 베다.

· 전라도 태인

이 지역에서는 현직 태인 현감으로 재직 중이던 박필현朴弼賢이 반란을 일으켰다. 경상도나 충청도에서의 움직임과는 또 다른 양상이었다. 태인에서의 반란에는 나주, 부안 지역의 여러 사람이 참여했다. 또한 일부 참가자는 정팔룡이 이끄는 노비 도적떼가 반란군으로 참여하기로 했다고 진술하기도 했다.

3월 22일

태인 현감 박필현이 군사를 움직여 반란을 도모하다. 전주 삼천 三川에 이르렀다가 군사가 궤멸하자 도주하다.

3월 25일

도망간 박필현을 반드시 잡아야 한다는 것을 8도에 알리라고
영조가 명령하다.

3월 27일
박필현과 그의 사촌인 박필몽朴弼夢을 잡으면 상을 내린다는 글
을 한문과 한글로 작성하여 전국에 알리다.

3월 29일
박필현이 상주로 도망갔다가 잡히다.

박필현은 잡힌 뒤 바로 참형을 당했다. 또한 박필현의 형제인 박필우
朴弼禹와 박필기朴弼夔 등을 역적 이괄의 예例에 의거하여 모두 참형에
처했다. 박필현의 처는 교수형에 처하고, 어머니와 며느리는 노비로
만들어 절도로 보냈다.

조선 전역을 혼란에 빠뜨렸던 반란은 이렇게 4월 초에 완전히 진
압되었다. 정부에서는 신속하게 반란을 마무리하는 절차를 밟아
나갔다. 4월 14일 이인좌·이웅보·박필현·이사성·정희량·박필
몽·남태징·민관효閔觀孝·이유익李有翼·심유현沈維賢 총 10명을 역
적의 우두머리逆魁로 지목했다. 오명항 부대가 올라온 4월 19일에
는 남대문에서 적의 귀나 머리를 바치는 헌괵례獻馘禮를 행했다. 조
선에서는 처음 치르는 예식이었다.

헌괵례를 거행했다. 오명항이 황금 투구에 붉은 갑옷을 입고 꿇어앉아

서 적괴賊魁 이웅보·정희량·나숭곤羅崇坤 세 사람의 머리를 단하壇下에서 올렸다. 판의금判議禁 김흥경金興慶이 이를 받아 단상에 진열했고 영병조사領兵曹事 영의정 이광좌李光佐가 머리를 받은 뒤 문루로 올라가 복명復命하니, 임금이 모두 장대에 매달라고 명하였다. 그리고 군악을 연주하게 하였다.(『영조실록』 권17, 4년 4월 19일)

4월 20일에는 반란 진압에 공을 세운 신하들에게 상을 내렸으며, 22일에는 창덕궁 인정전에서 영조가 백관의 하례를 받았다. 영조는 이 자리에서 "100년 동안 내려온 세족世族에서 반역자가 많이 나왔으니, 내가 실로 통한스럽게 여긴다"며 한탄했다. 7월 18일에는 회맹례會盟禮를 행하여 천신天神과 지기地祇, 종묘의 여러 신 앞에서 군신이 피를 함께 마시면서 영원한 충성을 맹세했다. 죽은 자들의 깊은 원한은 권력을 지킨 자들의 안도감 속에 어두운 시간 속으로 깊숙이 파묻혔으며, 반란은 그렇게 끝이 났다.

영조와 노론에 대한 반감
1728년 반란의 뇌관이 되다

이인좌 세력의 반란에 참여한 세력은 다양하다. 우선 소론, 남인, 북인 등 다양한 당색의 양반들이 참여했다. 이들의 거주지도 서울을 비롯해 경기도·경상도·충청도·전라도 등 전국 각지였다. 영조가 "100년 동안 내려온 세족에서 반역자가 많이 나왔다"고 한 그대로, 반란에 참여한 양반들 중 당시 내로라하는 가문에 탄

탄한 사회적 지위를 확보하고 있는 인물이 많았다. 이 점은 정부에서 역적의 우두머리로 지목한 10명을 살펴봐도 알 수 있다. 무엇보다 박필현, 심유현, 박필몽, 남태징, 이사성은 현직 고위 관료였으며, 심유현은 경종비 단의왕후의 동생이었다. 관료로 살아도 손색없을 인물들이 목숨 건 반역에 가담한 것이었다. 당색으로 살피면 이인좌, 이웅보, 민관효는 남인이고, 나머지는 소론이었다. 이 가운데 이인좌는 17세기 남인의 주요 인물이었던 윤휴尹鑴의 손녀 사위였다. 윤휴는 숙종대에 역모 혐의로 처벌된 인물로, 주자와는 다른 경서 해석을 했고, 북벌론北伐論을 주장했으며, 송시열로부터 사문난적斯文亂賊으로 공격받았던 바 있다. 위 10명의 주모자에 들진 않지만, 충청도의 주요한 가담자였던 권도형權道衡은 소북小北이었다.

전국 각지의 양반들이 엄연히 존재하는 국왕의 존재를 부정하며 반란을 일으킨 이유는 무엇일까? 누가 보더라도 무모한 일이었음에도 이들이 목숨 걸고 반란을 일으킨 까닭은 어디에 있었을까? 우선 국왕 영조와 그를 지원하는 노론에 대한 반감이 극에 달했던 점을 꼽을 수 있다. 특히 소론이 그랬다. 경종을 지지했던 소론들 가운데 다수가 경종의 죽음은 영조 때문이라고 생각했으며, 그런 까닭에 영조를 국왕으로 인정하지 않으려 했다. 아래 김일경金一鏡과 신치운申致雲에 대한 심문 기록은 영조에 대한 소론들의 부정 의식이 어느 정도에 달했는가를 보여준다. 두 사람 모두 고위 관직을 지냈는데, 김일경은 영조 즉위년에 역모 혐의로 죽었고, 신치운은 영조 31년 반反영조 활동을 했던 혐의로 죽임을 당했다.

김일경은 심문에 답할 때 말마다 반드시 '선왕[경종]의 충신'이라 하고 반드시 '나[吾]'라고 했으며 '저[矣身]'라고 하지 않았다.(『영조실록』 즉위년 12월 8일)

신치운이 말하였다. "성상께서 이미 이처럼 의심하시니, 신은 자복하고자 합니다. 신은 (경종이 세상을 떠난) 갑진년(경종 4)부터 게장을 먹지 않았으니 이것이 바로 신의 역심逆心입니다." 임금이 분하고 원통하여 눈물을 흘리고, 시위侍衛하는 장사將士들도 모두 마음이 떨리고 통분해서 곧 바로 손으로 그의 살을 짓이기고자 하였다.(『영조실록』 31년 5월 20일)

위의 두 기사를 보면 적어도 두 사람에게 영조는 국왕이 아니었다. 신치운이 게장을 먹지 않았다는 말은 경종이 영조가 그에게 보내주었던 게장을 먹고 죽었기 때문이라는 믿음과 연관이 있었다. 사실 여부와는 별개로, 많은 사람은 영조가 경종을 죽였다고 생각했다. 이처럼 영조와 노론에 대한 반감은 1728년 반란의 뇌관이 되었다.

반란 세력들이 품고 있던 반영조·반노론 의식은 짧은 시간에 만들어진 게 아니었다. 그것은 조선에서 오랫동안 당쟁이 이뤄지면서 쌓인 당파 상호 간의 원망, 갈등과 깊이 얽혀 있었다.

16세기 후반 동인東人과 서인西人이 형성된 이후 오랫동안 진행된 당쟁은 조선의 힘 있는 양반들을 다양한 당색에 젖어 살게끔 만들었다. 근본적으로 정치권력의 장악을 목표로 했던 당쟁에서 당파 간의 갈등은 피할 수 없었는데, 이런 갈등은 여러 차례 정쟁을 거치며 극단으로 치달았다. 큰 흐름만 보더라도 인조 반정기에

「영조 어진」, 조석진·채용신 등, 비단에 색, 110.5×61.0cm, 보물 제932호, 1900, 국립고궁박물관.

서인·남인과 북인의 대립이 있었고, 숙종대의 기사·갑술 환국기에는 남인과 서인의 갈등이 두드러졌으며, 경종대에는 노론과 소론 사이에 화해할 수 없는 원한이 형성되었다.

노론과 소론은 본래 같은 서인 당파였으나 숙종대에 들어와 각기 분립했다. 이때의 노론은 앞선 시기 북인, 남인과 대립했던 서인의 계통을 잇고 있었으므로, 이들은 소론은 물론이고 북인, 남인과도 대립하고 있었다. 경종대에 들어와 소론과 노론의 각축은 이전보다 훨씬 더 심해졌다. 경종대의 정치 갈등은 여러 당파와 국왕 혹은 국왕의 후계자와의 관계 속에서 펼쳐지며 충신과 역적의 경계를 만들어내고 있었는데, 소론은 경종을 그리고 노론은 훗날 영조가 되는 연잉군을 적극 지원했다. 이때의 노론과 소론의 정쟁에서 노론 4대신(김창집·이이명·이건명·조태채)이 역적으로 몰려 죽임을 당하는 사태가 벌어지기도 했다. 그리하여 영조가 즉위할 무렵, 각 당파 간에 배척하는 마음은 최고조에 달해 있었다. 특히 소론 내부의 강경파(준소峻少)는 영조와 노론을 극단적으로 미워했다. 노론은 노론대로 노론 4대신을 신원하는 일을 최대 과제로 삼았고, 소론 특히 강경 소론은 경종의 죽음이 영조와 노론 탓이라 여기고 있었다. 남인, 북인 세력 가운데 일부는 이미 오래전의 정쟁에서 패배한 뒤 정치권력과는 멀리 떨어져 있었으므로, 서인–노론에 대한 악감정이 커져 있었다. 이 상황에서 반영조, 반노론 의식을 가진 여러 정치 세력이 손잡고 반란을 일으켰던 것이다.

1728년 반란의 주요 세력은 상천민常賤民들이었다. 이들은 국가·국왕에 대한 불만과 반감 속에서 반란에 참여했다. 기록에 따르면 노비들 가운데 부안에 있던 노비 도적 떼도 참여했다고 한다.

상천민들의 반란은 삶을 유지할 수 없을 정도로 경제 상황이 악화되었던 터라 일어났다. 당시의 많은 기록은 이들의 마음을 두고 "나라를 원망하며 반란을 생각한다怨國思亂"고 표현하고 있다. 반란에 참여한 사람들의 마음을 이처럼 절박하게 표현하기는 쉽지 않을 것이다.

이들이 반란에 참여한 것은 조선을 밑받침하는 기본 바탕이 흔들리는 일이었다. 그런 만큼 이들의 반란은 조선이란 국가를 긍정하는 사람들에게 양반들이 반심叛心을 품는 것 이상의 충격일 수 있었다. 반란의 급한 불을 끈 뒤 영조가 내린 진단은 이 사건의 원인을 압축적으로 보여준다. 영조는 오랫동안 진행되어온 당쟁, 그리고 농민들에게 고통을 주는 양역良役의 폐단 두 가지를 반란을 일으키게 한 요인으로 꼽았다. 당쟁은 양반들 사이의 정치적인 갈등을 일으키는 요인이었고, 양역의 폐단은 농민들의 원한을 사게 만드는 요소였다.

반란이 일어난 까닭을 살피면 두 가지이니, 그 하나는 조정에서 오직 패거리朋比만을 일삼아 오직 재능만으로 등용하지 않고 도리어 색목色目으로 추장推奬한 데 있다. 그 하나는 해를 연이어 기근이 들어 백성이 죽을 지경에 있는데도 구제해 살릴 생각은 하지 않고 오직 당벌黨伐만을 일삼는 것이다. 타만 내가 괴로운 것은 국가가 그들에게 무엇을 저버렸기에 고금에 없는 흉역兇逆을 하였는가? 적에게 붙은 백성은 다른 까닭이 있는 것이 아니라 굶주림에 지쳐 순종과 반역順逆의 이치를 구분하지 못한 소치다.(『영조실록』 권16, 4년 3월 25일)

영조의 진단은 농민들이 굶주림에 지쳐 반란을 일으켰다는 것이었다. 당시의 사회·경제 조건 속에서 농민들이 굶주리게 되는 요인을 찾아보면 한두 가지가 아니었다. 농토가 없어 대지주의 농토를 빌려 소작으로 먹고살아야 하는 것도 거론할 수 있고, 국가에 부담하는 세금이 과중한 것도 생각할 수 있다. 여기에 홍수나 가뭄으로 흉년까지 들면 삶은 더더욱 어려워졌을 것이다. 영조가 상천민들이 굶주림에 지쳐 반란 대열에 합류했다고 한 것은 '나라를 원망하고 반란을 생각하는' 의식으로 변란에 참가한 농민들에 대한 포괄적 진단이었다.

반란 후 본격화된 개혁 정책들
교화서로 백성의 윤리를 고취하다

반란군의 움직임이 비교적 빨리 진압된 것은 영조와 정부 입장에서는 무척 다행스러운 일이었다. 이인좌를 비롯한 반란의 주역들은 모조리 잡혀 처벌되었으며, 그들의 가족은 연좌제에 따라 그에 상응하는 벌을 받았다. 이를테면 이인좌의 아내 자정紫貞은 청주 옥에 갇혔다가 교수형을 당했다.

반란의 여진은 재빠르게 잦아들었다. 그렇다고 하더라도 반역의 기운을 가라앉히고 정국의 안정을 되찾는 것은 쉽게 이루어질 일이 아니었다. 영조와 집권 세력은 다시는 이와 같은 일이 벌어지지 않도록 여러 방면으로 조처를 취했다.

먼저 변란의 전모를 정리하여 간행물로 펴냈다. 『감란록』은 그

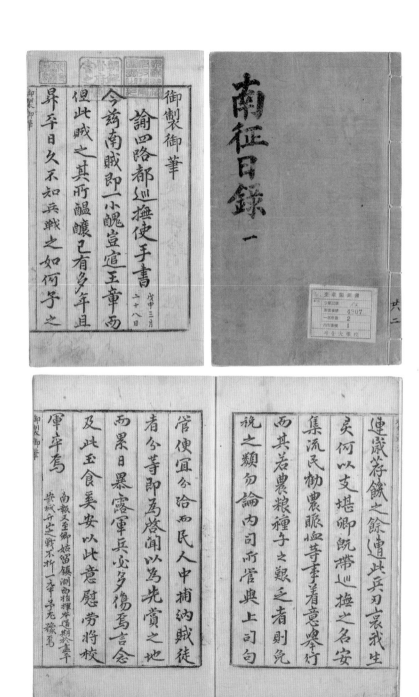

御製御筆

諭四路都巡撫使手書　戊申三月二十八日

今者南賊即一小醜豈寔王章而

但此賊之其所醞釀已有多年且

昇平日久不知兵戰之如何予之

御製御筆

南征日錄　一

共二

連歲荐饑之餘遭此兵刃哀我生

矣何以支堪卿既帶巡撫之名安

集流民勸農眼等事着意舉行

而其若農粮種子之艱之者則免

祝之類勿論內司所管典上司句

管便宜分治而民人中捕納賊徒

者公等即為啟聞以為先賞之地

而累日暴露軍兵必多傷焉言念

及此玉食耒安以此意慰勞將校

軍卒焉

御製御筆

南報又至御姑留鎮湖西指揮本道勦盡平崇城斥堠戰不折一卒予先穢焉

『남정록』, 규장각한국학연구원. 이 책에서는 무신란의 반란 세력을 군사적으로 진압하는 과정을 시간 순으로 정리해두고 있다. 조정의 시각이 주로 반영되어 있다.

첫 번째 책이었다. 이 책에서는 반란이 일어난 상황을 접수하고 진압에 성공한 뒤 회맹제를 하기까지 일련의 과정을 시간 순으로 정리했다. 『감란록』 편찬자들은 반란의 원인이 대체로 소론 강경파(준소)의 책동에 있다고 정리했다. 또 『남정록南征錄』을 지어 반란 세력을 군사적으로 진압하는 과정을 시간 순으로 정리했다. 정부 측의 일방적인 시각이 반영된 자료이지만, 반란 세력의 움직임도 어느 정도 살필 수 있는 가치를 지닌다.

정치적인 측면에서는 탕평책蕩平策이 본격적으로 실시되었다. 영조는 노론과 소론, 남인 가운데 능력 있는 인물들은 두루 등용하고자 했다. 당색을 따지지 않는 고른 인사 등용책이었다. 탕평을 위한 논의는 숙종대부터 이뤄지고 영조가 즉위한 뒤에도 여전히 강조되었지만 실행에 옮겨진 것은 이 반란 이후였다. 영조가 추진하는 탕평책에 조선의 양반 정치 세력이 모두 동의한 것은 아니지만, 이 정책은 어느 정도 효과를 거두었다.

경제적으로는 양역 개혁이 본격적으로 추진되었으며, 그 결과 1750년(영조 26)에는 균역법均役法이 시행되었다. 양민들이 1년에 부담하는 2필의 군포를 1필로 줄이는 조치였다. 양민 농민들이 군역을 직접 지는 대신에 부담하는 군포는 농민들의 경제 상황을 어렵게 만드는 주요 원인 중 하나였다. 이 시기 농민경제의 안정을 위해서는 토지 개혁 등 좀더 근본적인 대책도 요청되었지만, 영조와 정부에서는 양역 변통의 방식으로 이 과제를 돌파하고자 했다. 양역의 변통책 또한 마련하기 어려웠는데, 변란이 일어나고 20년이 지나서야 균역법으로 귀결되었다. 이 법으로 인해 농민들의 양역 부담은 절반으로 줄었으며, 균역법에 대한 영조의 자부는 대단

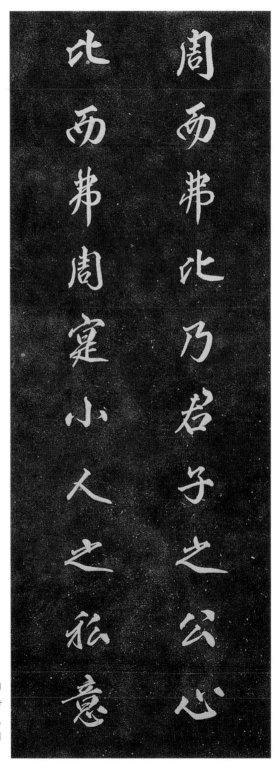

「탕평비」탁본, 144.0×54.5cm, 조선시
대, 성균관대박물관. "보편적이고 편당하
지 않은 것은 군자의 공변된 마음이고,
편당하고 보편적이지 않은 것은 소인의
사사로운 뜻이다"라는 의미를 담고 있다.

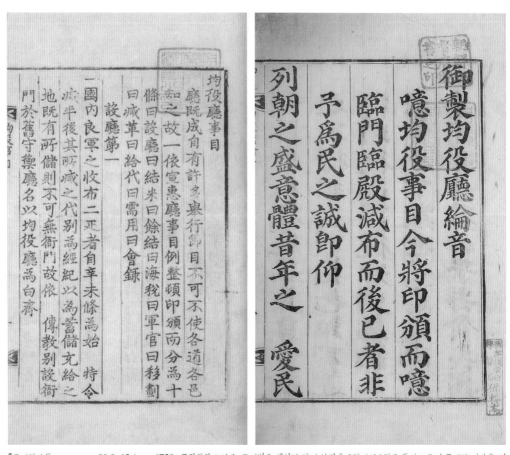

右:

御製均役廳綸音

噫均役事目今將印頒而噫

臨門臨殿減布而後已者非

予爲民之誠卽仰

列朝之盛意體昔年之　愛民

左:

均役廳事目

廳既成自有許多與行御目不可不使各道各邑

知之故一依宣惠廳事目例整頓印頒而分爲十

條曰設廳曰結米曰餘結曰海稅曰軍官曰移劃

曰減革曰給代曰需用曰會錄

設廳第一

一國内良軍二疋者自辛未條爲始　特令

廟堂其所減之代別爲經紀以爲蓄儲充給之

地既有所儲則不可無衙門故依

傳教別設衙

門於舊守禦廳名以均役廳爲白齊

『균역청사목均役廳事目』, 23.2×15.4cm, 1752, 국립중앙도서관. 균역법은 백성의 양역 부담을 2필에서 1필로 줄임으로써 군역의 폐단을 진정시키려 한 제도였다. 영조는 집권 26년에 이 법을 마련하여 과중한 세금을 피해 도망가거나 그 친족·이웃이 대신 납부하는 문제점들을 해결하려 했다.

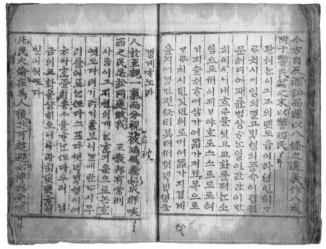

『경민편』, 규장각한국학연구원.

해 생애 말년에 그는 이 법의 시행을 자신의 최고 치적으로 꼽을
정도였다.

　사회사상의 측면에서는 백성의 윤리의식을 적극적으로 고취하
고자 했다. 이를 위해 반란 시기의 '충의'의 인물을 적극적으로 표
창했다. 반란군에 저항하다가 세상을 떠난 거창의 이술원에게는
포충사라는 사당을 지어 그 충절이 오래도록 전해지게 했다. 이와
더불어 정부에서는 『삼강행실도』『경민편警民編』 등 기왕에 간행되
어 유통되던 윤리서를 새로 찍어냈다. 『삼강행실도』는 세종대에
간행된 이후 여러 차례 보급되었으며, 『경민편』은 16세기 초 김정
국이 간행한 이후 16세기 말, 17세기 중엽 두 차례에 걸쳐 증보되
며 간행되었다. 이 책들은 백성이 강상 윤리를 갖추고, 법과 도덕
질서에 따라 착실히 살도록 계도하는 내용을 담고 있는데, 실린
사례들이 간명하면서도 쉽게 표현되었다. 또한 구성상으로도 이

伋壽同死 周

위나라 공ᄌᆞ슈ᄂᆞᆫ 공ᄌᆡ란 님금의 아ᄃᆞ리러니 태조곰비 다ᄅᆞᆫ어믜게 난 아ᄒᆡ오 공ᄌᆞ 삭이와 ᄒᆞᄂᆞ니 게난 형이라 그어믜 삭이와 ᄢᅵᄒᆞ야 태조ᄃᆞ려 슈기고 슈ᄅᆞᆯ 셰오려 ᄒᆞ야 사ᄅᆞᆷ으로 ᄒᆞ야 태조와 비타 가다가 므레 ᄢᅳ리려 주기려 ᄒᆞ거ᄂᆞᆯ 슈ᄆᆞᆯ 지 못ᄒᆞ야 조 차 그비ᄅᆞᆯ 타가 너 못 주기니 라 슈ᄒᆡᆺ나라히 태조를 보내 고도 적ᄒᆞ야 길헤 가태조의 거 ᄅᆞᆯ 가기도 보ᄭᅩ 주기란ᄒᆞᆫ 대 쉬기말나 ᄒᆞ야 놀내져 조 ᄂᆞᆯ 오 ᄃᆡ아비 명을 타디 며 ᄂᆞᆫ 석의 되아더라 ᄒᆞ대 쉬 ᄉᆞ조못 차거ᄃᆞ러 그어미 말지 못 ᄒᆞ야 경계ᄒᆞ야 ᄇᆞᆯ 오며 삶셔

『이륜행실도』, 규장각한국학연구원.

『삼강행실도』, 규장각한국학연구원.

들 두 책의 내용은 한문으로 된 원문과 한글 번역문으로 표기되어 많은 사람이 쉽게 읽을 수 있었다.

요컨대 1728년 이후 영조와 정부가 당면했던 큰 과제는 반란의 싹을 제거하는 한편으로 다시는 반역이 일어나지 않도록 사회를 안정시키는 일이었다. 이를 위하여 이들은 여러 방면에서 노력을 기울였다. 죽은 자들이 다시 살아 돌아오지 못하고, 그들이 지니고 있던 희망이 온전히 현실화되지는 못했지만, 살아 있는 사람들은 어쨌든 그들이 던진 문제를 유념하며 이를 정치적으로 풀어내고자 했다. 그렇게 해서 현실은 조금씩 변해갔다.

죽음과 삶, 명과 암, 전쟁과 변화의 변증·辨證

전쟁은 파괴적이다. 이로 말미암아 숱한 사람이 목숨을 바치고 피를 흘리며 많은 재물이 사라진다. 전쟁을 일으킨 세력이나 그에 맞서는 권력 모두에게 표출하는 폭력은 치명적인 고통이 된다. 다른 한편 전쟁은 새로운 변화의 동인이 된다. 피해를 복구하고 정상으로 돌아가기 위해서는 엄청난 물력이 소요되며 또 그 과정에서 정치적·경제적 변화가 수반되기 때문에 전쟁은 사회를 갱신하는 효과도 가져온다.

1728년의 정치 반란은 18세기 초반 조선사회가 안고 있던 문제가 무엇인가를 극명하게 드러내는 대사건이었다. 비록 실패에 그치면서 반란을 일으킨 이들의 생명은 캄캄한 어둠 속으로 묻혀버렸지만, 이 사건이 조선사회에 던진 파문은 상상을 초월할 정도였다. 영조를 비롯해 조선의 정치인, 지식인들은 이 사태가 지닌 의미를 깊이 인식하고, 각각의 처지에 맞게 수습할 방도를 적극적으로 모색했다. 그렇게 해서 정치, 경제, 사회, 문화 등 여러 방면에서 새로운 변화는 조금씩 이루어졌다.

18세기 사회를 두고 '르네상스'라 부를 정도로 이 시기에는 분명 적지 않은 성장과 변화가 나타나고 있었다. 하지만 변화는 그냥 이루어진 것이 아니었다. 그 이면에는 원한과 고통, 피와 죽음으로 드러난 어마어마한 정치사회적 갈등이 자리잡고 있었다. 반란을 일으킨 사람들은 마치 불나방같이, 무모하게도 죽음의 대열에 섰다. 성공을 기대하면서도 실패가 가져올 참혹한 결과를 그들은 알고 있었을 것이다. 실제로 그들은 참담하게 패배했다. 그러나 그런 결과가 모든 것을 무無로 돌리진 않았다. 영조와 집권 세력은 어쨌든 조금씩 양보하면서, 그들이 던진 문제의 일단을 그들이 할 수 있는 선에서 해결하려고 했다. 양적으로 계량하기는 힘들지만, 무소불위의 독점 권력에 대한 백성의 저항의식도 조선사회 내부에 크게 자라났을 것이다. 암담한 현실을 타파하고 새로운 삶이 열리길 꿈꾸는 노력 또한 곳곳에서 일어났을 것이다.

영조와 노론에 대한 조선인들의 불만은 영조와 정부의 많은 노력에도 불구하고 해소되지 않은 채 여전히 잠재해 있었다. 1755년(영조 31), 나주 지역에서 소론들이 중심이 되어 일으킨 반역 움직임도 그 연장선상에서의 사태였다. 신치운과 같이, 영조를 국왕으로 인정하지 않는 사람들은 목숨을 내놓으면서까지 그 사실을 버리지 않고 있었다. 사도세자의 죽음으로 표출되는 1762년의 임오화변壬午禍變 또한 노론과 소론의 오랜 갈등으로 불거진 사건이었다. 영조의 뒤를 이어 왕위에 오른 정조에게 영조대의 정치적 갈등은 또 다른 짐이었다. 그의 정치적 삶은 따지고 보면 선대 정치가 배태했던 고통 위에서 시작되었다고 할 것이다.

8장

평안도에서 자란
저항의 주체들

◉

조선 후기 민의 성장과 홍경래의 난

오수창

평안도 평민 홍경래, 반란을 일으키다

홍경래는 평안도 남단의 작은 고을인 용강에 살던 평민이었다.
그는 반란을 일으키기 10년 전부터 각처를 다니며 풍수를 보는 지
사地師이자 아이들을 가르치는 훈장으로 활동했는데 이는 동지를
규합하는 과정이기도 했다. 그리하여 '저항 지식인'으로 분류되는
김사용, 우군칙, 김창시 외에 황해도 등 각처에서 모여든 '장사층
壯士層'의 홍총각, 지방의 토착 유력가인 정경행, 정성한, 부호층
인물인 이희저 등이 반란의 지휘부를 구성하게 되었다. 그중 우군
칙과 진사 김창시가 1810년(순조 10) 11월경부터 청천강 이북 지역
의 유력가와 부민들에 대한 포섭 작업을 벌임으로써 반란은 구체
적인 준비 단계에 돌입했다. 1811년 4월에는 가산의 다복동에 30
칸 기와집을 마련했다. 안주에서 의주로 통하는 대로변이면서도
은밀한 곳에 군사기지를 마련한 것이다. 반란의 무대는 평안도 청
천강 이북이었지만, 황해도에서도 상인을 칭하는 무리가 모여들
어 준비에 가담했다. 그들은 의주와 가까운 용천 앞바다의 신도에

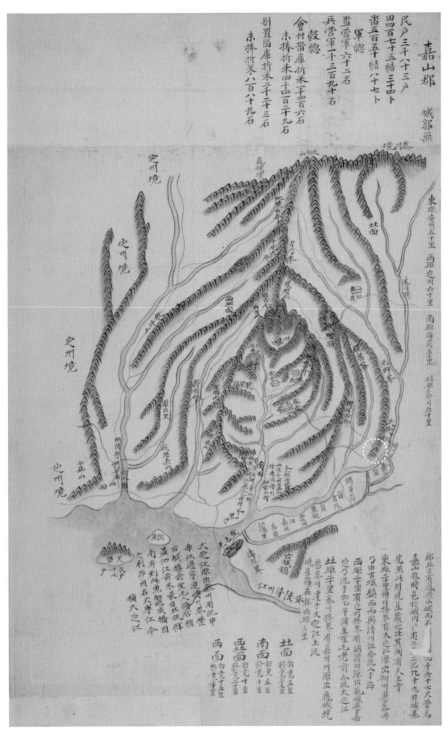

「해동지도」 중 '가산군', 규장각한국학연구원. 가산 다복동에 마련한 집은 홍경래의 난을 준비하는 군사 기지가 되었으며, 홍경래 세력은 여기서 출발해 가산을 무혈점령했다. 원으로 표시한 곳이 다복동으로 추정된다.

서 모임을 열 정도로 넓은 지역을 옮겨다니며 회합을 가졌다.

1811년 9월에는 그해 12월에 기병하기로 결정함으로써 본격적인 거사 단계에 들어갔다. 10월에는 주요 참여자들이 다복동 비밀 기지에 결집했다. 이들 주도 세력은 청천강으로 흘러들어가는 대정강의 섬인 추도에 숨어 가짜 동전을 주조하고, 갑옷·무기·깃발 등 군수품을 조달했다. 한편으로는 민심을 흔들기 위한 참언讖言을 청천강 이북 지역에 퍼뜨렸다. "한 선비가 갓을 비뚜로 쓰고 귀신이 옷을 벗었으며, 열 필에 한 다리를 더하고 작은 언덕에 두 발이 있다─士橫冠 鬼神脫衣 十疋加一尺 小丘有兩足"는 한문인데, 그 한자들을 재조립하면 "임신년(순조 12)에 군대를 일으킨다壬申起兵"는 뜻이 되었다. 그리하여 10월부터는 가산을 중심으로 병란이 일어난다는 소문이 널리 퍼졌고, 11월에는 시장에서도 흔히 듣게 되었다고 한다. 또한 평안도 운산에 금광을 연다고 소문을 냈으며 광부를 모집한다는 구실로 병력을 모았다.

1812년 1월 31일 밤(순조 11년 음력 12월 18일) 홍경래는 가산 다복동에서 봉기군을 출동시켰다. 남진군이라 일컬어진 이들은 이후 서울 쪽으로 진격했다. 홍경래는 출동 직전 군졸을 모아놓고 "정진인鄭眞人이 선천 월봉산 아래 가야동에서 태어나 중국으로 건너갔는데 이제 수만의 군사를 거느리고 진격해올 것이며, 나는 그를 맞이하기 위한 활동을 하는 것이다"라는 연설을 했다. 이러한 선전은 새로운 세상을 원하는 민중의 소망에 호소하는 것으로서 봉기 내내 지속되었다. 남진군은 다복동을 출발해 자정 무렵에 가산을 무혈점령했다. 이때 참여 인원은 군사 지휘관인 기마인이 30~40명, 일반 군사력이 100~150명이었다. 봉기군은 가산 군수

정시가 항복하라는 권유를 따르지 않고 저항하자 그를 살해했다. 정시는 홍경래의 난에서 봉기군에 의해 피살된 유일한 수령이다. 반란군은 인근 수령들에게 격문을 발송해 봉기에 협력할 것을 권유한 뒤 저항하면 처형하겠다고 협박했다. 봉기군은 가담자가 300~500명으로 늘어나면서 20일 새벽에 박천을 점령했으나 영변과 안주 중 어느 곳을 먼저 공략할 것인가를 두고 내분이 일어났다. 그 과정에서 홍경래가 부상을 당해 21일에는 남진군이 다복동으로 돌아갔지만, 그러는 중에도 23일에는 태천을 점령했다.

한편 부원수 김사용이 지휘하는 북진군도 18일 저녁 활동을 개시했다. 선천 부사 김익순이 반란이 일어난다는 정보를 입수해 가담자를 잡아오게 했는데, 김사용은 잡혀가던 일당을 곽산과 선천의 중간 지점에서 구해낸 뒤 수백 명의 인원을 거느리고 곽산을 점령했다. 21일에는 내응자들의 영접을 받으며 정주에 입성했다. 24일 저녁에 점령한 선천을 거쳐 28일에 철산을 점령했는데 이때 군사력은 보군이 1200명, 기병이 80명에 이르렀다. 해가 바뀐 1월 3일에는 용천을 점령했다. 평안도 중심 도시 중 하나인 의주를 바로 코앞에 둔 것이다.

이러한 청북 지역의 반란은 다른 지역에도 큰 영향을 끼쳤다. 황해도 등지에서는 정부군의 군사 모집을 공개적으로 거부하는 일이 일어났으며 서울에서는 반란의 내응자가 활동하고 현직 관리들까지 가족을 피난시키는 큰 소동이 벌어졌다.

「해동지도」중 '평안도', 규장각한국학연구원.

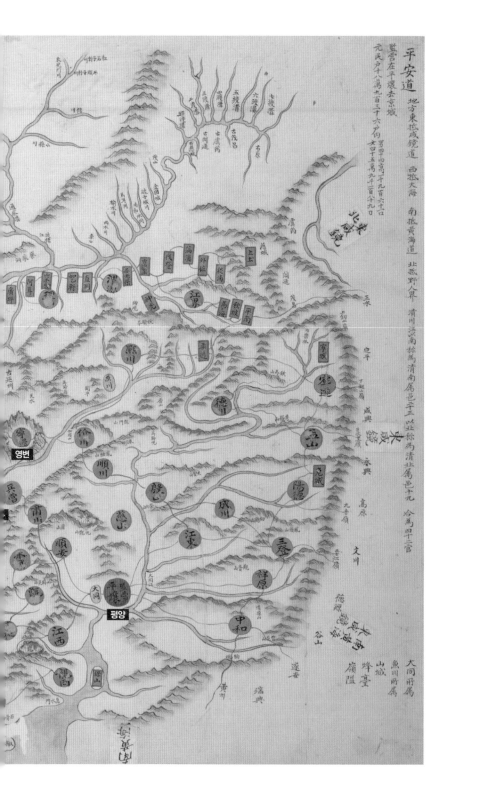

平安道 地方東抵咸鏡道 西抵大海 南抵黃海道

監營在平壤去京城

北抵野人界 清川江以南 俗稱為清南屬邑二十三 以北稱為清北屬邑十九 合為四十二官

元民戶十八萬九百三十六口 男四十四萬二十九百六十七口 女四十五萬九千二百九十口

大同府所屬
魚川所屬
山城
烽臺
嶺隘

영변

평양

봉기군과 관군의 대처
정주성 안 봉기군의 비참한 최후

서울에서는 12월 20일에 도달한 평안 병사 이해우의 장계를 통해 반란 소식을 처음 접했다. 중앙 정부는 24일 진압 사령부로 양서순무영兩西巡撫營을 설치하고 사령관인 순무사에 이요헌을 임명했다. 그동안 평안도 병영이 자리잡은 안주에서는 경계 태세가 강화되어 봉기군에게 틈을 주지 않았으며, 현지의 관군도 차차 정비되어갔다.

홍경래는 급한 상처를 치료한 뒤 다시 안주를 향해 진격했으며, 29일에 청천강을 사이에 두고 안주를 바라보는 송림에서 평안도의 관군과 봉기군이 격돌했다. 이 전투에서 봉기군은 관군을 중앙에서 돌파하는 무리한 전법을 쓴 데다, 평안 병사 이해우가 백상루에 올라 전세를 내려다보며 지휘함에 따라 패하고 말았다. 남진군은 읍성이 있는 정주로 퇴각하여 농성을 시작했다.

북진군은 용천에서 의주 공략을 준비하고 있었지만 남쪽에서 올라오는 관군과 대적하기 위해 이제초가 1000명의 병력을 이끌고 남하했다. 1812년(순조 12) 1월 10일 곽산 사송야에서 북진군은 관군에게 패했고, 부원수 김사용은 선천 동림성으로 퇴각한 뒤 13일에 군량을 나누어주면서 북진군을 해산했다. 그러나 북진군의 지휘부와 봉기군의 상당수가 정주성에 잠입하여 농성에 가세했다.

홍경래가 지휘하는 남진군 본대는 12월 29일 송림에서 패전한 그날 밤부터 정주성 농성을 시작했다. 총지휘자는 서장대에 자리

「백상루」, 『관서명구첩』, 종이에 엷은색, 41.7×59.3cm, 18세기, 개인. 100가지 경치를 볼 수 있는 곳이라 하여 백상루라 불린다. 평안 병사 이해우는 이곳에 올라 관군을 총지휘함으로써 승리했다.

잡은 홍경래였고 홍총각·우군칙 등과 그 후 합세한 부원수 김사용 등이 지휘부를 형성했다. 1812년 1월 2일 관군의 선발대가 도착해 정주성 포위가 시작되었다. 농성군과 관군 사이에 1월 16일 1차 전투가 벌어졌는데 그동안의 패전에도 불구하고 농성군은 진압군을 공격하는 데 매우 적극적이고 조직적으로 대응했다. 한편 홍경래는 여러 갈래로 공작활동을 벌였다. 그는 압록강 연안에 주둔하고 있는 호병胡兵이 봉기군을 구하러 올 것이라고 선전하면서 사람들을 파견하여 구원군을 안내해오게 했는데, 이는 봉기군의 사기를 북돋우고 관군을 교란하기 위한 전술이었다. 농성군과 관군은 2월 19일, 25일, 3월 8일, 20일, 22일 등 간헐적으로 전투

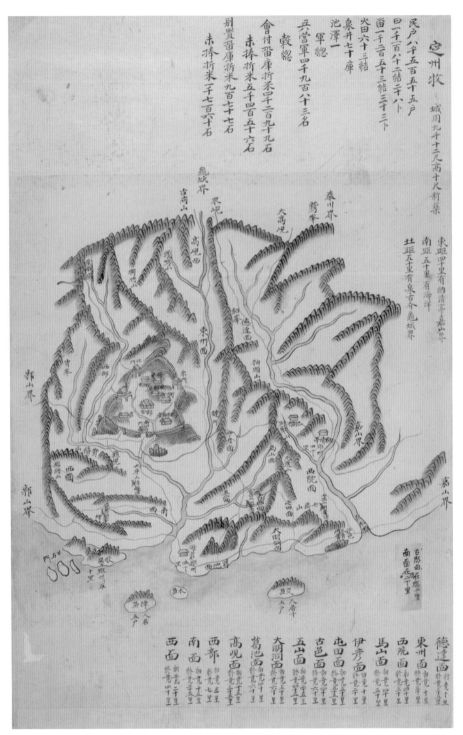

定州牧　城周九千三百三十二尺高十尺新築

民戶八千五百五十五戶
田二千一百八十二結二十八卜
畓一千二百五十三結三十三卜
火田六十三結
泉升七十庫
池澤一
軍總
兵營軍四千九百八十三名
穀總
會付留庫折米四千二百九十九石
未捧折米五千四百五十六石
別置留庫折米九百七十七石
未捧折米一千七百六十石

東距四十里有納淸亭嘉山界
南距五十里有海洋
北距五十里有泉古介龜城界

德達面　初竟十里
　　　　終竟十五里
東州面　初竟十里
　　　　終竟十里
西院面　初竟四里
　　　　終竟五十里
馬山面　初竟十里
　　　　終竟五十里
伊彥面　初竟十里
　　　　終竟四十里
屯田面　初竟五里
　　　　終竟十五里
古邑面　初竟五里
　　　　終竟十里
五山面　初竟五里
　　　　終竟二十里
大明洞面　初竟二十里
　　　　終竟四十里
鶯池面　初竟二十五里
　　　　終竟五十里
高峴面　初竟十五里
　　　　終竟二十五里
西部　初竟三里
　　　終竟七里
南面　初竟十里
　　　終竟二十五里
西面　初竟十里
　　　終竟三十里

「해동지도」중 '정주목', 규장각한국학연구원. 홍경래의 반란군은 정주성 안에서 농성을 벌였는데, 끝내 관군에게 포위되어 이곳에서 대부분 처형되었다.

를 계속했는데 때로는 관군이, 때로는 봉기군이 선제공격했으며, 홍경래가 직접 성 밖으로 나와 지휘한 적도 있었다.

정주성 안의 사정은 점점 악화되어갔다. 일사불란한 지휘 체계에는 흔들림이 없었으나 식량 고갈이 가장 큰 문제였다. 그러는 동안 관군은 정주성 밑으로 땅굴을 파고 인근 광산의 화약 기술자를 시켜 4월 19일에 성 일각을 무너뜨림으로써 그 안으로 진격해 들어갔다. 홍경래는 현장에서 전사하고 우군칙 등 여타 지도자들은 탈출을 시도했으나 관군에 대거 체포되었다. 정주성을 점령한 관군은 끝까지 성안에 남아 있던 성인 남자 1917명을 사흘에 걸쳐 모조리 처형했다.

평안도, 새로운 세력이 성장하다

조선 중기 이후 성리학을 익혀 중앙 정치와 향촌을 주도하던 세력을 사족士族이라 칭했는데, 평안도와 함경도에서는 그런 사족 세력이 성장하지 못했다. 한편 남쪽에 비해 확고한 지배층이 없었던 만큼 사회 분위기는 자유로웠지만 상층 지위를 얻기 위한 경쟁은 어느 지역보다 더 치열했다. 18세기에 전통적인 계층질서가 동요함에 따라 처음부터 약했던 유교적 질서는 더 크게 흔들려 하층민이 신분의 질곡으로부터 벗어날 길이 확대되고 체제로부터 일탈하는 인물이 출현할 여지도 점점 늘어났다. 원래 평안도의 농업 여건은 불리한 편이었지만 대신 상업이 크게 발달했다. 병자호란 이후 청을 정벌하겠다는 정책(북벌北伐)이 추진되고 실제로도

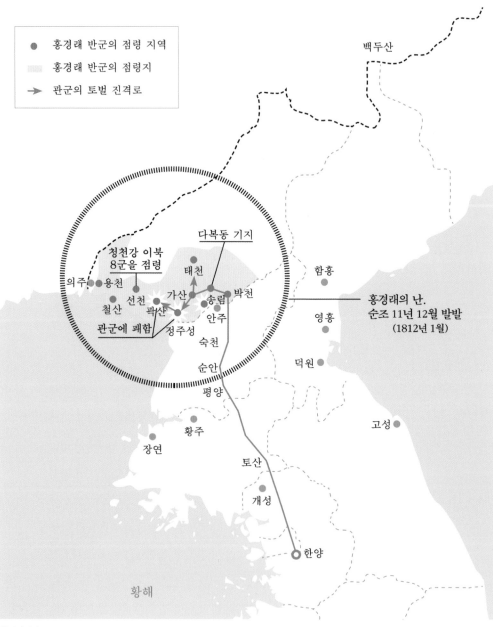

홍경래의 난.

청과 다시 전쟁을 벌여야 할지 모르는 상황 속에서 평안도에는 대규모 군비가 비축되었다. 패전국으로서 청의 사신을 접대하기 위한 비용(칙수勅需)도 큰 규모로 쌓였다. 하지만 청나라와의 외교관계가 안정되고 사신 왕래가 감소하자, 그러한 곡식과 돈은 상업자본으로 활용되었다. 청과의 교역이 확대되고 국내 상업이 발달하는 가운데 18세기 중엽에 이르면 평안도의 경제력은 서울을 제외하고 전국 최고 수준에 올랐다.

사족 세력이 발달하지 않은 서북, 즉 평안도와 함경도에 대해서는 대대로 지역 차별이 행해졌다. 그럼에도 평안도에서는 경제력을 바탕으로 지식인의 역량이 크게 증대되어 18세기 들어서는 점차 8도 가운데 가장 많은 문과 급제자를 배출하게 되었다. 하지만 평안도 인사들이 허락받은 것은 급제와 하급 관직이었을 뿐 6품직을 넘어선 주요 관직에 진출하기란 거의 불가능했다. 그러는 동안 이 지역에서는 하급 지식인과 무사층의 성장도 두드러졌다. 18세기 평안도에서는 일반민들 사이에 서당이 널리 보급되어 하층 지식인이 성장했으며 그들은 체제에서 이탈할 가능성이 높았다. 영변의 백령방이나 성천 신선굴 같은 곳은 반체제적 지식인이 활동하는 근거지로 주목받았다. 정부에서 경계하던 『관서비기關西祕記』 『관서요서關西妖書』 등의 책 이름에서도 확인되듯이 평안도에서는 반체제 이념이 자라나고 있었다. 한편 18세기 후반에 시행된 평안도의 무사 선발에 4만여 명이 응시하여 국왕의 감탄사를 자아내기도 했지만 그들이 장수로 입신할 수 있는 길은 여전히 닫혀 있었다. 결국 평안도의 하급 무사층에서는 조선 후기 국가 체제로의 진출을 포기하는 인물이 많아지고 불만 세력이 확산되었다.

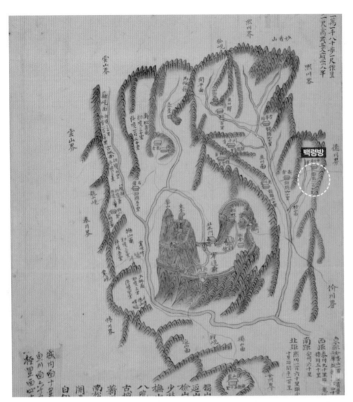

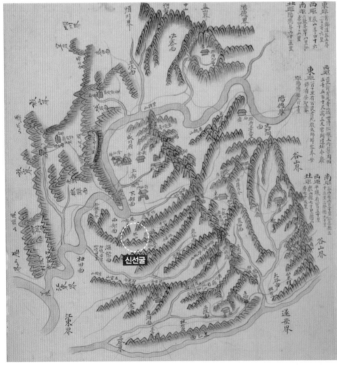

「해동지도」 중 '영변부'와 '성천부', 규장각한국
학연구원. 영변의 백령방이나 성천 신선굴은
반제제적 지식인들의 활동 근거지가 되었다.

저항 지식인들은 왜 난을 일으켰을까

홍경래의 난은 어떤 사람들이 주도했을까? 봉기군의 최고 지휘부는 단연 저항 지식인이 중심이었다. 저항 지식인이란 어느 정도의 학문 소양을 지니고 양반 문화를 따르고는 있었지만 정부 조직에 속하거나 지방 권력(향권鄕權)에 참여하지 못해 지배 체제에 저항하게 되는 인물들을 지칭한다. 매우 광범위한 개념이지만 홍경래의 난에서 확인되는 지식인은 '체제에 대한 저항' 외에 정치적·사회경제적 공통분모가 없었다. 경제력이나 사회적 지위가 매우다른 인물들이 하나로 뭉쳤던 것이다. 홍경래는 반란의 상징적 대표자일 뿐 실제 주도층은 성장하는 중간층이라고 설명되던 때도있었지만, 그는 준비 단계와 반란 전 기간에 걸쳐 명실상부한 최고 지도자였다. 홍경래 등이 봉기를 뒷받침한 핵심 이념은 '진인설眞人說'이었다. 진인은 일종의 초인을 가리키는 말로서 홍경래의 난주도층은 민의 고통을 구제할 정진인鄭眞人(정씨 진인)의 도래를 제시하고 그 권위를 빌려 왕조의 전복을 선언했다. 때로는 유교적 민본의식이 표출되고 지역 차별에 대한 저항도 나타났지만, 그 이념들은 상층 인물들 사이에서 부분적인 의미를 지녔을 뿐 민중을동원하는 힘은 정진인설이었다.

주로 군사 지휘관을 담당한 장사壯士는 경제적으로 매우 미약하고 정부 조직이나 향권에 참여한 흔적이 없으며 무술 능력을 바탕으로 봉기에 가담한 이들이었다. 당시 기록에 장사라고 일컬어진인물들이 중심이 된다. 반란의 한 기둥인 이들 장사층은 과거에는별로 주목받지 못한 계층이다. 예를 들어 양시위라는 인물은 한때

「홍경래진도洪景來陣圖」,
규장각 한국학연구원.
반란을 진압한 뒤 국왕에게 보고하
기 위해 제작한 것으로 추정된다. 그
림의 부대는 정주성을 포위하고 있
는 진압군이다.

부원수를 칭하기까지 했지만 중시되지 않았다. 다른 지역에서 모여든 인물이 많고 정부의 집중적인 관심을 받지 않아 자료가 많지 않았기 때문이다. 장사들은 경제력이 없어 말발굽 장사, 품팔이 선원, 농업노동자 등으로 생계를 이은 사실이 확인되며, 홍경래의 난을 주도한 어느 계층보다도 농민적 성격이 강했다. 이들로 인해 홍경래의 난은 기층민, 나아가 농민들의 저항이라는 성격을 더욱 짙게 띠게 되었다.

이 밖에 대상인과 토호 지배층, 아전과 장교가 중심이 되는 관속들도 홍경래의 난에 대거 참여했다. 상인들은 그 경제력으로 난의 기반을 조성하는 데 크게 기여했지만 실권으로부터는 대개 소외되었다. 토호·관속들은 기존 연구에서 경영형 부농층이나 요호부민饒戶富民 등 새롭게 성장하는 계층으로 조명되면서 반란의 본질을 보여주는 세력이라고 해석되기도 했다. 하지만 실상은 봉기와 항쟁의 주체가 아니고 내응 세력에 머물렀다. 봉기군 지도부로부터 군현을 통치하는 유진장留陣將에 임명되고 지휘를 받는 위치에 있었을 뿐, 대개는 정주성 농성에 참여하지 않았다.

농민층의 참여는 네 단계로 나아갔다. 봉기 전에는 임노동자 모집에 포함되었으며, 봉기 후에는 빈민들의 자발적인 참여가 이뤄졌다. 그 뒤 반란 세력의 행정력에 의해 동원되었으며 관군에 포위된 농성 중에 적극적인 항쟁 주체로 발전했다.

홍경래의 난이 낳은 저항의 주체들과
조선 민본주의의 붕괴

홍경래는 대개 몰락 양반이었다고 설명된다. 지금도 많은 개설서에 그렇게 소개되어 있다. 구체적인 근거는 19세기 말에 쓰인 「홍경래」라고 하는 한문 단편에서 그가 어려서부터 고전 공부를 했다거나 사마시에 응시했다고 서술한 것인데, 그 「홍경래」는 개인의 창작품으로서 현실과 맞지 않는 내용을 많이 포함하고 있다. 당시 정부에서는 홍경래를 평안도의 '소민小民'으로 파악했으며 현지인인 백경해가 남긴 자료에도 '상한常漢', 즉 평민이었다고 거듭 서술되었다. 반란의 명실상부 최고 지도자인 홍경래가 평민이었다는 사실은 중요한 의미를 지닌다. 홍경래의 난은 몰락하는 지배 세력의 저항이 아니라, 새로 성장하는 평민들이 주도한 반란이었던 것이다.

한편 광산 노동자들이 홍경래의 난에 대거 참여했다는 설명이 많았다. 반란의 배경에 조선 후기의 광공업 발전이 있었다는 것이다. 당시 조선 정부에서 중국에 보낸 외교 문서에도 광산 노동자의 반란으로 규정되어 있지만, 실제 광산 노동자들의 참여는 확인된 바가 없다. 광산의 화약 기술자들은 오히려 진압에 참여했던 것이다. 외교 문서에 적힌 내용은 반란을 특별한 무리의 일탈로 설명하려는 허위였을 것이다. 결국 홍경래의 난은 농민층이 중심이 되는 일반민들의 저항이라는 성격을 지닌다.

홍경래의 난은 중앙 정부의 평안도 지역 차별에 대한 저항이라고 설명되는 경우도 있다. 그러나 반란에서 지역 차별에 대한 저항

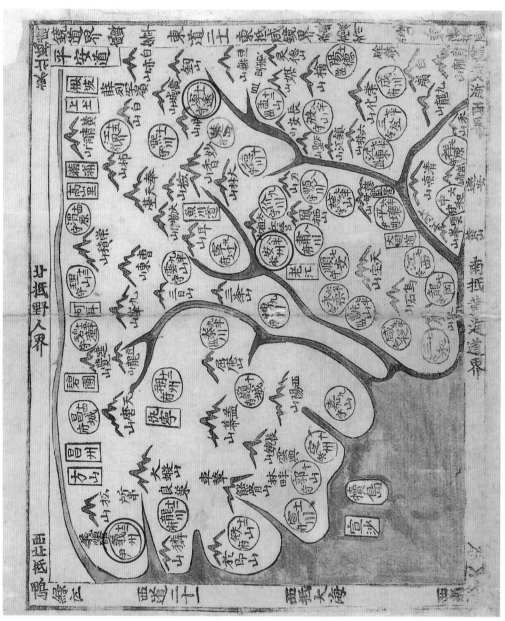

「평안도」, 목판본, 28.8×35.5cm, 18세기 중반, 규장각한국학연구원. 홍경래의 난을 일으킨 봉기군은 단기간에 평안도의 8개 군현이나 점령했지만, 요충지인 안주·영변·의주는 함락하지 못해 세력을 확장하는 데 한계가 있었다.

은 확인되지 않는다. 차별이 있었지만 그것은 상층민이 받았을 뿐 봉기의 주도 세력과 일반 농민은 정치적 차별을 받는 지위에 있지 않았던 것이다. 그렇더라도 장기적인 시각에서 보면 사족 지배층이 없어 자유로운 경쟁 속에서 신흥 계층의 순조로운 성장이 이뤄지고 저항 지식인과 장사층이 결집하는 등 지역 차별을 빚어낸 사회 상황 속에서 반란이 싹튼 것도 사실이다. 반란은 지역 차별 타파를 직접적인 목적으로 삼진 않았지만 하층민의 저항은 궁극적으로 지역 차별을 포함한 사회 구조의 변경을 지향할 수밖에 없었을 것이다.

반란군의 활동에만 주목하면서 당시 조선의 통치 체제가 완전히 붕괴된 것처럼 설명하는 경우도 있지만, 아직 체제가 붕괴하는 단계는 아니었다. 봉기군이 단기간에 8개 군현이나 점령한 것은 사실이지만 요충지인 안주·영변·의주는 어느 곳도 공략에 성공하지 못했다. 그곳의 지휘관들이 기민하고 효과적으로 대응했기 때문이다. 안주의 병영에서는 정보 장교를 봉기군 속으로 파견하는 등 활발한 활동을 펼쳤다. 조정에서는 "진압 비용의 3분의 1만 미리 썼더라면 반란은 일어나지 않았을 것입니다"라는 국왕을 향한 쓴소리가 나왔다. 반란을 진압한 뒤 여러 기관과 인물에 의해 반란에 대한 충실한 기록이 작성된 것도 그 시기 체제의 역량을 확인시켜준다. 하지만 체제가 내적으로 파열되어가는 조짐 또한 뚜렷했다. 송림 전투 이후 관군은 반란지역에 대해 유례없는 방화와 약탈, 살육을 자행했다. 농성을 깬 뒤 2000명에 달하는 인원을 처형한 것은 당시 기준으로도 묵과할 수 없는 참혹한 처사였다. 조선시대 민본주의 이념은 근본적으로 붕괴되어가고 있었던 것이다.

청나라 천리교의 난과의 비교

홍경래의 난은 이웃 나라의 난과 비교해봄으로써 그 성격이 더잘 파악될 것이다. 홍경래의 난은 서기 연도로 1812년에 일어났는데 그 이듬해에 청나라에서는 천리교天理敎의 난이 터졌다. 두 사건은 서구 세력의 침략을 받기 전 전통사회의 마지막 단계에서 발생했다는 사실, 조직화된 최고 지휘부, 통일된 계획, 군사력 동원에서도 공통점을 지닌다. 홍경래의 난의 최고 지휘부가 지방 권력에 관심을 두지 않고 중앙 정부의 전복을 꾀했던 것과 마찬가지로 천리교의 난은 황제를 죽이거나 만주로 쫓아낼 계획으로 북경 자금성을 공략했다. 천리교의 난이 청대 민중 반란을 대표하는 백련교의 난白蓮敎之亂(1796~1805)을 이어받은 것처럼 홍경래의 난은 1728년 무신란(이인좌의 난)의 하층민 참여와 동원 방식을 따랐다. 각기 청과 조선의 민중운동의 전통을 반영한 것이었다. 단일 사건으로 볼 때 양자는 전근대 조선과 청에서 일어난 최대 규모의 민중 반란으로 기록된다.

천리교의 난은 앞 시기에 일어난 백련교의 난과 마찬가지로, 인간을 진공가향眞空家鄉이라고 하는 이상향으로 이끄는 '무생노모無生老母'에게 의탁하는 이념을 표방했다. 현세의 급작스런 종말과 함께 '미륵정토'가 완성된다는 믿음 위에서 청 왕조를 부정하고 대체 권력을 세우려 했다. 반란의 준비 단계에 이미 3개 성 12개 도시에서 수천 명이 참여했다. 1813년 9월 6일 약 150명이 궁성에 침입하여 벌인 전투는 성과를 내지 못하고 실패했다. 하지만 하남성과 산동성 등지에서 관아를 공격해 100일 가까이 반란이 이어졌다. 마침내 12월 10일 마지막 근거지가 함락되면서 10만 명 이상이 가담하고 8만 명가량이 피살된 반란은 막을 내렸다.

사회적으로 낮은 계층에 속하거나 위세를 누리지 못한 세력이 최고 지휘부를 구성한 것은 공통된 점이지만, 천리교의 난은 지휘부의 사회 계층적 성격이 비교적 균질했던 데 비해 홍경래의 난 지휘부에는 반란지역의 모든 사회계층이 포괄되었다. 평민인 홍경래를 비롯해 장사층, 상층 지역민, 대상인, 향리·관속, 토호 가문의 인물들이 고루 참여했으면서도 계층 차이로 인한 내부 균열은 보이지 않는다.

종교적 이념과 그 기능에서는 큰 차이가 확인된다. 천리교의 난은 무생노모설, 종말론을 표방한 종교 반란으로서 광범위한 종교적 위계질서가 작동했고 천왕天王, 지왕地王, 인왕人王 등 종교적 직책과 상징이 다양하게 활용되었다. 반면 홍경래의 난은 종교적 성격이 강하지 않았다. 정진인이라는 가공의 초인을 내세웠지만 내세관이나 종말론 등은 구체적으로 거론된 바가 없었다. 신앙 결사 활동, 종교 의식, 주문 암송, 종교적 직함이나 상징도 일체 없었다.

반란 세력이 휘두른 폭력에는 더 큰 차이가 있다. 천리교의 난의 반란군은 더할 수 없이 폭력적이었다. 처음 점령지인 활현에 들어갔을 때부터 장관의 탈출은 막지 못했으나 아이, 여자 등 그 가족 37명과 하인 절반을 살해했다. 여타 관인도 대거 살해한 데다 매장을 금지하기까지 했다. 감옥이나 창고와 같은 국가 시설은 물론 민가까지 파괴했으며 주민을 살해하고 재산·건물을 징발했다. 산동에서 어떤 인물이 진압군을 동원하고자 했을 때는 그 마을의 전 주민 500명을 살해하기도 했다. 참여자들에게 폭력과 살인을 교사하고 그 결과에 따라 지위를 높여주었다. 종말론을 내세운 종교 지도자가 이끈 천리교의 난은 폭력이나 혼란 그 자체를 통해 새로운 세상(겁劫)의 도래를 확인하고자 했던 것이다. 최고 지도자인 이문성李文成은 5만 인원을 버려두고 최후 근거지를 탈출했으며 남아 있던 인원 3만5000명은 진압군에 의해 학살되었다.

그에 비하면 홍경래의 난의 봉기군은 현저히 비폭력적이었다. 8개 고을을 장악했으나 지방관 살해는 1인에 그쳤다. 공개적으로 홍경래를 공격한 지역 인사 백경한은 끈질기게 회유하고자 했고, 끝내 살해했지만 후하게 장사를 지내줬다. 농성 중에 반기를 든 이제신은 처형했으나 여타 참여자는 불문에 부치는 등 내부 반란에 대해서도 온건하게 처리했다. 반란군에 의한 약탈 행위는 문제되지 않았다. 중국에서 돌아온 무역상의 대규모 물화를 압류한 경우에도 지도부에서는 반환하기로 결정했다. 민간의 소를 크기에 따라 값을 정해 사들인 사례도 발견된다. 종말론이 없었으므로 승리 이상의 폭력은 의미가 없었고, 반란 지휘부에 사회적 역량을 지닌 모든 계층이 참여했으므로 배제할 사회 계층이 없었다. 저항 지식인과 장사층의 출신 기반이 농민이었던 만큼 그들은 농민에 대한 친화성이 높았다. 일반민의 동원은 임금 지급, 구휼, 행정 조직을 통해 이뤄졌다. 홍경래는 송림 전투에서 패하고 정주성으로 들어갈 때부터 농민을 이끌어 관군의 폭력을 피하게 했으며, 그를 비롯한 지휘부의 대다수 인물은 농성이 끝날 때까지 일반 참가자들과 함께했다. 또한 관인官印, 병부兵符, 전패殿牌 등 정부의 상징물과 관서 건물이 유지되었다. 이러한 현상은 반란의 혁명성이 부족했기 때문이라고 해석될 수도 있다. 하지만 천리교의 난이 혁명성은 매우 제한적이었는데도 극단적인 폭력으로 점철되었던 점을 고려하면, 홍경래의 난의 봉기군에서 확인되는 비폭력성은 혁명성 부족만으로는 설명할 수 없는 특징이다.

현실의 혁명성에는 한계가 있지만 홍경래의 난을 이끈 이념에서는 당대 지배층의 세계관을 벗어난 상당한 진전을 확인할 수 있다. 그들이 자신들을 구원해줄 원군으로 호병胡兵(오랑캐 군대)을 설정한 것은 큰 의미를 지닌다. 조선 후기 지배층을 이끌던 세계관은 화이론華夷論이었다. 중국 한漢족의 문명이 세계의 중심을 이루었고, 명이 멸망한 이후로는 조선이 소중화小中華로서 그 문명을 계승했다는 것이었다. 그것은 명에 대한 숭배였으며 그러한 화이론으로 탈피하는 것이 당시 사상계의 과제였다. 조선 왕조 내의 지배층에서는 화이론의 완전한 청산이 이뤄지지 않았다. 반란군의 격문에는 정진인 이야기 외에 명의 후예들이 중무장한 기병 10만을 이끌고 올 것이라는 주장이 있었다. 과거에는 이 구절을 바탕으로 반란군이 화이론의 틀 안에 갇혀 있었다고 설명되었다. 하지만 격문을 작성한 김창시는 진사시에 합격한 지식인으로서 체제에 가장 깊숙이 들어간 인물이었고, 격문에 나타난 화이관은 김창시 개인의 주장일 따름이었다. 반란의 현장에서는 명의 후예와는 정반대의 존재인 호병이 봉기군을 도우러 올 것이라는 선전과 소문이 압도적이었으며, 그것이 바로 봉기군으로 하여금 오랜 시간 농성을 유지케 한 힘이었다. 지배층의 전통적 이념인 화이론은 복잡한 논리가 아니라 반란의 현장에서 간단히 부정되었던 것이다.

　　　　　*　　*　　*

　　홍경래의 난은 평안도 사회의 특수성 속에서 준비되고 일어났
지만 그 사건의 배경, 경과, 결과는 결국 조선 후기 전체 사회의 성
격을 반영하는 것이었다. 조선 후기에는 하층민의 성장을 바탕으
로 소수의 주도자들이 권력을 장악하려는 무장 봉기인 변란變亂을
기획하고 일으켰다. 한편 농민들은 불법적 세금 징수 등 일상생활
에서 접하는 억압에 저항하여 민란民亂을 일으켰다. 홍경래의 난
은 19세기의 변란을 대표하는 봉기였다. 평민 출신 지식인이 토착
기반을 갖춘 최고 엘리트를 포함하여 그 지역의 모든 사회 계층을
지휘했다. 조선의 전통적 지배 세력인 사족이 없거나 미약하고 경
제 역량이 크게 확장된 평안도의 특수한 사정 속에서 반란의 중심
세력인 저항 지식인과 장사층이 성장하고 결집했지만, 장기적으
로 볼 때 그들의 성장은 조선 후기 사회에 나타난 일반적인 현상이
었다.

　　19세기 초반 홍경래의 난은 당시 조선의 통치 체제를 직접적으
로 위협하는 수준에 도달하진 못했으며, 평안도의 군사력은 중앙
군대가 현지에 도달하기 전에 진압 역량을 발휘했다. 그러나 조선
후기의 세계관과 지배 이념에는 상당한 변동이 있었다. 홍경래의
난 지도부는 오랑캐 군대인 호병을 원병으로 설정함으로써 화이
론이라는 지배층의 이념에 반기를 들었다. 한편 정부군이 반란지
역에 대해 자행한 약탈과 살육, 특히 진압 후에 2000명에 달하는
참여자를 한꺼번에 모두 처형한 것은 국왕의 덕치로부터 제외되
는 사람이 없도록 한다는 조선시대 민본주의 교화 이념의 폐기를

뜻한다.

여러모로 유사한 중국 천리교의 난과 비교한 데서 확인되듯이, 홍경래의 난은 종교적 성격이 상대적으로 약했다. 홍경래의 난 지도층은 저항 지식인과 장사층이 주도하는 가운데서도 사회의 전 계층이 참여했으며 주도층의 농민에 대한 친화성이 높아서, 강력한 사회 통합성과 비폭력성이 그 특징이 되었다. 이것은 한국 민중 운동 전체의 성격과도 강한 연관성을 지닐 것이다.

9장

제국의 함포,
조선의 위기

◉

프랑스와 미국의 조선 침공

윤대원

　강화도 길상면 초지진에 가면 덩그러니 복원된 성곽과 오랜 세월 초지진을 지켜온 소나무가 우뚝 서 있다. 소나무의 상단부와 성곽 곳곳에는 프랑스와 미국이 강화도를 침공했던 포탄 흔적이 선명하게 남아 있다. 이런 전란의 흔적은 강화도 곳곳에 스며 있다.

　강화도에 전란의 흔적이 많은 이유는 이곳이 전통적으로 '제2의 수도'로서 보장지지保障之地의 역할을 했기 때문이다. 1232년(고려 고종 19) 몽골이 두 번째 침략을 했을 때 고려 조정이 개경에서 이곳으로 천도한 것이나 1627년(인조 5) 후금이 침략한 정묘호란 때 인조가 40일간 피란을 갔던 것은 이 때문이다.

　또한 조선시대에 강화도는 서울의 해상 관문으로서 서울의 목줄과도 같은 군사·경제적 요충지였다. 전국에서 세금으로 거둬들인 곡식을 가득 실은 세곡선이나 상선이 서울로 가려면 강화해협을 지나야 했으며, 뱃길로 도성을 공격하려면 반드시 지나가야 했던 곳이기도 하다. 때문에 도성 방어를 위해 강화도의 국방도 중시되었다. 효종은 강화에 성을 축조하고 군량을 보충하는 일을 강조했고, 숙종은 강화 유수에게 진무사를 겸직케 하면서 강화산

『강화부지』 중 '심부내성도沁府內城圖', 1783, 규장각한국학연구원. '심부沁府'는 강화도를 일컫는다. 강화도는 '보장지지保障之地'로서의 역할을 했을 뿐 아니라 서울의 해상 관문으로서 군사·경제적 요충지였다.

성과 외성을 고쳐 짓게 했을 뿐 아니라 주요 군사 요충지에 5개의 진鎭과 7개의 보堡를 설치했다. 또한 진보와 진보 사이 53곳에 돈 대를 쌓아 해상으로 침입하는 적의 움직임을 관측하도록 했다.

1866년 조선을 침략한 프랑스 극동함대가 강화도 초지진을 향해 날린 포탄은 아직 중화 질서에 깨어나지 못했던 조선을 강타한 일대 충격이었다. 세상은 이미 크게 달라지고 있었다. 천하의 중심이라 여겼던 중국은 영국과 두 차례의 아편전쟁을 치르면서 서구 열강의 무력에 무릎 꿇고 문호를 개방했다. 그 무렵 일본 역시 미국의 포함외교砲艦外交에 굴복하고는 문호를 개방했다. 한번 문호가 열리자 프랑스, 독일, 러시아 등도 앞다투어 밀려오면서 동아시아는 식민지를 개척하려는 서구 열강들의 경쟁지로 변했다.

근대 문명과 월등한 무기를 앞세운 서구 열강의 침략이라는 거센 파도가 조선에 밀려오는 것도 시간문제였다. 그 파도는 서울의 해상 관문에 위치한 강화도로 밀려왔다. 또다시 전란의 격전지로 바뀐 강화도의 수난은 '서양의 충격'이 본격화되는 근대 여명기에도 예외일 수 없었다.

'천주교금압령'을 구실 삼아 침범하다
프랑스 함대의 제1차 조선 원정

프랑스가 강화도를 침공하기 직전 조선에서는 세도 정권이 무너지고 대원군 정권이 들어섰다. 대원군은 오랜 세도정치로 땅에 떨어진 왕권을 회복하고자 안으로는 과감한 내정 개혁을 단행하는 한편, 밖으로는 서구 열강의 통상 요구로 높아져가던 대외적 위기에 대응하여 나라의 문호를 꼭꼭 걸어 잠그는 쇄국정책을 강화했다.

이때 대원군이 가장 우려한 열강은 러시아였다. 1860년에 들어서면서 두만강을 두고 조선과 국경을 접하게 된 러시아는 경흥부를 통해 여러 차례 통상을 요구하며 조선을 위협해왔다. 조선 정부는 러시아의 통상 요구와 군사적 압박에 대해 우선 중앙 정부 차원에서 일체 불응하는 한편 이에 맞선 근본적인 대책으로 '제3의 서구 세력'과 연계하여 대응하고자 했다. 대원군이 생각한 '제3의 서구 세력'은 프랑스였고 이를 위해 천주교 조선교구장인 베르뇌 주교와의 접촉을 은밀히 시도했다. 그동안 조선 정부로부터 수차례 탄압을 받아왔던 천주교 측은 이것을 천주교 포교와 신앙의 자유를 획득할 기회로 여기고 대원군과 베르뇌 주교의 만남을 적극 추진했다. 이들이 구상한 대책은 '조·영·불 3국 동맹안'이었다.

그러나 대원군과 베르뇌 주교의 만남은 이뤄지지 않았다. 오히려 강한 역풍이 불어닥쳤다. 사실 천주교인과의 만남은 대원군에게 정치적으로 커다란 부담이었다. 만약 이 사실이 알려진다면 정적들의 반발과 정치적 공세로 자칫 정치적 위기를 맞을 수도 있었다. 그리하여 대원군은 천주교 측과의 교섭을 포기하고 오히려 천주교를 탄압함으로써 자신의 정치적 기반을 다지려 했다. 대원군은 1866년 2월 '천주교금압령'을 선포하고 베르뇌 주교를 비롯해 국내에 있던 12명의 프랑스 신부 가운데 9명을 체포하여 서소문 밖에서 처형하고 약 한 달 동안 수많은 천주교도를 처형하는 '병인박해'를 단행했다.

이때 체포를 면한 프랑스 신부 3명 가운데 1명인 리델 신부는 조선인 신자 11명과 함께 중국으로 탈출하는 데 성공했다. 7월 7일(음력 5. 5, 이하 괄호 표기는 음력) 중국 즈푸芝罘에 도착한 리델은 곧바로 톈진天津으로 달려가서 그곳 주재 프랑스 영사관과 프랑스 극동함대 사령관 로즈에게 대원군의 천주교도 박해 사실을 알렸다. 이 소식은 프랑스 본국과 베이징 주재 프랑스 대리공사 벨로네에게 즉각 보고되었다.

소식을 접한 로즈 사령관은 이 사건을 조선을 침략할 절호의 기회로 판단했고 7월 13일(6. 2) 대리공사 벨로네는 청국의 총리아문 수석대신에게 서한을 보내 외교적 압력을 가했다.

리델 주교, 한국교회사연구소.

조선의 소왕국에서 저지른 무시무시한 폭행을 전하에게 공식적으로 알려드림을 유감스럽게 생각합니다. (…) 프랑스 황제는 이렇게 잔인한 폭행이 처벌되지 않는 것을 허락하지 않을 것입니다. 조선 국왕이 우리 프랑스인을 체포한 날은 그 치세의 종말을 고하는 날이었습니다. 그 자신이 그날을 스스로 선언한 것이며, 오늘 본인도 그것을 엄숙하게 선언하는 바입니다. 며칠 안에 우리 군대가 조선을 정복하기 위해 진군할 것이고 이제 우리 황제 폐하만이 이 나라의 장래와 공석이 될 왕위를 규정할 권한을 갖게 될 것입니다.

이 오만불손한 서한은 한마디로 조선에 대한 프랑스의 선전포고나 다름없었다. 이 일이 있은 뒤 극동함대 사령관 로즈의 주도 아래 조선 원정이 단행되었다. 그 명분은 자기 나라 국민인 프랑스 신부를 살해한 데 대한 보복 공격이었다.

로즈 사령관은 조선 침공을 위한 준비 단계로서 조선 해안과 한강을 탐색하는 제1차 조선 원정을 실시했다. 기함 프리모게호 등 군함 3척으로 조선 원정대를 편성하고, 리델 신부를 통역자로, 최선일·최인서·심순녀 등 조선인 천주교도 3인을 안내자로 삼아 9월 18일(8. 10) 즈푸를 출발했다. 로즈 사령관이 지휘하는 3척의 군함은 9월 22일(8. 14) 강화도 부근 해역에 도착해 10월 1일(8. 23) 작약도를 떠나 즈푸로 돌아갈 때까지 조선 해안은 물론 한강을 거슬러 올라와 양화진을 거쳐 서강 어귀까지 탐색했다. 9월 26일(8. 18) 한때 한강의 염창항 부근에서 프랑스군과 조선군 사이에 첫 전투가 벌어졌지만 조선군의 낡은 화포와 총통은 프랑스군의 근대식 함포에 상대가 되지 않았다.

제1차 원정의 목적을 이룬 로즈 사령관은 곧바로 조선 침공을 위한 본격적인 출정을 준비했다. 그는 자신이 지휘하는 함선과 병력만으로 서울을 직접 점령하는 것이 쉽지 않을 거라 판단했다. 대신 서울의 해상 관문인 강화도를 신속히 점령하여 한강을 봉쇄하면 조선 정부가 심리적 공포와 경제적 타격을 입고 쉽게 굴복하리라고 판단했다.

"한강을 봉쇄하라"
프랑스 극동함대의 제2차 원정

로즈 사령관은 조선 원정에 앞서 10월 5일(8. 27) 한강 봉쇄를 선언했다. 이 원정에는 프랑스 극동함대의 전 함정과 병력 그리고 일본 요코하마橫濱에 주둔하고 있던 병력까지 총 7척의 함정 및 1460명의 대규모 병력을 동원했다. 로즈 사령관은 제1차 원정 때와 마찬가지로 통역 및 수로 안내인으로 리델 신부와 조선인 천주교도 3명을 데리고 10월 11일(9. 3) 즈푸를 출발, 조선 원정길에 올랐다.

프랑스 함대는 즈푸를 출발한 지 이틀 만인 10월 7일(8. 29) 전진 기지인 영종도 앞 물치도에 다다랐다. 이틀날 곧바로 강화와 서울을 잇는 도선장인 갑곶진을 점령하고 이어 강화부성을 점령했다. 같은 날 프랑스군 일부는 강화해협 건너편 통진부를 기습적으로 습격했다. 속전속결로 강화도를 점령한 프랑스군은 이후 군사행동을 중단한 채 조선 정부의 대응을 주시하며 사태 추이를 관망했다.

조선 정부는 부랴부랴 강화 지역 방위를 위한 총사령부로 기보연해순무영畿輔沿海巡撫營을 설치했다. 순무사에 이경하, 순무중군에 이용희, 순무천총에 양헌수를 임명하여 강화 출동을 명령하는 한편, 도성 방어를 강화하고 의용군 모집 및 승군, 포군 동원령을 내렸다.

10월 18일(9. 10) 통진군에 주둔지를 마련한 양헌수 부대는 프랑스 선교사의 불법 행위와 프랑스군의 야만적 침략 행위를 규탄하고 교전에 앞서 회담을 갖자고 프랑스군에 제안했다. 이에 로즈

EXPÉDITION
DE
CORÉE

Kang-Hoa, (Corée), le
22 octobre 1866.

AU DIRECTEUR

« Sachant que l'*Illustration* tient à ce que ses lecteurs soient au courant de tous les faits intéressants qui peuvent se produire, même à l'autre bout du monde, je n'hésite pas à vous envoyer cette lettre d'un pays plus éloigné de France

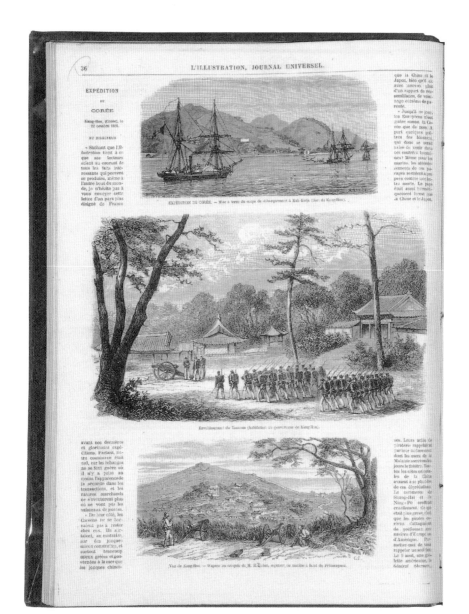

EXPÉDITION DE CORÉE. — Mise à terre du corps de débarquement à Kah-Kotjé (fort de Kang-Hoa).

Enveloppement du Yamoun (habitation du gouverneur de Kang-Hoa).

Vue de Kang-Hoa. — D'après un croquis de M. H. Zuber, aspirant de marine à bord du *Primauguet*.

avant nos dernières et glorieuses expéditions. Partant, notre commerce était nul, car les échanges ne se font guère où il n'y a point au moins l'apparence de la sécurité dans les transactions, et les navires marchands ne s'aventurent plus où ne vont pas les vaisseaux de guerre.

« De leur côté, les Coréens ne se bornaient pas à rester chez eux. Ils naviguaient, au contraire, sur des jonques mieux construites, et surtout beaucoup mieux gréées et gouvernées à la mer que les jonques chinoi-

que la Chine et le Japon, bien qu'il ait avec ceux-ci plus d'un rapport de ressemblance, de voisinage même de parente.

« Jusqu'à ce jour, les Européens n'ont guère connu la Corée que de nom. A part quelques prêtres de Missions, qui donc se serait avisé de venir trouver ces contrées lointaines? Même pour les marins, les atterrissements de ces parages restaient presque comme lettre morte. Le pays était aussi hermétiquement fermé au commerce que la Chine et le Japon.

ses. Leurs actes de piraterie rappelaient par leur nombre ceux dont les mers de la Malaisie sont toujours le théâtre. Toutes les côtes orientales de la Chine avaient à se plaindre de ces déprédations. Le commerce de Shang-Hai et de Ning-Po souffrait cruellement, et, ce qui était plus grave, est que les pirates préféraient s'attaquer de préférence aux navires d'Europe ou d'Amérique. Permettez-moi de vous rappeler un seul fait. Le 9 août, une goëlette américaine, le *Général Sherman*,

위쪽 그림은 갑곶진을 공격, 상륙하는 프랑스군의 모습이며, 가운데 그림은 외규장각으로 추정되는 강화부에서 야포를 앞세워 행군하고 있는 프랑스군을 해군 쥐베르가 그린 것이다.

사령관은 프랑스 선교사 학살에 대한 책임을 물어 삼정승을 엄벌하고, 전권대신을 파견하여 수호조약을 체결하고 만약 이 요구가 관철되지 않으면 매우 불행한 사태가 일어날 것이라고 위협하여 결국 회담은 무산되었다. 이에 따라 양헌수는 프랑스군이 다시 침략할 곳으로 예상되는 지역에 방어를 강화하는 한편 강화도 수복을 위해 광성보 맞은편 덕포항에 민간의 작은 배 5척을 숨겨두었다.

10월 26일(9. 18)에는 문수산성에서 조선군과 프랑스군 사이에 치열한 총격전이 벌어졌다. 이틀 전 순무초관 한성근이 병사 50여 명을 이끌고 은밀히 문수산성에 들어가 매복했는데 천주교도들이 이 사실을 갑곶진의 프랑스군에게 알렸다. 이날 이른 아침 프랑스군 정찰대 70여 명이 문수산성을 공격해왔다. 매복해 있던 조선군은 문수산성을 향해 상륙을 시도하던 프랑스군을 선제공격, 3명을 사살하고 2명에게 부상을 입혔다. 한동안 조선군과 프랑스군 사이에 치열한 총격전이 이어졌다. 그러나 무기와 병력 면에서 열세였던 조선군은 통진 방면으로 물러났고 프랑스군은 문수산성을 일시 점령했다. 이 전투는 조선군을 얕잡아본 프랑스군 5명이 사상당함으로써 프랑스군의 사기를 크게 떨어뜨리고 이후 조선군이 전세를 역전시키는 중요한 계기가 되었다.

한편 강화도 수복에 골몰하던 양헌수는 지세가 험준한 정족산성을 먼저 점거하면 적을 쉽게 제압할 수 있으리라 판단하고 11월 7일(9. 30) 밤 덕포항에 숨겨둔 5척의 배를 이용해 약 500여 명의 병력을 3진으로 나눠 은밀히 강화해협을 건너 정족산성에 매복시켰다. 그는 프랑스군의 집중 공격이 예상되는 정족산성 남문과 동문 쪽에 주력 부대를 배치하고는 프랑스군을 기다렸다.

조선군이 정족산성에 들어갔다는 정보는 조선인 천주교도를 통해 리델 신부에게 전해졌다. 리델 신부는 이 사실을 곧바로 로즈 사령관에게 보고했다. 로즈 사령관은 육전대장 올리비에 대령에게 150명의 병력으로 공격을 명령했다. 11월 9일(10. 3) 아침 7시 프랑스군은 리델 신부의 안내를 받으며 정족산성으로 향했다. 정족산성에 도착한 프랑스군은 양헌수의 예상대로 부대를 2대로 나눠 남문과 동문으로 공격해왔다.

숨을 죽이며 매복해 있던 조선군은 프랑스군이 사정거리에 들어오자 일제히 사격을 가했다. 비록 무기 면에서는 열세였지만 프랑스군을 빤히 내려다보며 사격할 수 있는 지형상의 이점을 활용한 조선군은 우세한 공격을 펼쳤다. 벼락같은 조선군의 공격을 받고 당황한 프랑스군은 사상자가 속출하자 오후 3시 무렵 퇴각하기 시작해 오후 6시 갑곶진 야영지로 물러났다.

순무천총 양헌수가 정족산성에서 프랑스군을 물리친 공을 기리기 위해 강화 군민들이 1873년(고종 10)에 세운 것으로 정족산성 동문 가까이 있다. 비의 앞면에는 '순무천총양공헌수승전비巡撫千摠梁公憲洙勝戰碑'라고 음각되어 있고, 뒷면에는 그 공적이 새겨져 있다.

순무천총 양헌수가 지휘하여 승리한 정족산성 전투는 프랑스군이 아무런 성과 없이 강화도에서 물러나게 하는 결정적인 계기가 되었다. 정족산성에서 크게 패배한 프랑스군은 11월 11일(10. 5) 강화도를 점령한 지 29일 만에 갑곶진에서 철수했다. 이때 프랑스군은 강화부의 모든 관아와 시

강화도에 위치한 외규장각의 모습. 프랑스 군롤함대는 2차 조선 원정 때 강화 외규장각에 보관되어 있던 수많은 도서를 약탈해갔다.

설을 불사르고 강화유수부에서 보관 중이던 은궤는 물론 외규장 각에 소장된 수많은 도서를 약탈해갔다. 이때의 광경은 1866년 12월 리델 신부가 자신의 형에게 보낸 편지에 잘 나타나 있다.

> 훌륭한 서고도 있었습니다. 책들은 모두 지질이 좋았고 보존 상태가 양호한 데다 모두 제목을 잘 써 붙였습니다. 책 대부분은 부피가 컸으 며 진홍색 또는 초록색 비단으로 표지를 만들고 구리판을 대어 제본 한 것들이었습니다. 임금의 나들이를 그린 행차 그림, 왕실 혼례 그림, 임금의 장례 행차 그림 등이 있었습니다. 이 서고에는 2000~3000권 의 장서가 있었습니다. (…) 강화읍에 있던 병사들은 불에 탈 수 있는 것은 불을 지르고 야영지로 돌아왔습니다.

서울의 해상 관문인 강화도를 점령하고 한강을 봉쇄함으로써 조선 정부를 굴복시킬 수 있을 거라 생각한 로즈 사령관의 판단은 빗나갔다. 로즈 사령관은 리델 신부의 말만 듣고 조선군을 지나치 게 과소평가했던 것이다. 그의 예상과 달리 조선 군민이 완강히 저 항하면서 시간이 지날수록 프랑스군은 점차 포위되는 형세가 되 었다. 또한 이미 계절적으로 겨울철이 다가왔기에 강화해협과 한 강이 얼어붙는다면 함대활동이 결정적인 제약을 받을 수 있었다. 결국 프랑스군은 11월 18일(10. 12) 한강봉쇄령을 해제하고 조선 해안에서 완전히 철수했다.

제너럴셔면호 사건,
미국의 조선 침공의 빌미가 되다

프랑스 극동함대의 제1차 원정이 있기 직전인 1866년 9월 2일
(7. 24), 대동강에서 제너럴셔면호라는 무장상선이 불에 타 침몰했
다. 이 사건은 5년 뒤인 1871년 미국의 아시아함대가 강화도를 침
공하는 직접적인 계기가 되었다.

제너럴셔면호는 미국인 W. B. 프레스턴의 선박으로, 영국의 메
도즈 상사에서 위탁 운영하고 있었다. 당시 셔면호에는 선주 프레
스턴, 선장 페이지, 항해사 윌슨 등 3명의 미국인과 개신교 목사로
서 통역을 담당했던 토머스 및 화물 관리인 호가스 등 영국인 2명
이 있었으며, 나머지 20~24명의 선원은 모두 중국인이거나 말레
이시아인이었다. 이 배는 무역선을 자처했지만 대포 2문이 장착되
어 있었고 선원들도 모두 조총을 휴대했다.

8월 15일(7. 6) 평안도 용강현 앞바다에 출현한 셔면호는 이후
평양을 향해 대동강을 거침없이 거슬러 올라왔다. 이에 황주 목사
등 조선 관리들이 셔면호를 찾아가 국법상 통상을 금지하니 더 이
상 접근하지 말라고 경고했다. 평화적 해결을 바란 조선 관리들은
인도적 차원에서 쌀과 고기 등을 지원했다. 그러나 이러한 경고와
지원에도 불구하고 셔면호는 대동강 상류로 항해를 계속했고 심
지어 평양 감영 중군 이현익을 붙잡아 강제 억류하기도 했다. 이
일로 한때 강변의 평양 주민 및 군인과 셔면호 사이에 무력 충돌이
일어나기도 했다.

그런데 상류로 올라오던 셔면호는 8월 29일(7. 20) 여름 폭우로

높아졌던 대동강의 수위가 평소 수위로 되돌아오면서 좌초하고 말았다. 즉 셔먼호 같은 큰 배는 낮은 수위의 강물에서 더 이상 움직일 수 없었던 것이다. 8월 31일(7. 22) 초조해진 셔먼호에서 대동강을 지나가는 상선을 약탈하고 강변을 향해 대포와 총을 마구 쏘아 평양 군민 7명이 죽고 5명이 부상당하는 사태가 발생했다. 일이 이 지경에 이르자 평안도 관찰사 박규수도 평화적 해결을 포기하고 마침내 셔먼호에 대한 공격을 결정했다. 평양의 군관민이 합심하여 목선에 불을 붙여 공격하는 화공을 벌였고 사흘에 걸친 공격 끝에 9월 2일 셔먼호를 불태워 침몰시켰다.

셔먼호 사건이 미국 등 서방에 알려진 것은 1866년 프랑스 극동함대가 제1차 조선 원정을 마치고 귀환했을 때였다. 원정 당시 조선인 천주교도에게서 이 사실을 들은 리델 신부가 메도즈 상사에 알리면서 서방세계에도 전해졌던 것이다.

셔먼호 소식을 들은 미국 공사는 즉시 청국 총리아문을 찾아가이 문제를 해결하는 데 청국 정부가 중재하고 자신들의 항의 각서를 조선 정부에 전달해달라고 두 차례나 요구했다. 청국 정부는이 일에 간여할 수 없다며 미국 측의 요구를 거절했다. 이에 따라미국은 우선 조선에 군함을 보내 셔먼호 사건의 진상 파악을 위한탐문 조사를 하기로 결정했다.

탐문 조사는 미국 아시아함대 소속의 와추세트호의 함장 슈펠트가 주도했다. 그의 임무는 셔먼호 사건의 진상을 조사해 생존 선원을 인수하고 거문도로 내려가 해군 기지를 물색하는 것이었다. 슈펠트는 1867년 1월 22일(1866. 12. 17) 즈푸를 출발해 29일(12. 24)까지 일주일간 셔먼호 진상을 탐문했지만 별다른 성과를 거두지 못했다. 그가 내린 결론은 '셔먼호 스스로 초래한' 참극이라는 것이었다. 그는 '셔먼호 사건은 셔먼호가 조선 정부의 금지를 무시한 채 금수품禁輸品을 싣고 평양까지 항해를 강행하다가 빚어진 참극'이라고 결론지었다. 하지만 슈펠트는 셔먼호 같은 사건이 다시 일어나지 않으려면 조선의 쇄국정책을 용인해서는 안 된다고 강조했다.

그런데 '셔먼호 생존 선원인 서양인 2명과 중국인 2명을 평양 관아에서 목격했다'는 소문이 돌면서 1년 뒤 셰넌도어호의 함장 존 페비거가 2차 탐문 조사에 나섰다. 페비거는 1868년 4월 7일 (3. 15) 즈푸를 떠나 황해도와 평안도 접경지역을 오가며 40여 일 동안 탐문 조사를 실시했다. 페비거의 탐문 결론은 슈펠트와는 정반대였다. 그는 생존 선원이 없는 것은 사실로 보이지만 교역이 목적이었던 셔먼호는 먼저 도발하지 않았고, 조선 관리를 납치·억류한 것은 신변 보호를 위한 것인데 이 때문에 조선군의 공격을 받았다는 것이었다. 한마디로 페비거는 먼저 도발하지 않은 셔먼호의 일방적 희생임을 강조했던 것이다.

미국의 아시아함대, 강화도를 침공하다

셔먼호 사건이 있은 지 5년이 지난 1871년 미국은 슈펠트와 페비거의 탐문 결과를 토대로 조선 침공을 결정했다. 그 목적은 조선과 조난 선원 구휼협정을 체결하되 가능한 한 통상조약을 체결한다는 것이었다. 그리고 그 교섭은 주청 미국공사 프레더릭 로가

1871년 4월 14일 남양 앞바다에 모습을 드러낸 아시아함대 사령관 로저스 제독의 기함 콜로라도호(위)와 로저스 휘하의 전함 모나카시호.

담당하고 아시아함대 로저스 사령관은 함대를 이끌고 로 공사를 호위하도록 했다. 1871년 4월 말 조선 침공을 위해 일본의 나가사키長崎에 로저스 사령관의 기함 콜로라도호를 비롯한 군함 5척, 수·해병 1230명, 함포 85문을 적재한 대규모 부대가 동원되었다. 아시아함대는 보름 동안 이곳에서 기동 훈련을 한 뒤 5월 16일(3. 27) 조선을 향해 출발했다.

5월 19일(4. 1) 조선 해역에 진입한 미국 함대는 부근 해로를 탐사하면서 북상하다가 5월 30일(4. 12) 인천 부근의 작약도와 호도 사이에 정박했다. 조선 정부는 즉시 관리를 파견하여 대화를 시도했다. 미국 측은 파견된 조선 관리의 품계가 낮고 협상 전권을 위임받지 않았다는 이유로 대화 자체를 거부했다. 대신 미국 측은 협상 전권을 가진 고위 관리의 파견, 미국 소함정의 수로 탐색에 대한 조선 측의 적대 행위 금지 등을 요구했다.

그러던 중 6월 1일(4. 14) 미국 함대와 조선군 사이에 첫 무력 충돌이 일어났다. 이날 미국 측은 모노카시호 등 2척의 군함과 4척의 소형 기정으로 탐사대를 편성하여 강화해협 탐측에 나섰다. 손돌목 어귀의 광성보에 지휘소를 설치하고 미국 함대의 움직임을 주시하던 조선군은, 미국 탐사대가 손돌목을 통과하자 광성보와 맞은편 덕포진 포대에서 일제히 대포를 발사했다. 미국 함정에서도 즉각 광성보를 향해 함포로 응사한 뒤 정박지로 물러났다. 1차 포격전의 결과 조선군은 무기의 열세로 미국 탐사대에 아무런 피해를 주지 못한 반면 조선은 덕포진의 포군 1명이 전사하고 진지가 무력화되는 큰 피해를 입었다.

손돌목 포격이 있은 뒤 미군과 조선 정부 사이에 이번 포격의 책

초지진을 향해 상륙을 감행하는 미군.

임 문제를 두고 외교적 공방이 오가는 가운데 미국 측은 강화도 상륙 작전을 준비했다. 여기에는 포함 모나카시호와 팔로스호 두 척이 지원 포격을 하고 소형 전함 4척과 상륙용 소형 단정 20척을 이용하여 수·해병 651명을 투입하며 상륙군 지원을 위해 곡사포 4문을 준비했다.

드디어 미군은 6월 10일(4. 23) 오전 10시 30분경 포함 모나카시호를 선두로 작약도를 떠나 강화해협을 향했다. 오후 1시 45분경 초지진 점령을 위한 미군의 공격이 시작됐다. 초지진 남쪽 진남포대의 대포에서 일제히 불을 뿜자 미군 주력함에서도 초지진 포대와 돈대를 향해 무차별 포격을 가했다. 그 결과는 너무나 비참했다. 미군은 피해를 입지 않은 반면 조선군은 진지 중심지까지 초토화되었다. 초지진의 조선군은 힘 한번 써보지 못하고 많은 사상자를 낸 채 후방으로 물러나야 했다. 이튿날 미군은 덕진진에 무혈입성했다. 이날 새벽 미군의 맹렬한 함포 공격에 덕진진 수비군도 제대로 대응 한번 못 한 채 퇴각해야 했다.

이제 미군을 막아낼 수 있는 최후의 보루는 광성보뿐이었다. 이곳은 손돌목돈대와 강화해협 깊숙이 길쭉하게 뻗어나간 용두돈대, 광성돈대 등 3개의 돈대가 정립해 있는 요새였다. 진무중군 어재연은 이곳에 지휘 본부를 설치하고 1000여 명의 군사와 각종 대포 143문을 3개 돈대에 배치한 뒤 대장기인 대형 '수자기帥字旗'를 높이 세워 결사항전을 준비하고 있었다.

덕진진에 무혈입성한 미군은 바다와 육지 양면에서 광성보를 공격해왔다. 육상에서는 곡사포 4문이, 바다에서는 수많은 함포가 1시간여 동안 광성보를 향해 집중적으로 불을 뿜었다. 조선군도 소총과 대포로 응사했지만 아무 소용이 없었다. 곧이어 미군의 포격이 멈추고 상륙 부대가 광성보를 향해 일제히 돌격해왔다. 어재연과 그 휘하 조선군은 광성보의 서·남·북 3면에서 돌격해오는 적군에 맞서 약 20분간 결사항전을 벌였지만 중과부적이었다.

당시 미군 상륙 부대 대장이었던 킴벌리 중령의 부관 W. C. 슐레이는 "조선군은 전근대적인 노후한 병기를 가지고 미군의 현대적 총포에 대항하여 용감하게 싸웠다. 조선군은 결사적으로 용감하게 싸우면서 아무런 두려움 없이 그들의 진지를 사수하다가 죽었다. 민족과 국가를 위해 이보다 더 장렬하게 싸운 국민을 다시 찾아볼 수 없을 것이다"라고 하며 광성보 전투의 치열함과 조선군

덕진진에 무혈입성한 미군이 덕진돈대 위에 도열해 있다(위).
광성보 전투 후 전리품으로 미군 함정에 옮겨진 어재연의 수자기.

의 숭고한 희생을 증언했다.

진무중군 어재연과 백의종군한 그의 아우 어재순을 비롯해 조선군 350여 명은 광성보 전투에서 장렬한 최후를 마쳤다. 반면 미군은 3명의 전사자와 10여 명의 부상자를 내는 데 그쳤다. 광성보를 점령한 미군은 일대 성곽 등을 파괴하고 노획물과 포로들을 싣고는 이튿날 강화해협에서 철수했다. 작약도 앞바다로 철수한 미군은 조선과 협상을 시도했지만 아무런 대응이 없자 6월 13일(4. 26) 포로를 조건 없이 석방하고 7월 3일(5. 16) 작약도 앞바다를 떠나 즈푸로 돌아갔다. 이때 미군은 '조선의 강경한 쇄국정책이 군사력을 동원한 서구 열강의 강요로 결국 협상하게 될 것'이라는 경고장을 남겼다.

미군의 조선 원정은 월등한 군사력을 앞세워 조선을 굴복시킴으로써 통상조약을 체결하고 문호를 개방하려는 전통적인 포함외교였다. 그러나 조선 정부가 쇄국정책을 강화하며 완강히 저항함에 따라 미국 아시아함대는 별 소득을 얻지 못한 채 퇴각할 수밖에 없었던 것이다.

한반도에서의 패권 다툼과 조선의 '과거 회귀'

프랑스는 1866년 2월 대원군이 단행한 '천주교금압령'을 구실로, 미국은 1871년 5년 전에 있었던 셔먼호 사건을 빌미삼아 조선을 침공했다. 과연 이것이 전부였을까?

프랑스는 1866년 원정 이전인 1846년과 1847년에도 군함을 파견해 두 차례 무력시위를 벌인 적이 있다. 이유는 역시 '프랑스 신부 처형과 천주교도 박해'였다. 그런데 이때는 무력시위를 통한 외교적 절충을 꾀한 데 반해 1866년에는 직접 군사적 공격을 감행했다. 두 번 다 같은 이유이면서 항의 방법은 달랐는데, 그 까닭은 그 사이 프랑스의 대외정책이 달라졌기 때문이다.

1852년 프랑스 제2제정을 수립한 나폴레옹 3세는 국익 선양과 국민 회유를 목적으로 동방에 대한 침략적 식민 정책을 강화했다. 그 일환으로 프랑스는 1856년 인도차이나 기지 사령관 게랭에게 조선을 식민지화하기 위한 정보 수집을 명령했다. 그해 7월 16일부터 약 2개월간 조선 해안 전역을 탐측한 게랭은 "현재 조선은 아주 허약하고 종주국인 청국도 조선을 보호할 수 없는 상태이므로 유럽의 강국들이 마음만 먹으면 쉽게 점령될 것이다. 러시아는 이런 허점의 기회를 이용하여 조선을 점령하려 하고 있다. (…) 러시아의 점령을 막는 길은 프랑스가 선수를 치는 데 있다"며 탐측 결과를 프랑스 정부에 보고했다.

게랭의 보고에서 알 수 있듯이 프랑스 극동함대의 조선 원정은 러시아에 앞서 조선을 먼저 식민지화하려는 제국주의 침략에 목적이 있었다. '프랑스 신부 살해와 천주교도 박해'란 침략을 위한 구실에 지나지 않았던 것이다.

이는 미국도 마찬가지였다. 후발자본주의 국가였던 미국은 1869년 아시아 정책의 기본 노선을 '통상무역 팽창주의 정책'으로 설정했다. 당시 영국 다음으로 최대 면방직 생산국이 된 미국에게 중국 등지는 개척해야 할 새로운 시장으로 떠올랐다. 이를 위해서는 미국 서해안과 중국을 잇는 무역 항로 및 무역 선박에 연료와 식량을 공급할 중간 기지가 필요했다. 또한 미국 포경선의 태평양 진출도 문제였다. 조선의 동해까지 진출한 미국 포경선이 표류하는 일이 곧잘 있어 포경선 및 선원의 안전 확보가 시급했다. 1871년 미국이 조선을 침공하면서 조난 선원 구휼협정 체결을 요구했던 것도 이 때문이었다. 1871년 미국의 조선 침공은 이러한 정책 변화의 결과였고 제너럴셔먼호 사건은 이를 실현할 기회였던 것이다.

미군이 강화도에서 물러날 때 조선의 강경한 쇄국정책이 군사력을 동원한 서구 열강의 강요로 결국 협상하게 될 것이라고 경고했듯이 프랑스와 미국의 침공은 머지않아 조선이 맞이할 새로운 세

(좌) 덕진진의 해문방수비. 프랑스의 침공 뒤 조선 정부는 덕진진에 '바다의 문을 막고 지켜서, 다른 나라의 배가 지나가지 못하도록 하라海門防守他國船慎勿過'는 경고비를 세워 쇄국 의지를 강화했다.
(우) 부산 가덕도(현 천가초등학교)의 척화비. 비문에는 '서양 오랑캐가 침범했는데 싸우지 않으면 곧 화의하는 것이요, 화의를 주장함은 나라를 파는 것이다洋夷侵犯非戰則和主和賣國'라고 새겨져 있다.

상에 대한 경고였다. 그것은 조선사회가 이전에 경험하지 못했던 전혀 새로운 패러다임의 세계질서, 즉 오직 '힘'을 앞세운 제국주의가 지배하는 정글사회였다. 당시 조선에게는 청국이 서구 열강에 굴복한 사태를 통해 세계질서의 변화를 깨닫고 안으로는 개혁을 통해 힘을 축적하며 밖으로는 이런 변화에 능동적으로 대응해야 하는 '위기'의 시대였다.

그러나 조선 정부와 집권층은 그렇지 못했다. 미군이 광성보를 함락한 날, 종로를 비롯해 각 도회지에 '서양 오랑캐와 싸우지 않고 화친하는 것은 곧 나라를 파는 것'이라는 척화비를 세웠듯이 대원군과 집권층은 프랑스와 미국을 물리친 것이 쇄국정책 덕분이라 생각하며 오히려 이를 강화했다. 세상의 변화에 눈을 감아버린 것이나 다름없었다. 이후 대원군 정권은 내정 개혁과 국방 강화에 노력을 기울였지만 그것은 '미래 지향'이 아닌 왕권 강화를 위한 '과거 회귀'였다. 두 차례의 외침에서 조선 관민의 숭고한 희생이 벌어준 귀중한 시간을 '과거 회귀'의 집권층이 허비한 꼴이 된 것이다. 그 결과는 1876년 일본에 의한 강제 개항으로 귀결되었다.

10장

민초,
혁명을 말하다

◉

동학농민혁명을 둘러싼 왜곡을 넘어

박맹수

외재적 요인에서 내재적 요인으로

필자는 동학농민혁명* 120돌이 되던 2014년 갑오년 첫 새 아침을 경상북도 경주시에 있는 용담정에서 맞이했었다. 널리 알려져 있듯이 용담정은 1860년 수운 최제우(1824~1864)가 동학을 창도한 곳으로, 1894년 동학농민혁명은 바로 이 동학을 기반으로 일어난, 세계사에서 그 유례를 찾기 힘든 거대한 민중운동이었다. 혁명은 결코 사상이나 조직 없이, 그리고 오랜 준비를 거치지 않고 일어나는 법이 없다. 120년 전의 동학농민혁명은 바로 수운이 창도한 동학을 그 사상적 뿌리로 하고, 다시 해월 최시형(1827~1898)의 34년에 걸친 동학 포덕활동, 즉 동학 접포接包 조직의 전국화와 핵심 지도자 양성을 기반으로 삼아 전개되었다. 1894년에 조선 특파원으로 주재하고 있던 한 일본인 기자의 보도에 따르면, 당시 조선 인

• 표준국어대사전에는 '동학농민운동'이 표준어로 되어 있으나, 이 글에서는 '동학농민혁명'이라 칭한다.

무명 동학 농민군 위령탑, 전북 정읍시 고부면 신중리.

구는 1052만 명 정도였다고 한다. 그중 최소 4분의 1에서 최대 3분의 1이 이 혁명 대열에 참여했다. 구체적인 숫자로 따지면 200만에서 300만에 이르는 민초가 '보국안민輔國安民'을 기치로 한 혁명 대열에 합류해 30만 명 이상이 희생되었다.

오늘날과는 달리 근대적 교통 통신망이 보급되지 않았던 시대, 대다수 민초가 문자를 제대로 읽고 쓸 수 없었던 시대, 더욱이 신분제를 근간으로 한 유교 이데올로기가 강하게 지배했던 전통사회에서 어떻게 몇백만의 민초가 비일상적 사건이라 할 수 있는 혁명 대열에 동참할 수 있었던 걸까? 그 배경은 과연 무엇이었을까?

1860년의 동학 성립과 1894년의 동학농민혁명이 일어나게 된 역사적 배경을 이야기할 때, 종래의 통설은 밖으로는 서세동점西勢東漸, 안으로는 삼정문란이 중요한 배경이었다고 강조해왔다. 조선이라는 나라 안팎의 상황이 동학 창도 및 동학농민혁명을 촉발

시킨 결정적 요인으로 작용했다는 것이다. 이것은 이른바 역사 발전의 동력을 밖에서 찾는 타율성론他律性論으로 이어질 수 있다는 점에서 주의를 요한다. 이처럼 외재적 요인을 중시하는 입장에서는 당연히 동학사상은 당시 사회의 구조적 모순에서 발생한 것으로 보고, 동학농민혁명 역시 그런 모순이 폭발한 결과로 해석한다. 이런 관점은 동학을 창도하고 동학농민혁명이 촉발되는 과정에서 이뤄지는 주체적 영위 및 그에 내재되어 있는 독자성과 보편성을 외면하는 결과를 초래한다. 예를 들어 "동학은 서학에 대항하기 위해서 성립된 대항 이데올로기"라거나, "동학농민혁명은 조선 후기 민란의 연장선상에서 그것을 집대성한 데 지나지 않는다"는 주장은 바로 동학과 동학농민혁명이 지니고 있는 주체성 및 보편성을 외면하는 잘못된 견해라 할 수 있다.

2015년은 1860년 동학 창도로부터 155년이 되는 해이자, 그 동학을 창도했다가 '좌도난정左道亂正'이라는 죄목으로 처형당한 수운의 순도殉道 150주년이 되는 해이며, 동학농민혁명이 일어난 지 120주년이 되는 해였다. 이런 시점에서 선결되어야 할 과제가 있는데, 바로 종래에 동학을 바라보던 시선을 전면적으로 바꿔야 한다는 것이다. 즉, 동학 창도 및 동학농민혁명의 역사적 배경을 생각할 때, 이제부터라도 동학이라는 파천황적 사상을 만들어내고, 동학농민혁명이라는 거대한 민중 혁명을 불러일으킨 우리 내부의 주체적 힘과 문제의식이 과연 무엇이었던가를 중시하자는 것이며, 이 글에서 이에 대해 함께 생각해보고자 한다.

임진왜란·병자호란이라는 큰 전란이 휩쓸고 지나간 조선 후기 사회의 두드러진 특징 가운데 하나는 종래의 주자학 일존주의를 벗어나 다양한 사상적 움직임이 분출했다는 점이다. 주자학에 바탕을 둔 지배 체제와 이념이 일종의 해체기를 맞은 것이다. 불교의 미륵신앙과 『정감록鄭鑑錄』 등 비결신앙의 유행, 서학(천주교)의 전래와 그 급속한 전파 등이 바로 그런 사회 현상을 대표했고, 그에 더하여 경판본과 완판본으로 대별되는 한글 소설의 보급이라든지, 판소리의 광범위한 유행은 양반을 정점에 두었던 기존 신분제 사회를 통렬하게 비판하면서 새로운 세상을 갈구하는 민초들의 사상적 지향을 잘 보여주고 있었다. 이런 사회적 흐름 속에서 더욱 주목할 만한 움직임이 등장하는데, 그것은 바로 미륵신앙이나 반反주자학적 사상에 의지하여 모순투성이인 기존 체제를 타파하려는 변혁운동이 전국적으로 확산되어갔다는 사실이다. 조선 후기 민초들의 반체제운동 자료를 담고 있는 『추안급국안推案及鞫案』에 이런 비밀결사들이 조선 왕조에 반기를 든 사례가 무수히 등장하는 것이 그 구체적인 증거다.

그리하여 학계는 조선 후기야말로 "민民이 역사의 주체로 전면적으로 등장하는 시대", 또는 "종래 역사의 주체이면서도 역사의 객체로 억압받고 소외되어왔던 민중이 '변혁의 주체'로서 자기 인식을 명확하게 갖기 시작하는 시대"로 설명한다. 이런 견지에서 1860년 수운에 의한 동학 창도는 조선 후기 이래 지속된 '민중 의식의 성장'을 총괄하는 의미를 지닐 뿐만 아니라, 역사의 주체임을 자각하기 시작한 민중 자신들의 '사상적·정신적 자립'을 뜻하는 것이기도 했다. 동학이 성립되자마자 경상도 일대의 수많은 민중이 이 사상에 공명하여 다투어 입도했다는 사실은 동학이 '하루도 편안할 날이 없는' 시대에 얼마나 '민중 친화적'이었는가를

동학의 창시자 수운 최제우.

극명하게 보여주는 동시에, 장차 거대한 민중운동의 에너지원으로 발전되어갈 가능성을 시사하고 있었다.

왜곡의 세월 120년을 넘어

동학농민혁명 120주년을 맞이한 2015년에는 여기저기서 다양한 움직임이 있었다. 동학 유적지와 동학농민혁명 전적지를 찾아가는 크고 작은 답사여행에서부터, 120주년을 기해 동학과 동학농민혁명을 학문적으로 성찰하려는 심포지엄이 전국 각지에서 개최되기도 했다. 동학농민군 유족회를 비롯한 각종 기념사업 단체와 지자체를 중심으로 동학농민혁명을 현창하려는 노력도 활발했다. 또한 소설 쓰기나 연극·영화 제작을 통해 120주년의 의미를 살리고자 문화예술계 쪽 인사들도 활발하게 움직였다. 더욱 반가운 일은 수련 모임을 조직하여 동학사상을 심층적으로 이해하고, 동학적 수련을 통해 영성을 함양하는 동시에, 차세대 활동가를 양성하고자 하는 시도가 구체화되었다는 사실이다. 이렇게 각계각층이 분주했던 터에 120주년을 어떻게 맞이하는 것이 제대로 된 기념이었을까를 자문해본다. 결론부터 말하자면, 왜곡의 세월 120년을 뛰어넘는 작업부터 시작하는 것이 이를 제대로 기념하는 일로 이어지리라 생각한다. 이에 그 치명적 왜곡의 실상 몇 가지를 지적하자면 다음과 같다.

왜곡 사례 1 : "동학은 서학에 대항하기 위해서 성립된 일종의 대항

이데올로기다."

　이런 식의 왜곡은 현행 모든 역사 교과서에서 공통되게 나타난다. 하지만 동학의 '동東'의 유래와 그 근원을 찾아가보니 동쪽이라는 방위로서의 '동'의 의미 외에, 동학은 '서에게로 활짝 열린 동'의 의미도 지니고 있었다. "서학과 동학은 무엇이 같고 다른가"에 대한 질문을 두고 수운이 "운도 하나요 도도 같지만, 다만 그 이치에서만 다르다運則一, 道則同, 理則非"고 밝힘으로써 서학에 대한 동학의 개방성을 잘 보여준 것이 그 반증이다.

　　왜곡 사례 2 : "동학은 일종의 저항 사상이다."

　동학농민혁명이 실패로 끝난 이래 역사학자들은 동학을 1894년 동학농민혁명에 곧바로 결부시켜 그것이 혁명 사상으로 기능했느냐 못 했느냐는 식의 논의로 일관해왔다. 동학을 그저 조선 후기 민중운동의 저항 이념으로만 바라보려는 우를 범했던 것이다. 그 때문에 대다수 연구자는 동학이 "나쁜 병이 가득하여 단 하루도 편안할 날이 없는 시대"의 민초들을 도탄에서 건져내기 위한 '살림'의 사상으로서 확립되었다는 점은 거의 주목하지 않았다. 특히 해월에 의해 그 '살림'의 사상이 만인에서 만물에까지 확대된 사실에 대해서는 더욱 무지했던 것이다.

　　왜곡 사례 3 : "동학농민혁명 당시 남접의 전봉준과 북접의 해월 최시형은 서로 대립했고, 그 때문에 동학농민혁명은 실패했다."

해월 최시형.

김구의 『백범일지』에는 1894년 3월의 제1차 혁명 당시, 남북접이 하나 되어 봉기한 사실이 기록되어 있다. 이것은 『양호전기』나 『동비토록』 등의 관기록, 『조선국 동학당 동정에 관한 제국공사관 보고 일건』 및 도쿄 아사히 신문과 미야코 신문 등의 일본 측 기록에서도 마찬가지로 확인된다. 남북접은 처음부터 끝까지 행동을 함께한 것이다. 동학의 남북접 문제를 대립관계가 아닌 창조적 긴장관계로 다시 봐야하는 이유다.

왜곡 사례 4 : "동학농민혁명은 전라도 고부의 동학 접주 전봉준이 일으킨 지역적 사건에 불과하다."

이러한 견해는 일제의 식민 지배를 정당화하고자 했던 식민사학자들에게서 공통적으로 나타났었다. 문제는 지금까지도 동학농민혁명을 일개 지역적 사건으로 보는 한국인이 많다는 점이다. 동학농민혁명 100주년인 1994년을 전후하여 많은 사료가 발굴·소개되었다. 그 결과 동학농민혁명은 전라도만의 한 지역적 사건이 아니라 삼남 지방을 필두로 조선 전역에서 수백만의 민초가 들고 일어난 거대한 전국적 차원의 혁명이었음이 확인되었다. 2004년 2월 국회에서 '동학농민혁명 참가자 명예회복 특별법'이 통과된

일본군이 동학농민군 학살에 사용한 스나이더 소총.

것은 바로 동학농민혁명이 전국적 차원의 민중 혁명이었음을 공
인받는 일이었다.

왜곡 사례 5 : "동학농민혁명은 동학 농민군 측의 전략 전술 부재로 실
패했다."

동학 농민군은 조선사회의 각계각층에서 참여했지만 그 주력은
어디까지나 농민이었다. 그런데 당시 농민들은 농사를 통해서는
도저히 자신들의 생명과 생활, 생업을 보장받을 수 없었다. 그 생
활이 얼마나 궁핍했으면 1893년 음력 11월에 작성된 '사발통문'에
서 확인되듯이 "난리라도 나서 하루빨리 나라가 망해버리기를"
바랐을까. 농민들은 생명과 생활, 생업을 보장받을 수 있는 세상
을 만들기 위해 어쩔 수 없이 죽창을 들고 봉기했다. 농투산이 출

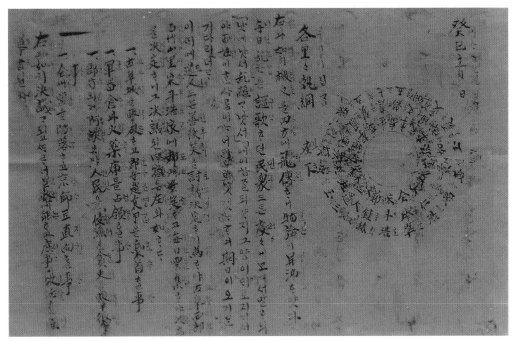

사발통문. 1893년 11월 전봉준 등 20명이 고부 군수 조병갑의 학정에 항거하여 봉기할 것을 다짐한 것으로 전해지는 통문. 결의 사항은 첫째 고부성을 격파하고 군수 조병갑을 효수할 것, 둘째 군기창과 화약고를 점령할 것, 셋째 군수에게 빌붙어 인민을 침어한 탐리를 징치할 것, 넷째 전주 감영을 함락하고 서울로 곧바로 향할 것이다. 주모자를 알 수 없게 하고자 둥글게 사발 모양으로 서명했다.

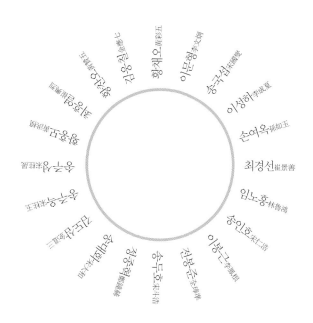

신이었던 그들은 사람 죽이는 무기를 전문적으로 다루는 훈련을 받은 적도 없었고, 상대를 살육하는 전략 전술을 익힌 적도 없었다. 왜냐하면 그들은 생업·생명·생활을 위협받고 있던 농민들을 살리기 위해 일어난 '민군=살림의 군대'였기 때문이다. 동학 농민군은 "칼에 피를 묻히지 아니하고 이기는 것을 으뜸의 공으로 삼았으며, 어쩔 수 없이 싸우더라도 사람의 목숨만은 해치지 아니하는 것을 귀하게 여겼다". 이런 농민군을 압살하기 위해 동원된 군대는 바로 사람 죽이는 것을 전문으로 하는 일본군과, 그 일본군에 장악된 조선 정부군이었다. 이들의 가혹한 탄압과 살육 작전 때문에 동학농민혁명은 좌절되었다.

민중·민족전선에서 생명전선으로

전라북도 정읍시 덕천면 하학리 소재 황토재 마루에는 1963년에 중앙 정부가 최초로 재정을 지원하여 건립한 '갑오동학혁명 기념탑'이 우뚝 서 있다. 그 기념탑 옆에는 '갑오동학혁명 기념탑 명문'이라는 제목의 비문이 새겨져 있다. 비문을 쓴 사람은 1920년대에 일본 와세다 대학에 유학하여 「동학과 동학란」이라는 졸업 논문을 쓴 김상기(1901~1977)다. 그가 굳이 동학을 주제로 논문을 쓴 이유는 어릴 적부터 주변에서 많은 이야기를 들었을 것이라는 점, 그리고 그 출신지가 동학농민혁명의 중심 무대인 정읍 고부와 멀지 않은 김제였다는 점 때문일 것이다. 그가 쓴 비문은 전국에 산재한 동학 관련 기념비 비문 가운데 손꼽히는 명문이다. 그

황토현 갑오동학혁명 기념탑(전북 정읍시 덕천면 하학리).

중 다음과 같은 구절이 있다. "전봉준 선생은 동학의 조직망을 통해 농민 대중을 안아들여 우리 역사상에 처음 보는 대규모의 민중전선을 이룩하고"라는 내용과 "제국주의 일본의 침략에 민족전선으로 항전하여 우리의 민족 정기를 현양시켜 뒷날 3·1운동의 선구를 이루었다"는 내용이 바로 그것이다. 동학농민혁명의 성격을 '민중전선'이자 '민족전선'으로 정리한 탁견이 돋보인다. 만일 그가 '민중전선'만 강조했더라면 동학농민혁명은 그저 무산자 중심의 계급투쟁으로 한정되었을지도 모른다. 그러나 '민족전선' 또한 강조한 데서 그가 이 혁명을 특정 계층의 계급투쟁으로만 보지 않았다는 것을 알 수 있다. 그렇다. 1894년 동학농민혁명은 안으로는 조선 왕조의 낡은 지배 체제 아래서 신음하던 민초들이 광범위한 '민중전선'을 형성해 새로운 체제를 건설하려는 '아래로부터의' 거대한 변혁운동이었고, 밖으로는 제국주의 일본의 침략에 맞서 조선의 국권을 수호하려는 민족주의 운동의 본격화·전국화를 보여주는 대사건이었다.

그런데 김상기가 쓴 '민중전선'과 '민족전선'이라는 표현으로 동학농민혁명의 역사적 성격이 충분히 드러났을까? 그렇지 않다고 생각한다. 왜냐하면 동학농민혁명이나 동학사상에는 이런 성격뿐만 아니라 그 울타리를 넘어서는 이른바 '생명전선적' 사상이 풍부하게 들어 있기 때문이다. '생명전선적' 성격은 과연 어떤 것일까?

동학의 핵심 사상은 『동경대전』「논학문」이란 글에 잘 드러나 있는데, 그 핵심은 "지기금지 원위대강 시천주조화정 영세불망만사지至気今至 願為大降 侍天主造化定 永世不忘万事知"라는 21자 주문 해설에 요약되어 있으며, 그 핵심 사상은 다시 '시侍(모심)' 한 글자로 집약된다고 보는 것이 일반적이다. 또한 그 '시'란 「논학문」에서는 "모심이란, 안으로 생명의 신령함이 있고, 밖으로 기화하며(=내 안의 신령한 생명을 회복하여 다른 사람의 생명 또한 신령하게 하며), 온 세상 사람들이 각각 (그런 이치를) 깨달아 옮기지 아니하는 것內有神靈 外有気化 一世之人 各知不移"으로 설명되어 있다. 동학을 창도한 수운은 '성경신誠敬信'이라는 세 가지 덕목을 실천하면서 21자 주문을 지성으로 외우면 모두가 다 그 '모심'의 경지(=생명의 신령함과 그 신령한 생명의 사회화)를 체현할 수 있다고 강조한다. 바로 여기에 살림의 사상, 생명 사상으로서의 동학, 즉 동학의 '생명전선적'

특징이 있으며, 1894년 동학농민혁명의 성격을 '생명전선적' 측면에서 재조명해야 할 이유가 있는 것이다.

동학사상 및 동학농민혁명의 '생명전선적' 측면에 대해서는 일찍이 경주 출신 범부 김정설(1897~1966)이 4·19혁명이 일어나던 1960년에 「최제우론」이라는 글을 통해 널리 천명한 바 있다. 여기에 범부의 글 한 구절을 인용해본다.

'시侍'라 함은 안으로 신령이 있고 밖으로 기화가 있다고 한다. 이때 '안'은 '신의 안'인 동시에 '사람의 안'인 것이고, 이때 '밖'은 '사람의 밖'인 동시에 '신의 밖'인 것이다. 말하자면 천주가 '안'인데 사람이 '밖'이거나, 사람이 '안'인데 천주가 '밖'이거나 하는 그런 것이 아니라는 것이다. 나의 '안'이 곧 천주의 '안'이며 천주의 '밖'이 곧 나의 '밖'이 되는 것이므로, 내 '안'의 신령한 것이 곧 천주의 신령인 동시에 내 밖의 삼라만상이 곧 천주의 기화라는 것이다. 그러므로 천주의 신령을 떠나서 나의 신령이 따로 있거나 천주의 기화를 떠나서 나의 기화가 따로 있는 것이 아니라는 것이다.●

범부 선생 이후로는 철학자 윤노빈이 『신생철학』이란 저서를 통해 그 맥을 계승했으며, 그 뒤로는 시인 김지하가 『남녘땅 뱃노래』와 『살림』 『이 가문 날에 비구름』이란 저작을 통해 동학 및 동학농민혁명의 '생명전선'적 측면을 드러내고자 노력했다. 그런데 이런 관점에서 동학사상을 아주 쉽게 해석해 일반 대중이 관심을 갖

● 김범부, 『풍류정신의 사람, 김범부의 생각을 찾아서』, 김정근 엮음, 한울, 2013, 134쪽.

게 하고, '생명살림'을 지향하는 '한살림 운동'을 통해 사회적 실천
의 모범을 제시한 이가 바로 강원도 원주 출신의 무위당 장일순
(1928~1994)이다. 무위당은 동학의 많은 가르침 중에서도 특별히
해월의 가르침에 주목해 그것을 현대적으로 해석해냈다. "밥 한
그릇의 이치를 알면 온 우주의 이치를 알 수 있다万事知 食一碗"는
밥 사상을 비롯해 "천지 만물이 하늘님을 모시지 않은 것이 없다
天地万物 莫非侍天主"는 경물敬物 사상을 특히 강조하곤 했다. 무위당
의 동학사상에 대한 각별한 관심은 1989년의 '한살림 선언'으로
정리되었고, 해월이 1898년 음력 4월 5일에 체포되었던 장소인 원
주시 호저면 송골에 해월 선생을 기리는 추모비 제막으로 '완결'되
었다.

다시 일본을 생각하며

　동학농민군 지도자 전봉준은 1880년대 후반 동학에 입도했다.
그리고 1892년 삼례 교조신원운동 때부터 지도자로 부상, 1894년
에는 농민혁명을 지도하는 최고 지도자가 되었으며, 그해 12월 체
포되어 이듬해 3월 29일에 사형 판결을 받고 만 40세의 나이로 형
장의 이슬로 사라졌다. 그런 전봉준의 최후 진술을 담고 있는 「전
봉준공초」에는 흥미로운 내용이 담겨 있다. 그가 왜 동학에 입도
했는가를 짐작케 하는 대목을 인용한다.

　문: 소위 동학이란 어떤 주의이며 어떤 도학인가.

답: 마음을 지켜 충효로 근본을 삼으며, 보국안민輔国安民하고자 하는 것이다.

문: 너 역시 동학을 대단히 좋아하는 자인가.

답: 동학은 수심경천守心敬天의 도이기 때문에 대단히 좋아酷好한다.

'수심경천'과 '보국안민'의 도학이기 때문에 동학을 좋아했다는 것이 전봉준의 대답이다. '수심경천'은 요즘 말로 개개인의 '영성 함양'에 빗댈 수 있고, '보국안민'은 사회 변혁을 위한 실천운동, 즉 사회혁명이라고 할 수 있다. 이렇게 본다면, 전봉준은 개인의 영성과 사회혁명을 아우르는 동학사상에 매료되어 동학에 입도, 혁명 지도자가 되었다는 해석이 가능하다. 그런데 오늘날까지도 많은 사람은 전봉준을 그저 혁명 지도자로만 보기에 이런 시각은 바뀔 필요가 있다.

다음으로 전봉준은 "왜 다시 봉기(2차 봉기)했느냐"라는 질문에 대해, "일본이 일반인들에게 일언반구 알리는 일도 없이, 또 '격서' 즉 선전포고도 없이 일방적으로 군대를 끌고 쳐들어와 왕궁을 점령하고, 임금을 포로로 삼는 국난이 일어났기 때문에 일본군을 몰아내기 위해 봉기했다"고 답했다. 이어서 "그러면 다른 외국에 대해서도 일본과 똑같이 모두 몰아내려 했느냐"는 일본 영사의 질문에 대해, 전봉준은 "그렇지 않다. 다른 외국은 통상만 하고 있는데, 유독 일본만이 군대를 몰고 쳐들어왔기 때문에 일본군만 몰아내려 했다"고 답했다. 이런 진술은 당시의 국제법, 즉 '만국공법'에 조금도 어긋남이 없는 내용이다. 무명의 시골 선비 출신인 전봉준의 국제적 안목이 돋보이는 대목이다.

재판을 받기 위해 압송되어가는 전봉준.

앞서 말했듯이, 동학농민혁명은 농민군 내부 문제로 좌절된 것이 아니라, 당시의 국제법을 어겨가면서까지 근대적 무기로 무장하고 고도의 전술로 단련된 군대를 파견해 농민군에 대해 '전원 살육 작전'을 펼친 제국주의 일본 때문에 좌절되었다. 일본에 의한 농민군 학살의 전모는 2013년 6월 일본에서 간행된 『동학농민전쟁과 일본: 또 하나의 청일전쟁』과, 『메이지 일본의 식민지 지배: 홋카이도에서 조선으로』라는 두 권의 저서를 통해 널리 알려졌다. 나카쓰카 아키라中塚 明 교수와 이노우에

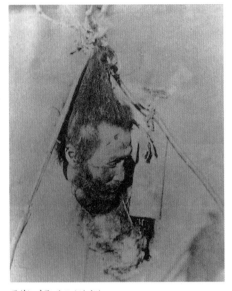

동학농민군 지도자의 효수.

가쓰오井上勝生 교수 등 일본의 양심적인 지식인들이 각고의 노력을 펼친 끝에 120년간 역사의 어둠에 가려져 있던 진실이 드러난 것이다. 우경화의 바람이 거세지고 있는 엄혹한 현실 속에서도 이에 맞서 진실을 추구하는 노력을 포기하지 않는 이들이 있기에 역사는 한 걸음 한 걸음 전진할 수 있는 것이 아닐까.

11장

"우리 나라 이익의 초점은
조선에 있다"

◉

동아시아 패권질서의 재편과 청일전쟁

강상규

"조선이라는 땅은 형제가 반드시 다투게 마련이다"

한반도는 독특한 지정학적 위치에 자리잡고 있다. 이로 인해 주변국의 대외 정세가 크게 흔들리는 지각변동의 시기마다 거의 예외 없이 변화의 소용돌이 한복판에 놓였던 독특한 역사적 경험을 지니고 있다. 한반도의 이런 경험을 들여다보기 위해 그런 변화가 일어났던 전환기로 거슬러 올라가보자.

그러려면 우선 한반도가 겪은 지각변동에는 어떤 것들이 있었는지 살펴볼 필요가 있다. 현재 우리는 탈냉전 이후 거대하고 복합적인 전환기에 놓여 있다. 이로부터 시간을 되돌리면 20세기 중엽의 '냉전'의 시작과 맞닥뜨리게 된다. 그리고 좀더 올라가면 근대의 국제질서를 주도하던 유럽세계가 쇠락의 길을 걷고 미국과 소련이 부상하는 계기가 되었던 두 차례의 세계대전이 있다. 그리고 그전에는 19세기의 '서세동점西勢東漸'이라는 전환기가 있었다.

그러면 이 같은 전환의 시기에 한반도에서는 무슨 일이 일어났을까? 탈냉전이 동아시아에서 뒤늦게 전개되었고 현재진행형이라는 점은 일단 괄호 안에 넣어두자. 20세기 '냉전'이 시작될 때 한반도에서는 한국전쟁이 발발했다. 그리고 19세기 '서세동점'이 진행되던 때에는 일본에서 정한론征韓論,* 청에서는 조선을 근대 국제법적인 차원에서 속국으로 만들려는 시도가 이뤄졌다. 그리고 이것은 서구 열강들과의 국제적 역학관계와 맞물려 결국 한반도의 운명을 둘러싼 청일전쟁과 러일전쟁으로 비화되었고 마침내 대한제국의 국권 상실로 이어진다.

시계의 바늘을 좀더 되돌려보자. 현재 세계질서의 패권이 미국에서 다른 곳으로 이동한다면 그것은 얼마나 엄청난 변화이겠는가. 이런 사실을 고려한다면, 17세기 동아시아 질서의 패권이 한족에서 만주족으로 교체되는 '명청 교체'가 얼마나 거대한 변화였는지는 짐작할 수 있을 것이다. 그런데 바로 이 시점에 한반도에서는 두 차례의 호란(정묘호란, 병자호란)이 발발했고, 좀더 거슬러 올라가 16세기 말 이웃 나라 일본의 전국시대가 정리되던 격변기 속에서 조선은 두 차례의 왜란(임진왜란, 정유재란)을 치러야 했다. 여기서 주목할 것은 이처럼 전환기적 상황마다 한반도가 동아시아의 정치적 긴장관계의 초점으로 떠올랐다는 엄중한 사실이다. 이는 역사적으로 한반도가 동아시아 정치질서의 안정성을 보여주는 바로미터의 역할을 해왔다는 것을 의미한다. 그렇게 보면, 냉전이 '해체'되는 21세기 벽두의 새로운 변화의 와중에 동아시아 위기의 초점으로 '북핵 문제'가 떠오른 것도 단순히 역사적 우연으로

• 파병하여 조선을 정복하거나 조선에 정치체제 변혁을 압박하자는 주장. 일본의 메이지 정부는 이를 둘러싸고 치열한 의견 대립과 갈등 조정을 거치게 된다.

만 보기는 어려울 것이다.

한반도가 이처럼 전환기마다 동아시아의 정치적 긴장관계의 초점으로 떠오른 데에는 한반도의 민감한 지정학적 위치라는 구조적 요인이 있다. 중국 외교관 황준헌黃遵憲은 『조선책략朝鮮策略』(1880) 서두에서 "조선이라는 땅은 실로 아시아의 요충을 차지하고 있어 형세가 반드시 다투게 마련이며, 조선이 위태로우면 중국과 일본의 형세도 날로 위급해질 것이다. 따라서 러시아가 강토를 공략하려 할진대, 반드시 조선으로부터 시작할 것이다"라고 지적한 바 있다. 이런 언급은 동아시아에서 한반도의 지정학적 위상을 극명하게 보여주는 수많은 사례 중 하나일 따름이다. 그러니 한국의 위정자나 지식인들에게 국제정치적 안목이 왜 필요한가에 대해서는 부연 설명이 필요치 않을 것이다.

가재 선생에게 역사를 움직이는 힘을 배우다

여기 한 마리의 가재가 있다. 그런데 뭔가 낌새가 수상쩍다. 자세히 보니 천천히, 그러면서도 주변의 적을 의식이라도 하듯 아주 조심스럽고도 신중하게 자기 몸을 보호해주던 단단한 보호막을 벗어버리려고 안간힘을 쓰고 있다. 가재는 살아 있는 동안 수차례 탈피脫皮를 한다. 그런데 그게 쉽지 않아 보인다. 그도 그럴 것이 자신의 큰 집게발과 몸통을 그 단단한 껍질 작은 마디마디 사이로 빼낸다는 것이 간단한 작업일 리 없기 때문이다. 더욱이 가재가 탈피를 하는 동안 다른 가재나 주변 물고기의 공격이라도 받게 되면 그야말로 가재는 속수무책으로 당하기 쉽다. 그래서 탈피를 준비하는 가재는 본능적으로 은밀한 곳에 숨어 들어간다. 가재에게 탈피는 '위기 상황'인 것이다.

이처럼 위험한 과정임에도 불구하고 가재는 탈피를 한다. 그렇다면 그 불가피한 이유는 무엇일까? 이는 자신을 감싸고 있는 단단한 껍질 속에서 가재의 몸이 성장하고 있기 때문이다. 하지만 껍질은 자라나질 않는다. 그러다보니 여태까지 가재를 보호해주던 껍질이 어느 순간부터 가재의 몸에 비해 작아지는 시점, 곧 '모순'적 상황에 이르는 것이다. 그러므로 가재와 같은 갑각류에게 탈피는 숙명처럼 다가온다. 만약 탈피에 수반되는 위기 상황을 잘 극복하면 가재는 새로운 환경을 제공받는 기회를 얻게 된다.

이때 가재의 몸을 '내용'에 빗댄다면 그 껍질은 일종의 '형식'이 될 것이다. 내용과 형식이 잘 어우러져야만 조화로운 화음이 만들어진다. 문제는 몸이 가만있지 않고 자꾸 커진다는 데 있다. 그러나 기존의 껍질은 단단하고 딱딱해서 한번 만들어지면 사실상 변하지 않는다. 즉 '변하는 것과 변하지 않는 것' 사이에 대립과 모순, 긴장과 갈등이 필연적으로 발생하며, 그 모순이 심화되면 패러다임의 전환은 불가피해진다.

우리 삶은 모순으로 가득 차 있다. 개개인이 어우러져 살아가는 세계는 더더욱 그렇다. 여기서 발생하는 '변하는 것과 변하지 않는 것' '상대적으로 빠르게 변하는 것과 느리게 변하는 것' 사이의 모순과 대립이 끊이지 않는 한 역사의 수레바퀴는 움직이게 마련이며, 전환의 시점은 어김없이 찾아오게 된다.

각주구검과 전환기를 사는 지혜

춘추전국시대 초楚나라 사람이 검을 품고 양쯔 강을 건너다 그만 강에 검을 빠뜨리고 말았다. 그는 나중에 찾기 위해 검을 떨어뜨린 곳에 주머니칼로 표시를 해두었다. 배가 목적지에 도착한 뒤 그는 표시해둔 곳으로 내려가 검을 찾으려 했지만 찾을 수 없었다. 이것은 '각주구검刻舟求劍'이라는 유명한 고사성어에 얽힌 이야기다. 누가 들어도 실소를 금치 못할 바보 같은 이야기로 들리지만 곰곰이 생각해보면 여기서 언급한 문제에 관한 날카로운 통찰력이 담겨 있다. 무엇이 문제였을까? 그는 강물이 흐른다는 사실을 의식하지 못했던 것이다. 만일 흐르는 강물 위가 아니었다면, 이 사람의 행위는 정당한 대응 방식이었을 것이다.

각주구검이라는 고사성어는 게임의 규칙이 변하고 경기장이 바뀌는 상황, 즉 패러다임의 전환기를 이해할 때 매우 유용하다. 왜냐하면 기존 패러다임에서는 현실적으로 타당하게 여겨지던 것이 전환기의 상황에서는 전혀 현실적인 해법이 되지 못함을 시사하기 때문이다. 이런 때는 어떻게 해야 할까? 다음과 같은 질문을 던져보자. 가재는 어떻게 작고 단단한 껍질 속에서 더 크고 단단한 껍질을 준비할 수 있는 것일까? 혹시 막 탈피를 마친 가재에게는 껍질이 존재하지 않다가 탈피 후에 다시 생기는 것일까? 가재의 탈피 과정을 관찰해보면, 어렵사리 탈피를 마친 가재 몸에는 새로운 보호막이 씌워져 있다. 대체 어떻게 된 일일까?

가재 선생이 온몸으로 보여준 해답은 새로 생겨난 껍질이 기존의 단단하던 보호막과는 다르게 아주 부드럽고 말랑말랑하다는 데 있다. 그것은 유연하고 신축적이기 때문에 단단한 껍질 속에서 마치 바람 빠진 풍선처럼 속살에 밀착된 형태로 준비될 수 있었던 것이다. 그리고 탈피를 마친 가재의 새 껍질은 풍선처럼 부풀어 올라 영양분을 공급받는 가운데 다시 단단해진다. 새로운 가재로 탄생하는 것이다.

가재를 비롯한 갑각류에게 탈피가 숙명이듯, 인간의 삶이나 역사에서도 크고 작은 전환기는 불가피하게 찾아오기 마련이다. 패러다임의 전환기는 위기를 수반하며 이를 극복하는 열쇠는 발상의 전환을 가능케 하는 유연한 사고와 모험정신이 갖춰졌는가에 달려 있다. 즉 새로운 세계에 대한 호기심과 풍부한 상상력, 그리고 그것을 가능케 하는 실험정신과 도전정신이야말로 전환기를 헤치며 우리 미래를 열어가는 해법이라고 할 수 있다.

19세기, 동아시아를 구성하는 패러다임의 변환과 '문명 기준의 역전' 현상

동아시아의 19세기는 흔히 중세 봉건과 전근대적 사회에서 근대로의 전환기로 일컬어진다. 그리고 전환의 계기가 서양 세력에 의해 주어졌다고 하여 보통 '서세동점'의 시기라 한다. 이런 시각의 저변에는 근대인의 상식이라 할 수 있는 서구의 발전사관에 입각한 역사 인식이 자리잡고 있다. 하지만 여기에는 직선적 발전사관만으로는 포착할 수 없는 더 복잡하고 중층적인 문제가 내포되어 있었다. 당시 동아시아 세계는 중화질서라는 독자적인 문명권

『르 프티 파리지앵』 1894년 8월 13일자의 '술렁이는 외국인들'. 청과 일본이 조선에 대한 지배권을 쟁탈하기 위해 틈을 엿보는 중 러시아도 조선 진출의 교두보를 마련하려 했고, 영국은 러시아가 조선으로 남하할 것에 대비하여 잔뜩 경계했다. 미국도 방어해야 할 이권을 가지고 있었다.

에 속해 있었으며, 고유의 문명의식과 자부심을 견지했었다. 이런 상황에서 동아시아 삼국은 압도적인 물리력을 앞세운 구미 제국의 압력과 근대 유럽 문명의 기준에 입각한 상이한 가치 체계와 맞닥뜨리게 된다. 이때 밀려드는 서양의 기센 압력은 쓰나미와 같은 것이었다. 유럽발 쓰나미는 전 세계로 밀려들었고 동아시아 한자문명권을 덮치려 하고 있었다. 이 과정에서 동양과 서양의 양 진영은 서로를 야만으로 간주하며 충돌한다. 이런 관점에서 보면, 동아시아의 19세기는 상이한 문명의 충돌이 일어난 거대한 전환기로서, 그것은 외부로부터의 패러다임이 기왕의 고유한 패러다임을 밀어내는 과정이었던 것이다. 이는 중화문명권 관점에서 보면, 기존의 문명 기준이 새로운 문명 기준에 의해 전복되는 과정이자, '문명 기준'이 완전히 '역전'되는 사태임을 뜻한다.

국가의 존재 방식이라는 측면에서 보면, 19세기 한중일 삼국은 이 과정에서 이른바 '예의 관념'에 기반한 중화질서로부터 '국가 평등 관념'에 근거한 유럽발 근대 '국제'질서로 구성하는 패러다임의 변동을 겪는다. 즉 삼국은 동일한 사태에 직면해 있었다. 이것은 동아시아 국가 '간' 관계의 패러다임 변동이 중화질서 하의 '조공 책봉 관계'에서 주권국가 간의 수평적이고 독립적이며 그런 만큼 무정부적인 국가 간 관계, 즉 근대 국제질서로 변환했음을 의미한다. 무정부적 속성을 지닌 새로운 '무대' 환경에서는 덕치나 예치, 왕도 정치와 같은 기존의 '연기' 내용과는 다르게 부국과 강병, 세력 균형의 능력이 더 중시되었고 이에 적응하지 못한 '배우'들은 무대 밖으로 밀려나야 했다. 19세기가 동아시아 문명권에서 특별히 중요한 이유는 오늘 우리가 살아가는 삶의 기준이 제공된 시기이기 때문이다.

19세기 한반도의
전환기 체험에서 드러나는 패러독스

19세기 중반 병인양요와 신미양요를 통해 조선은 서구의 군사력과 직접 충돌한다. 당사국 모두가 상대방을 야만으로 규정한 이들 충돌에서 놀랍게도 조선은 승리한 것처럼 보였다. 대원군의 지도력과 독려 속에 치러진 서구 열강과의 싸움에서 패배하지 않고 조선을 방어할 수 있었다는 사실은 국가적 차원의 자신감과 일체감을 불러일으켰고 나라 전체가 오랑캐를 격퇴시켰다는 승리감에 들뜨게 만들었다. 이는 당시 서구의 군사력과 충돌해서 패배했던 중국이나 일본과 비교할 때 특기할 만한 사태였다. 하지만 이 승리로 조선이 서세동점의 대세를 거스르지는 못했다. 오히려 이로써 외세를 배격하는 조선의 태도는 한층 더 확고한 원칙이 되어 좀처럼 바꾸기 힘들어졌다. 또한 서양 열강 및 주변국과의 긴장관계를 극도로 고조시킴으로써 나라 안팎에서의 입지를 위태롭게 했고 아울러 조선의 위정자와 지식인들로 하여금 세계정세와 시대적 변화를 객관적으로 파악하기 더욱 어렵게 만들었다는 것은 패러다임 전환기의 조선에서 나타난 거대한 역설이었다. 조선의 지정학적 외벽인 중국과 일본이 이미 지구적 규모에서 구미 열강의 세력 균형 구도 속으로 들어가던 중이었는데도 조선은 세계의 대세를 외면함으로써 오히려 세상의 흐름에 스스로 유연하게 적응할 기회를 놓치고 있었다.

이처럼 외부 세계와 정치적·사상적으로 유연하게 타협하고 조정해나갈 여지가 현실 정치의 장에서 거의 봉쇄된 가운데 조선의 위정자와 지식인 대다수는 눈앞에서 전개되는 대외 정세를 기존의 화이 관념의 연장선상에서 서양 오랑캐라는 새로운 위협적 요소의 '양적' 증가라는, 일종의 '현상적'인 차원의 변화로만 해석하려 했다. 그리하여 조선이 속해 있는 동아시아 질서 자체가 근저에서부터 '질적'으로 변화하고 있음을 예측하지 못한 채 구태의연하며 소극적인 대응으로 일관했고 가능한 한 중국의 보호 우산 속에 편승하려는 의식에 젖어들었다.

조선 정치의 엇박자와 닫혀버린 선택의 가능성

그런 가운데 조선 정계 안에서도 밖에서 일어나는 새로운 패러다임에 관심을 기울이는 정치 세력이 서서히 등장하고 있었다. 1880년대에 접어들면서 국왕을 중심으로 개혁 개방의 움직임이 가시화되기 시작한 것이다. 1882년 8월 국왕이 내린 교서는 세계의 변화상에 주목하고 달라진 무대에 적응하겠다는 조선 정부의 국정 운영의 청사진을 명확하게 밝히고 있다는 점에서 주목할 필요가 있다.

"만국 병립의 상황이 바로 세계적 대세이며, 기왕의 외세를 배척하는 관념은 조선을 세계 속에서 고립시켜 위태롭게 할 뿐이다. '국가 평등' 관념에 입각한 새로운 만국공법적 질서에 근거해 조선의 대외관계를 전면적으로 재정립해나갈 것이다. 조선의 '문명 국가로서의 자부심'은 견지하되, 서양의 발달된 기술은 '이용후생의 원칙'에 입각하여 받아들이도록 할 것이다"라며 국왕이 공개적으로 천명하고 나섰기 때문이다.

그러나 이처럼 세계의 변화상에 주목하고 달라진 무대에 적응하려는 모습은 국내외의 다양한 비판과 견제에 부딪힌다. 그 와중에 일어난 임오군란(1882)이 주로 외래와 고유의 제요소, 새로운 것과 낡은 것을 둘러싼 갈등 속에서 전통주의자들이 주도하여 일으킨 사건이었다고 한다면, 갑신정변(1884)은 당시 조선의 협소한 정치 공간에서 더 급진적인 방식으로 개혁을 추진하고 싶어하던 진보주의자들이 주도한 사건이었다. 이 두 사건은 서로 정반대되는 방향을 지향하는 세력들이 주도한 것이었지만, 타협과 조정 능력을 보여주지 못한 채 급격하게 일어났다는 그 과정상의 특징이나, 동아시아 질서가 변동하면서 '조선 문제'가 첨예한 국제정치적 이슈로 부상하던 와중에 발생함으로써 주도 세력의 주관적 의도와는 달리 결과적으로 외세의 간섭을 불러들이고 그 간섭을 질적으로 심화시켜놓았다는 점에서 역설적으로 닮은꼴이었다.

권력 정치의 현장인 제국의 시대는 더 이상 조선에 기회를 부여하지 않았다. 이후 갑신정변의 여파로 인한 강렬한 보수 회귀의 분위기 속에서 친중국 세력의 득세와 중국의 종주권 획책, 왕권에 대한 견제가 더 강화되었고, 이로 인한 정치적 구심축의 균열이 더 심해지면서 결국 사태는 동학농민운동이라는 아래로부터의 개혁 요구와 외세의 개입에 의한 무자비한 탄압, 그리고 조선에 대한 지배권을 놓고 외세들 사이의 전쟁으로 귀결된다. 이처럼 위기 상황에서 끊임없는 엇박자로 사태가 전개되는 양상은 문명사적 전환기에 조선이 근대 국제질서라는 새로운 패러다임에 적극적으로 참여할 수 있는 선택의 여지가 급격하게 봉쇄되는 경위를 보여준다.

조선을 들러싼 싸움, 청일전쟁의 발발

청일전쟁은 일본과의 조약 체결 이래 한반도에서 팽창하려는 일본 세력과 이를 저지하고 조선을 실질적인 종속국으로 삼으려는 중국의 대립이 전쟁으로 비화된 사건이었다. 일본은 한반도를 중국 중심의 동아시아 질서에서 분리해내고 자신의 영향권으로 삼으려는 의도를 품고 있었다. 시모노세키 조약 1조에서 당사국 사이의 문제를 언급하지 않고 "중국은 조선의 독립을 확인하고 조공 전례를 폐지한다"고 규정한 것은 이런 이유에서였다.

청일전쟁은 일본의 계획적인 도발로 일어났다. 청국과 일본이 조선에 파병하게 된 계기는 동학농민운동이 일어나면서 조선 정부가 청국에 출병을 요청했고 이에 맞춰 일본도 군대를 보내는 데서 시작된다. 이러한 청국과 일본의 동향을 보고 동학농민군이 조선 정부와 타협해 내분은 수습되었지만 일본군은 철수하려 하지 않았다. 1894년 7월 23일 새벽, 일본군은 조선 왕궁을 점령한다. 그리고 7월 25일 인천 근처 풍도 앞바다에서 선전포고도 없이 청과의 교전에 들어갔다. 청일전쟁은 1895년 5월 8일 강화조약이 비준됨에 따라 종료되었으며, 양국 사이에 있었던 최초의 근대적인 전면전이었다.

『이륙신보二六新報』호외, 1894년 8월 2일자. 일왕의 청국에 대한 선전포고일의 호외로 성환전투의 승전을 보도했다. 또한 '보도관제 칙령'이 수록되어 있다.

여기서 다음과 같은 문제를 생각해보자. 일본군에 의한 조선 왕궁 점령은 청일전쟁의 기점으로 매우 중요한 의미를 지닌다. 하지만 선전포고도 하지 않은 조선에 대해 왕궁을 공격해 점령하는 행위가 정당성을 결여한 것임은 두말할 나위 없다. 그러면 일본은 왜 조선 왕궁을 점령한 것일까?

이에 대해 일본에서 공식 간행한 『일청전사日淸戰史』에서는 일본이 조선 왕궁을 공격한 사실에 대해 "일본군이 왕궁 옆을 통과하

일본 화가의 기록화로, 일본군이 대원군을 앞세워 입궐시키는 광경이다.

고 있는데, 왕궁을 지키던 조선 병사의 공격을 받았기 때문에 이에 응전하여 왕궁에 들어갔고 국왕을 보호했던 것"이라고 기술하고 있다. 그리고 일본 측은 일본을 적대시하는 청국에 대하여 청국의 야망으로부터 조선의 독립을 지키기 위해 어쩔 수 없이 전쟁을 했다고 선전했다.

하지만 1994년에 『일청전사』의 초안을 찾아낸 나카쓰카 아키라中塚明 교수의 연구가 지적하듯이, 이것은 어디까지나 거짓으로 조작된 기록이었다. 즉 일본이 조선의 왕궁을 점령한 것은 위정자를 자신의 뜻대로 할 수 있는 인물로 바꿔 청국 군대를 조선에서 축출해달라고 일본에 요청하도록 하기 위해서였다. 즉 전쟁의 명분을 만들기 위해 조선 왕궁을 점령한 것이다.

"우리 나라 이익의 초점은 조선에 있다"

우선 청일전쟁의 발발 원인을 1890년대의 국제 정세 혹은 당시 일본의 국내 정치 상황에서 찾는 견해가 있다. 이것은 전쟁의 원인을 단기적인 특정한 정치 현실에서 찾는 시각이다. 즉 메이지 유신 이후 일본의 대외 팽창 및 해외 침략의 역사적 흐름과 청일전쟁의 상관관계를 무시하는 것이다. 조선의 방곡령 사건에서 원인을 찾는다든지, 혹은 전쟁의 원인을 일본 국내의 단기적인 정치적·경제적 관계로 설명한다든지, 혹은 김옥균 암살 사건이나 동학란의 발생에서 원인을 찾는다든지 하는 것이 그런 예다.

이와 달리 청일전쟁을 메이지 유신 이후 일본의 일관된 대외 팽창의 역사적 경향으로 설명하려는 견해가 있다. 이런 입장은 청국과의 전쟁이 일본의 역사상 필연적인 성격을 지닌 것으로, 1894년이라는 특정한 시기에 전쟁이 발생한 것은 개전할 수 있는 여건이 무르익었고 일본이 거기서 구실을 발견했기 때문이라고 본다.

또한 전쟁의 원인과 관련하여 일본의 민간 정치인은 전쟁을 원치 않았으나 군부의 주장에 의해 전쟁 개시를 결정했다는 견해도 있다. 그러나 이는 사실에 부합하지 않는다. 예컨대 1890년 12월 제1회 제국의회에서 내각 총리대신 야마가타 아리토모山縣有朋는 시정 방침에 관해 유명한 연설을 한 바 있다. 여기서 그 단서를 찾아보자. "대저 국가 독립 지위의 길에는 두 가지가 있는데, 주권선主權線을 수호하는 것과 이익선利益線을 보호하는 것이 그것이다." 그러면 야마가타가 언급한 일본의 이익선은 어디를 일컫는 것일까? 야마가타는 같은 해 3월에 집필한 「외교정략론外交政略論」에서

『르 프티 파리지앵』 1894년 9월 30일자에 실린 목칼을 쓴 청나라 포로들. 청일전쟁에서 승패를 판가름했던 평양전투에서 청군이 패해 포로로 잡혀가는 모습이다.

일본군이 청일전쟁 승리를 기념하여 가
설한 개선문에 걸린 태극기와 일장기(위).
아래는 아산현청 앞의 일군의 모습이다.
이 건물 안에는 무기가 산처럼 쌓여 있었
다고 기록하고 있다.

"우리 나라 이익선의 초점은 실은 조선에 있다"며 명백히 밝히고 있다. 그리고 예컨대 1887년 1월 『지지신포時事新報』에 나오는 후 쿠자와 유키치의 사설에서도 "지금 일본을 지키는 데 최근의 방어 선으로 확정해야 할 곳이 조선 지역임은 의심할 나위가 없다"고 밝힌 바 있다. 이러한 사실에 비춰볼 때 군부의 주장으로 전쟁을 결정했다는 것은 당시의 정치 지도자들을 변호하고 군부를 희생 양으로 삼는 견해라고 할 수 있다.

한편 청일전쟁의 발발 원인을 조선이 시장으로서 갖는 중요성에 서 찾는 견해가 있다. 이는 조선이 일본의 산업자본에는 공황을 타개하는 데 사활이 걸린 문제였기에 전쟁을 도발했다는 견해다. 하지만 당시 조선에 수출하던 일본의 주요 제품들은 면사와 면포 였으며, 조선의 시장 규모는 홍콩이나 상하이보다 크지 않았다고 하므로, 설득력이 떨어진다. 반면 일본 입장에서 볼 때 조선의 경 제는 수출보다는 원료 공급지로서의 가치가 컸다는 견해가 있다. 그중에서도 특히 조선으로부터 미곡과 금의 수입이 안정적으로 이루어지는 것이 중요했다는 지적이 더 설득력 있어 보인다.

따라서 청일전쟁의 원인을 이해하려면 여기서 제시한 논의들을 구조와 과정이라는 관점에서 종합적으로 살필 수 있어야 한다.

청일전쟁과 전통적인 동아시아 질서의 해체

청일전쟁은 여러 의미에서 동아시아 역사의 흐름을 완전히 바꿔 놓은 사건이었다. 우선 문명사적 관점에서 보면, 중화문명권의 기준이 명실상부하게 역전되었으며, 동아시아에서 중화질서가 사실상 완전히 붕괴되었음을 분명히 드러냈다. 이는 동아시아 국가 간의 관계가 기존의 문화주의적 경향을 띠고 예의를 중시하던 '사대교린' 질서 혹은 중화질서로부터, 근대 주권국가 개념을 바탕으로 하며 세계적인 차원에서 무정부적인 속성을 띠는 근대 국제질서로 변화했음을 의미하는 것이었다. 한편 현실 국제정치라는 관점에서 보면, 주권 개념이 국가의 자주와 평등을 강조하는 만큼 역설적으로 제국주의적 군사주의가 팽배하여 약육강식의 정글 법칙, 힘의 원리가 지배하는 세계로 전환될 소지가 컸다. 이것은 소위 근대 국제질서의 이중성과 연결되는 문제이기도 했다.

청일전쟁에서 일본의 승리는 동아시아의 중심이 중국에서 일본으로 극적으로 이동했음을 의미한다. 이것은 바꿔 말하면 부국강병을 앞세운 일본의 제국주의적 군사주의가 동아시아 국제관계를 주도할 것임과 동시에 중국이 열강들에 의해 본격적으로 분할될 운명에 접어들었음을 의미하는 것이었다. 청일전쟁으로 일본은 영국과의 조약 개정에 성공한다. 영사 재판권 철폐, 관세율 인상, 상호 간의 최혜국 대우가 실현되었고 이후 다른 구미 국가들도 조약 개정에 조인하게 된다. 또한 시모노세키 조약의 결과 청은 조선의 독립을 인정했으며, 요동 반도와 타이완 등을 일본에 할양하고 배상금으로 2억 냥을 지불해야 했다. 이렇게 일본은 '제국주의' 국가로 탈바꿈해나갔다.

한편 개전 이후 일본은 전쟁에 열광했고, 전쟁 반대의 목소리는 사라졌다. 민권에 관한 논의는 국권론 논의에 묻혀버렸으며 군비 증강과 이른바 '대륙 진출'이 공통의 관심사로 대두되었다. 또한

『풍속화보』임시증간 84호 표지, 1895. 1895년 1월 7일 고종이 종묘에서 홍범 14조를 선언하는 모습과 일본 공사 접견 모습을 담고 있다.

청일전쟁은 일본인의 아시아에 대한 인식도 크게 바꿔놓았다. 청일전쟁은 '문명과 야만의 전쟁'으로 선전되었으며, '동양 진보주의의 역사에 획을 긋는 사건'으로 인식되었다. 이로 인해 일본사회에 아시아에 대한 멸시의 감정은 확고한 것으로 자리잡는다.

한반도의 국제정치적 위상이라는 관점에서 보면, 역설적이지만 임오군란 이후 조선을 압박해오던 청국의 간섭으로부터 벗어나 조선은 '독립 국가'로서 잠시나마 숨 고를 여유가 있었던 것처럼 보였다. 하지만 이것은 조선이 일본에 더 강력하게 예속되는 것으로 이어질 소지가 큰 것이었다. 반면 동아시아 삼국의 국내 정치라는 측면에서 보면, 청일전쟁은 중국에게 양무운동의 한계를 명백히 확인하는 계기가 되었으며, 제국 일본은 청일전쟁의 승리를 통해 부국강병 정책의 유효성을 확인하고 전쟁에 열광적으로 빠져들며, 조선에서는 '문명 개화'와 '자주 독립'의 필요성을 자각하는 계기가 되었다.

청일전쟁으로 한반도는 전쟁터가 되고 제국 일본이 조선의 숨통을 조여오는 상황에서 기존 패러다임의 무기력에 대한 아래로부터의 민초들의 불신과 분노가 다양한 방식으로 표출되기 시작했다. 대중이 거리의 정치 공간에 모여들고, 이곳에서는 격정적인 웅변의 장면들이 연출되었다. 안팎으로 계급 모순과 민족 모순이 압축적으로 집약된 시공간 위에서 이제 혁명과 민족주의의 맹아적 형태를 띤 담론들이 싹트기 시작했다. 거대한 혼돈의 상황에서 새로운 정치적 기운과 정치적 시도들이 바야흐로 한반도의 정치 공간을 메우기 시작한 것이다.

12장

신소설에 그려진
청일전쟁과 러일전쟁

◉

『혈의 누』와 『절처봉생』을 중심으로

방민호

『절처봉생』, 『혈의 누』를 다시 쓰다

　1910년대 전반에는 문학작품의 '다시 쓰기'가 성행했다. '다시 쓰기'란 이미 발표된 작품을 바탕 삼아 새로운 작품을 만들어내는 것인데, 이때 기존 작품의 구조나 소재를 차용하면서도 작가 나름의 새로운 인식을 작품에 담아내게 된다. 그중 대표적인 것이 『혈의 누』의 다시 쓰기로 창작된 『절처봉생』으로, 두 작품의 관계를 정밀하게 다룬 연구가 별로 없다는 점은 이상하다고까지 말할 수 있다.

　사실 『절처봉생』은 『혈의 누』에 등장하는 한자성어를 제목으로 삼아 새로 쓴 소설이다. 『혈의 누』의 주인공인 옥련이가 구완서를 만나는 극적인 대목에 "절처봉생"이라는 구절이 나온다. 즉 『절처봉생』의 작가는 이미 널리 알려진 『혈의 누』를 직접 모방하려 했던 셈으로, 아래 구절에서 "절처봉생"이란 말을 찾을 수 있다.

　옥년이가 얼굴빗을 천연히 흐고 고쳐 안떠니 모란봉에서 총맛고 야젼

병원野戰病院으로 가든 일과 졍상군의井上軍醫의 집에 가든 일과 되관

셔 학교에셔 졸업ᄒᆞᆮ 일과 불ᄒᆡᆼᄒᆞᆫ 스긔로 되관을 ᄯᅥ누ᄃᆞ 일과 동경가ᄂᆞ

긔초를 타고 구완셔를 만ᄂᆞ셔 졀쳐봉싱ᄒᆞᆮ 일을 낫낫치 말ᄒᆞ고 그 말을

맛치더니 다시 얼골빗이 변ᄒᆞ며 눈물이 도ᄂᆞ 그 눈물은 부모의 졍에 관

게ᄒᆞᆫ 눈물도 아녀오 졔 신쳬 싱각ᄒᆞᄂᆞ 눈물도 아녀오 구완셔의 은혜를

싱각ᄒᆞᄂᆞᆫ 눈물이라.(이인직, 『혈의 누』, 광학서포, 1908, 85쪽)

작품의 서두 또한 비슷하다. 『절처봉생』의 첫 문장이 『혈의 누』 서두를 떠올리게 할 만큼 유사한 것이 작가의 의도인지는 분명치 않지만, 전쟁의 와중에 한 가족이 헤어졌다가 다시 만나는 이야기를 같은 방식으로 써나가려 했다는 점은 부정하기 어려울 것이다. 두 작품의 서두를 비교해보자.

(가)

일쳥젼장의 총쇼리는 평양 일경이 ᄯᅥ나가ᄂᆞ 듯ᄒᆞ더니 그 총쇼리가 긋치

ᄆᆡ 사ᄅᆞᆷ의 ᄌᆞ취ᄂᆞ 쓰너지고 산과 들에 비린 ᄯᅱᆯ쇨이라.

평양셩외 모란봉에 ᄯᅥ러지ᄂᆞ 져녁 볏은 누엿누엿 너머가ᄂᆞ되 져 ᄒᆡᆺ빗

을 붓드러ᄆᆡ고시푼 마ᄋᆞᆷ에 붓드러ᄆᆡ지ᄂᆞ 못ᄒᆞ고 숨이 턱에 단드시 갈

팡질팡ᄒᆞᄂᆞ 흔 부인이 나히 삼십이 되락말락ᄒᆞ고 얼골은 분을 ᄯᅡ고 넌

드시 흔 얼골이ᄂᆞ 인졍 업시 ᄡᅳ겁게 누리ᄶᅬᄒᆡᄂᆞ 가을볏에 얼골이 익어

셔 션앙의 빗이 되고 거름거리ᄂᆞ 허동지동ᄒᆞᄂᆞ되 옷은 흘러ᄂᆞ려져 졋가

슴이 다 드러ᄂᆞ고 치마ᄯᅳᆯ락은 ᄯᅡ헤 질질 껄려져 거름을 건ᄂᆞᆫ되로 치마

가 발피너 그 부인은 아무리 급흔 거름거리를 ᄒᆞ더라도 멀리 가지도 못

ᄒᆞ고 허동거리기만 흔다.(이인직, 『혈의 누』, 광학서포, 1908, 3쪽)

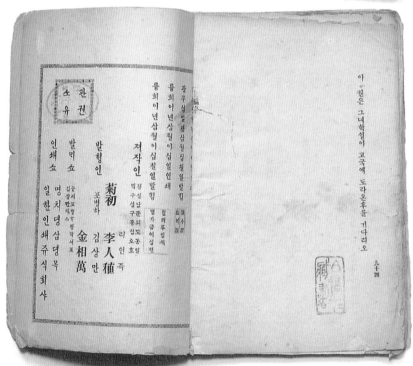

『혈의 누』, 이인직, 광학서로, 1908, 아단문고. 이인직이 주필로 있던 천도교 계통의 신문 『만세보』에 연재된 작품으로, 한국 근대 소설의 효시로 평가받는다.

(나)

난듸업는 총소리가 광화문통에서 콩 복둣 나더니 억만 쟝안이 물 쓸 듯 피란가는 소동이 남산골 막바지 다 쓰러저가는 삼간초막 리진ㅅ 집 안방 새벽 등잔 밋테 고개를 소곳ㅎ고 안저겨 참척게 바느질만 ㅎ고 잇는 부인의 귀로 들러온다.(노익형, 『절처봉생』, 박문서관, 1914, 1쪽)

묘사의 정도나 길이에서 차이가 나긴 하지만 그럼에도 첫머리가 매우 흡사한 것만은 분명하다. 내용에 있어서도 둘은 공통되게 한 가족이 겪는 전란 수난기의 성격을 띠기에 깊은 구조적 유사성을 보인다. 이 때문인지 『절처봉생』을 다룬 한 연구에서는 "소설의 배경은 청일전쟁 시기로 추정"된다고 지적했는데, 이는 사실상 착각이다. 필자가 보기에도 『혈의 누』와 마찬가지로 『절처봉생』의 배경은 청일전쟁이라고 혼동될 만큼 두 작품은 빼닮았지만 한편 적지 않은 차이도 있다. 사실 『절처봉생』은 청일전쟁이 아닌 러일 전쟁을 배경으로 삼아 쓴 작품인 것이다.

또한 작품 발표 시점에서도 중요한 차이가 난다. 『혈의 누』는 1906년 7월 22일부터 10월 10일까지 『만세보』에 연재했다가 1908년 단행본으로 출판된 데 비해, 『절처봉생』은 1914년 박문 서관에서 단행본으로 펴냈다. 즉 둘의 발표 시점 사이에는 강제병 합으로 인한 국권 상실이라는 사건이 놓여 있으며, 그런 까닭에 두 작품에는 각기 병합 전과 후의 역사 감각이 투영되어 있다. 이 로써 이야기에 가해지는 압력은 차이 날 수밖에 없는바, 『절처봉 생』은 불가피하게 또는 의식적으로 『혈의 누』와 상당한 거리를 확 보하게 된다.

『르 프티 파리지앵』 1904년 9월 25일자. 러일전쟁 중 한 러시아군의 포대 진지를 묘사한 것으로, 일본군의 집중 포격으로 부하 모두를 잃은 대위 한 명이 무리지어 올라오는 100여 명의 일본군을 상대하고 있는 모습이다.

『혈의 누』에 그려진 청일전쟁, 그 인식과 표현

『혈의 누』는 청일전쟁을 배경으로 한 작품이다. 원래 표현대로 한다면 '일청전장'인 이 전쟁에 대해 작가는 어떻게 받아들였는가. 이인직은 이야기의 첫머리로 일본군이 승리한 평양전투의 시공간을 채택했는데, 이를 통해 그것이 동아시아 역사의 전환점임을 환하게 부각시킨다.

그러나 이 전환점에 대해서는 이인직과는 얼마든지 다르게 설정할 수 있다. 예를 들어 『청일전쟁』의 저자인 후지무라 미치오藤村道生는 "청일전쟁은 일본을 '압박받는 나라'로부터 '압박하는 나라'로 전환시켰다는 점에서 일본 근대 역사에 있어 획기적인 전쟁으로 제2차 세계대전에 필적하는 의의가 있다"고 말한다. 또한 그는 "청일전쟁은 군사적으로는 청국을 압도했으면서 정치적으로는 실패한 전쟁"이라고도 평했다.

후지무라에 따르면, 청일전쟁은 세 개의 중첩된 국면으로 이뤄진 전쟁이었다. 첫째 국면은 일본이 제국주의 열강의 극동 분할을 의식하고, 사전에 조선을 제압할 목적으로 조선에 대한 청국의 종주권을 배제하려 했던 국면이다. 둘째 국면은 중국 및 조선의 분할을 둘러싼 열강과의 경쟁 국면으로, 소위 일본의 무쓰陸奧 외교는 그것을 강하게 의식하면서 시작되었다는 점이다. 셋째는 출병과 점령 지역의 민중 억압 국면으로, 이는 전쟁의 정치적 측면에 해당된다.

후지무라는 일본 권력층이 전쟁의 첫째 국면만을 부각시키고 둘째와 셋째 국면을 감추었다고 평가한다. 이는 일본 입장에서 청

『르 프티 주르날』 1898년 1월 16일자. 청일전쟁에서 승리를 거두어 청清이라는 파이를 자르는 연회에 참석할 자격이 있다고 여기는 일본이
일본도를 옆에 두고 기회를 엿보고 있는 모습이다.

일전쟁이 군사적 측면에서는 승리했으나, 외교적 측면에서 패배하고 정치적 측면에서는 종결되지 않았던 전쟁이었기 때문이라고 한다. 특히 전쟁의 전 과정을 지배했던 셋째 국면, 즉 "조선에서 반침략, 반봉건의 갑오농민전쟁(동학농민운동)에 대한 출병, 탄압으로부터 발생하고, 타이완의 항일의병 투쟁의 진압으로 종결했다는 점"을 외면한 채, 외교적 패배를 국력의 부족으로 치환하여 호도했다고도 한다.

청일전쟁이 조선에서 민중 수난을 야기한 것은 오늘날 잘 알려진 사실로, 당시 상황을 잠시 요약해보자.*

청나라와 일본 모두 전쟁을 치르기 위한 병참 준비를 제대로 갖추지 못한 채 전쟁에 돌입했는데, 이 때문에 조선에서는 인부, 우마, 군량, 마초, 땔감 등의 징발에 시달렸다. 아산전투에서 패배한 청군은 평양으로 퇴각하면서 지나가는 곳마다 온갖 악행을 저질렀다. 일본군은 조선 관리를 앞세워 조선인 역부와 우마, 식량, 땔감을 징발하기 시작했고, 이를 체계화하는 과정 중 부산에서 경성에 이르는 교통로 곳곳에 병참 기지를 건설해나갔다. 평양전투까지, 그리고 평양전투의 승리 후에 압록강으로 진격하기까지, 일본군 또한 조선 전역을 군수 물자 징발지로 삼아 약탈적 수준의 착취를 가했다. 이로 인해 조선 민중은 전쟁으로 인한 살인적인 물가 폭등과 기근에 시달려야 했으며, 청군과 일본군 모두 조선에서 약탈과 강간을 자행했다. 평양 이북에서는 군수 물자 조달 속

• 차경애, 「청일전쟁 당시의 전쟁견문록을 통해서 본 전쟁지역 민중의 삶」, 『명청사연구』 28집, 명청사학회, 2007 참조.

서울 남산 아래에서 일본군의 군수 물자 수송에 강제동원된 한국인들의 모습.

도가 군대의 진군 속도를 따라잡지 못해 일본군이 직접 논에 들어가 벼를 베어 정미를 하는가 하면 방화를 일삼았다. 평양성 점령이후에는 잔인한 살육이 벌어졌다. 일본군은 9월 15일 전투에서 승리한 뒤 "저녁 7시부터 이튿날 동틀 무렵까지 닥치는 대로 청병을 죽였는데 이날 밤 무려 1500명을 죽였다"고 전해진다.

『혈의 누』에서 그려내는 청일전쟁의 상황은 이와 다르다. 가족을 잃고 헤매던 최씨 부인은 일본군의 도움으로 괴한의 위협에서 벗어나는 것으로 묘사된다. 일본군이 빈집에 들어가 물건을 약탈하는 일은 전시국제공법에 따른 것으로 호도된다. 또한 옥련이 일본군의 철환에 맞은 장면에서는 군의軍醫의 말이 등장하는데, 군의는 청인의 철환을 맞았다면 철환에 독한 약이 섞여 하루만 지나도 독기가 몸에 많이 퍼졌을 테지만 일본군의 철환을 맞아 치료가 쉽다고 설명한다. 전쟁의 실상을 은폐하는 서술들이 곳곳에 있는 것이다.

이러한 일본 본위의 서술은 작품 말미에서 다시 구완서가 제기하는 학문론으로 연결된다. 이는 후쿠자와 유키치福澤諭吉의 『학문을 권함學問のおすすめ』(1872)에 보이는 유학 및 학문 연마를 통한 입신출세주의와 유사하다.

니가 우리누라에 잇슬 씨에 우리 부모가 늬 늬이 멸 두셔너 살부터 장가를 드리려ᄒᆞᄂᆞᆫ 거슬 늬가 마다ᄒᆞᆼ엿다

우리나라 사람들이 죠혼ᄒᆞᄂᆞᆫ 거시 올흔 일이 아니라

ᄂᆞᄂᆞᆫ 언졔던지 공부ᄒᆞ야 학문지식이 넉ᄀᆞ흔 후에 안히도 학문 잇는 사람을 구ᄒᆞ야 장가 들깃다 학문도 업고 지식도 업고 입에셔 젓늬가 모랑모랑 ᄂᆞᄂᆞᆫ 거슬 장가드리면 짐승의 자웅갓치 아무것도 모르고 음양비합의 락만 알 거이라. 그런고로 우리나라 사람들이 짐승갓치 졔 몸이나 알고 졔 게집 졔 식기ᄂᆞ 알고 나라를 위ᄒᆞ기ᄂᆞᆫ 고사ᄒᆞ고 나라 직물을 도젹질ᄒᆞ여 먹으려고 눈이 벌것케 뒤집펴셔 도라ᄃᆞᆫ기ᄂᆞᆫ 거시 다 어려서 학문을 비우지 못흔 연고라. 우리가 이갓흔 문명흔 셰상에 ᄂᆞ셔 나라에 유익ᄒᆞ고 ᄉᆞ회에 명예 잇ᄂᆞᆫ 큰 ᄉᆞ업을 ᄒᆞ자 ᄒᆞᄂᆞᆫ 목젹으로 만리타국에 와셔 쇠공이를 가라 바ᄂᆞᆯ 맨드ᄂᆞᆫ 셩역을 가지고 공부ᄒᆞ야 남과 갓흔 학문과 남과 갓흔 지식이 ᄂᆞᄂᆞᆯ이 다라가는 이 ᄯᅢ에 장가를드려셔 싴계상에 졍신을 허비ᄒᆞ면 유지흔 되장부가 아니라.

이애 옥년아 그럿치 아니ᄒᆞ냐.(이인직, 『혈의 누』, 광학서포, 1908, 74~75쪽)

마에다 아이前田愛는 『일본 근대 독자의 성립』에서 『학문을 권함』이나 나카무라 마사나오中村正直의 역서 『서국입지편西國立志編』이 메이지 시기 청년들이 입신출세주의로 방향을 잡는 데 지대한 공을 세웠다고 말했는데, 이 책들이 메이지의 정신 풍토에 어떤 식으로 작용하고 역할했는가에 대한 해명은 그들의 사상 구조 자체를 분석하는 작업에 비하면 성과가 크지 못하다고 지적했다. 그들의 사상이 일반 독자에게 어떻게 받아들여졌는지는 거의 조명되지 않았다는 것이다. 그러면서 그는 대중의 막연한 감정에 합리적인 형태를 부여하여 그 에너지에 방향을 제시하는 책들이 있지만, 그 방향은 저자가 의도한 바와 반드시 일치하는 것도 아니며 오히려 대중의 오해로 인해 만들어진다고 했다. 마에다 아이는 "따라서 어떤 성공한 서적이 어떤 식으로 왜곡되었는지 또는 오독되었는지를 풀 열쇠를 밝혀내는 일은 그 서적을 반긴 독자층의 의식 형태를 파악하는 일과 결부된다"고 덧붙였다.

이런 관점에서 보면, '유학과 학문 연마를 통한 입신출세'라는 이인직의 사상은 후쿠자와의 사상에 대한 일종의 오해 및 왜곡의 전형적인 형태 가운데 하나라고 할 수도 있다. 이인직은 이런 사상을 설파하기 위해 청일전쟁과 평양이라는 시공간적 배경을 필요로 했던 것일 텐데, 이는 그가 『혈의 누』를 『만세보』에 연재하던 시점, 즉 러일전쟁 이후의 상황이 그의 사상을 합리적인 것이라고 입증해줄 수 없음을 그가 어느 정도 의식했기 때문일 것이다. 이것은 그가 『은세계』(1908)에서 갑신정변 이후의 정세를 배경 삼아 봉건적인 세력에 대해 비타협적으로 대결을 벌이는 최병도의 이야기를 전개한 것과 같은 맥락에서 이해할 수 있는 일이다.

러일전쟁을 앞둔 정세 인식, 손병희의 경우

『절처봉생』은 어떠한가? 이 작품이 청일전쟁이 아닌 러일전쟁을 배경으로 삼고 있음은 앞서 말했지만, 작가의 사상이나 정세 구도가 달랐기 때문에 『혈의 누』처럼 전쟁을 통해 '유학과 학문 연마를 통한 입신출세'를 그려내고자 했다고 바로 말하기는 어려울 것이다.

작품을 살펴보기에 앞서 먼저 러일전쟁에 대한 당대의 감각을 한번 점검해보자. 러일전쟁이 조선 민중에게 중차대한 역사적 사건이었음은 주지의 사실이다. 이와 관련하여 천도교 이론가인 이돈화가 묘사하는 손병희의 역사 인식은 매우 처절한데, 여기서 하나의 사례로 점검해볼 만하다. 당시 일본에 잠행해 있던 손병희는, 눈앞에 닥친 전쟁에서 조선은 결코 독립국으로 살아남을 수 없다고 생각했다. 다만 단 하나의 생존법이 있다고 여겼는데, 그것은 조선이 승전국의 동맹국이 되어 전승국의 지위를 얻는 길이었다. 손병희는 지리상의 관계, 러시아 및 일본의 전쟁에 임하는 정신적 자세, 군략과 병기 문제 등을 감안하여 러시아와 일본의 싸움에서 승자는 일본이 되리라고 판단했다. 그리고 이런 판단 위에 국내의 동학교도들에게 일본에 협력할 것을 주문하는 한편 일본의 위정자들과 비밀스러운 협상을 전개했다고 한다.

그러나 손병희의 전략은 연락책으로 국내에 파견한 손병흠 및 그와 함께 밀약을 만들어가던 일본 참모총장 다무라田村가 연이어 급작스레 타계하면서 도로에 그쳐버렸다. 이에 손병희는 조선에 닥쳐올 전란에 대비한 단체의 조직과 활동을 명하면서 대동회

＝진보회 등을 잇달아 결성하지만, 진보회를 맡은 이용구와 독립 협회의 여당餘黨인 유신회＝일진회의 손병준 등이 야합하고 말았다. 이용구와 손병준 등이 손병희의 뜻과 달리 조선을 일본의 보호국으로 만들고자 획책했고, 이에 손병희는 동학의 천도교로의 개변을 단행하게 된다. 이돈화는 『천도교 창건사』에서 "동학 혼의 수습과 교도의 재조직에 착수하시어 12월 1일에 교명教名을 천도교라 하니, 이는 대신사가 '도는 곧 천도道則天道'라 하신 본명本名을 그대로 내놓은 것"이라며 이 상황을 기술했다. 이런 와중에 전쟁은 결국 일본의 승리로 낙착되고, 손병희는 이용구·송병준을 비롯한 일진회의 두목 60여 명을 출교黜敎하는 결단을 내렸는데, 이에 이용구와 송병준 등은 시천교를 창립하여 천도교에 맞선다.

『절처봉생』은 러일전쟁을 어떻게 보았나

작품의 배경인 러일전쟁이 지닌 맥락이 중차대했던 만큼 『절처봉생』은 작가의 시각에 따라 얼마든지 시국적인 소설이 될 수 있었다. 또한 조선의 미래를 두고 다투는 국제적인 힘의 충돌을 어떤 형태로든 인식하고 이에 대응해나가는 인물들을 묘사할 수도 있었을 것이다. 그렇다면 일차적인 문제는 작가가 어떤 사람이었는가 하는 점일 것이다.

그런데 『절처봉생』의 작가는 분명치 않다. 첫 번째 판본인 1914년 판에는 박문서관의 사주인 노익형이 '편집 겸 발행자'로 나오며, 두 번째 판본인 1921년판에는 노익형이 '저자 겸 발행자'로 표시되어 있다. 『空山明月』(박문서관, 1919)의 저자인 박영원이 저자라는 견해도 제기됐으나, 이를 그대로 받아들이기는 어렵다. 어쩌면 작가를 한 사람으로 특정하기 어려울 수도 있다. 출판사 사주가 작가의 권리를 독점하는 '소설 공장'의 형태로 이루어진 작품이라고 할 수도 있으니, 작가는 단수가 아닌 복수일 수도 있다. 사정이야 어찌됐든, 『절처봉생』의 저자(들)가 적어도 이러한 조망적 시선을 갖춘 인물(들)은 아니었던 듯하다. 그(들)는 출판법과 사주의 지배 아래서 직인적인 감각과 솜씨로 러일전쟁 직후의 세상사를 일가족의 수난기 형태로 서술하고 제작해나갔을 뿐이기 때문이다.

사실 병합 직전에 만들어진 출판법은 저자들에게 가혹한 처벌 조항을 제시하고 있었다. 당국의 허가 없이 "국교國交를 저해沮害ᄒ거나 정체政體를 변괴變壞하거나 국헌國憲을 문란紊亂케 하는 문서도서文書圖書를 출판한 때에는 3년 이하의 역형役刑" "외교와 군사의 기밀에 관한 문서도서를 출판한 때에는 2년 이하의 역형" "앞의 두 개 항의 경우 외에 안녕과 질서를 방해하거나 또는 풍속을 괴란壞亂하는 문서도서를 출판한 때에는 10개월 이하의 금옥禁獄" "그 밖의 문서도서를 출판할 때에는 100원 이하의 벌금" 등이 부과됐다.

노익형의 회고가 보여주듯이, 출판사의 발행자 역시 무거운 책임을 짊어졌다.

"그러면 書店을 시작하고 처음으로 出版한 書籍은 무엇이었읍니까?"

"只今은 머 이야기할 自由들이 없는 書籍이었읍니다."

"네 그러면 그 다음으로는?"

"네, 그後 말씀이요? 그후엔 春香傳, 沈淸傳, 玉樓夢, 劉忠烈傳 그저 이런 것들이었읍니다."

그리고 그러한 種類의 舊小說들이 아직도 있다는 듯이 손을 드러 저쪽 書架를 가르친다.

"그래 그런 것들이 잘 팔녔읍니까?"

"잘 팔너구 말구요 지금도 잘 팔너지요. 예나 이제나 같습니다. 春香傳, 沈淸傳, 劉忠烈傳 이 셋은 農村의 敎科書들이지요."

"그러면 그런 것의 出版으로 돈을 착실이 모으셨겠군요?"

"네 損害는 없었지요. 그러나 거 어디 몇 푼 남습니까?"

　- 「출판문화의 전당 박문서관의 업적」, 『조광』, 1938년 12월, 313~314쪽

"지금은 머 이야기할 자유들이 없는 서적"에 해당될 역사, 영웅 전기류뿐만 아니라 이인직의 작품들조차 제대로 출판할 수 없었던 것이 당시 상황이었다. 『혈의 누』조차 출판법 아래서는 출판 금지 처분을 받았고, 이인직이 『매일신보』에 연재하던 『모란봉』(1913. 2. 5~6. 3) 또한 연재 도중 중단해야 하는 형편이었다. 이러한 상황에서 『절처봉생』은 러일전쟁을 국제적 힘의 각축과 조선인의 운명을 가르는 노선을 중심으로 삼아 써나갈 수 없었다.

『혈의 누』의 실질적인 주인공인 옥련은 일본을 거쳐 미국으로 나아간다. 『절처봉생』에서 여기에 대응하는 인물은 부모를 잃어버리고 "양주 쌍갈믄니 건너 빅운동 사는 최츈보라 ᄒᆞᆫ는 사름"의 손에 구해져 이름은 정득으로 바꿔 길러지다가 재회의 기쁨을 맛보게 되는 정희인데, 주인공이라기보다는 부차적 인물에 가깝게 처리된다. "강원도 춘천 읍내에서 남의 집 공용살이하는" 장돌쇠

라는 인물의 흉계에 의해 남편과 헤어지게 된 김씨 부인의 간난신고, 아내와 딸을 졸지에 잃어버리고 세상에 나설 마음이 없어져 팔도강산이나 구경하고 죽자 하는 리진사의 금강산 애정 행로가 작품의 중심 줄기를 이룬다. 정희, 김씨 부인, 리진사 모두의 일에 공평에 가까운 분량을 할애한 것이 이 작품의 특징이다. 그렇다면 이 같은 일가 수난기의 주제는 무엇일까.

뿔뿔이 흩어진 세 사람이 다시 모이는 계기는 리진사를 속여 김씨 부인을 빼앗으려 한 장돌쇠나 광릉 내 산골 못 미쳐 어느 동네에 사는 조생원의 후취 부인 구씨, 또 그녀의 친동생 연식 같은 악인들에 의해서 마련되지 않는다. 정희를 구해주는 양주 백운동에 사는 최춘보와 그의 아내 곽씨, 김씨 부인을 구해주는 조생원과 양주 송산 사는 황의관 및 그의 아내 박씨 부인, 포천 솔모루에서 리진사의 묘지기를 하면서 충심을 잃어버리지 않고 지키는 박선달 춘식 같은 인물들에 의해 그 계기가 마련된다.

그들은 난리가 벌어지는 와중에도 인간적인 도의를 지켜나가는 사람들이다. 처음에 장돌쇠의 손아귀에서 김씨 부인을 구하는 조생원은 작중에서 "글ㅈ도 유식ㅎ고 힝셰가 졍직ㅎ여 그 근처의셔 범졀이 무던ㅎ다구 층송ㅎ는 양반"으로 서술된다. 또 리진수 집안의 묘지기인 박션달은 "여러 딕 셰의를 싱각ㅎ면 상하명분만 다를 쑨이지 졍의야 일신이ㄴ 다름업시 문셔잇는 구상견버딤도 흔칭 더 충심이 잇는" 사람이다. 또한 정희를 구해주는 황의관과 그의 아내는 다음과 같이 예수 교도로서의 이웃 사랑을 실천하는 인물로 그려진다.

본딩 셔을 잇슬젹벼럼 두 늬외가 예수 교당에 단니면셔 예수씨를 열심
으로 밋더 셰례까지 밧고 시골 나려와셔도 여러 동포 형뎨의게 젼도ᄒ
기로 젼력ᄒ여 ᄌ션지심이 인싱 구졔ᄒᄂᄂ 목젹으로 어듸써지라도 몸을
앗기지 아니ᄒᄂᄂ 열심을 일향의셔 츙숑ᄒᄂᄂ 터이라.(『절쳐봉생』80쪽)

그 마누라ᄂᄂ 힝년 육십에 무엇스로 죵ᄉ를 ᄒ엿ᄂᄂ냐 ᄒ면 하ᄂ님을 열심
히 밋더셔 불샹ᄒ 사ᄅᆷ을 보면 구ᄒᆡ쥬기와 간구ᄒ 형뎨ᄂᄂ 의식쥬기를
이싱 양쥬가 젼싱 동싱이라ᄂᄂ 속담과 ᄀᆺ치 그집 령감도 마누라 쏫과 일
니흡ᄉ를임이 없셔.(『절쳐봉생』81쪽)

『절처봉생』은 이처럼 신분, 연령의 고하와 성별, 종교를 가리지
않고 인간적 도의를 저버리지 않으며 살아가는 사람들의 행동을
제시하면서 이들의 원조를 받아 재회하는 일가족의 사연을 서술,
묘사해나간다. 이것은 전쟁과 지배, 억압의 시대에 대한『절처봉
생』의 처방전이라고 봐도 좋다.

　나라를 잃어버리고 출판법의 지배 아래서 소설을 제작해야 했
던 당대 사람들의 시야에서, 러일전쟁은 국제적 힘들의 각축이라
기보다는 일가의 이산離散을 강요하는 힘으로 이해될 뿐이었다.
또 이 사람들을 구원할 수 있는 것은 일본이라든가 러시아 같은
외부적 열강이나 유학을 통한 학문 연마 등의 추상적·입신출세주
의적 노선이 아니라 어려운 형편에 빠진 사람을 도와줄 줄 아는 인
지상정과 인간적 도의를 지닌 마음이었다.

　『절처봉생』의 이 같은 주제는『혈의 누』라는 전위적 소설이 노
정하는 민중의 삶과의 괴리를 부각시키면서 역사가 민중과 직인적

감각을 가진 무명 작가(들)에 의해 이해되는 방식을 보여준다. 이 점에서 『절처봉생』은 『혈의 누』의 '다시 쓰기'임이 분명하되 차이를 보이는 다시 쓰기, 원작으로부터의 비평적 거리를 확보한 '다시 쓰기'라 할 수 있다. 한일합방 전후라는 역사적 거리는 『절처봉생』의 플롯에 압력을 행사함으로써 주인공의 지위를 수정하고 구원의 방법론을 소박한 생활 차원에서 새롭게 제시하도록 하는 방향으로 작용했다.

『절처봉생』에 나타나는 러일전쟁 직후의 서울

『절처봉생』이 러일전쟁을 배경으로 이야기를 전개한다지만, 사실 구체적인 근거를 찾는 일이 쉽지만은 않다. "난데없는 총소리가 광화문통에서 콩 볶듯 나"고 "억만 장안이 물 끓듯 피란 가는 소동"이 날 수 있는 때는 언제인가? 그것은 전쟁이 조선 제물포에서 시작되어 인천을 거쳐 서울에 들어와 북상한 일본군이 압록강 부근에서 러시아군과 대결하게 되는 러일전쟁일 가능성이 높다.

러일전쟁 당시 조선에 와 있던 미국인 선교사 호머 헐버트는 『대한제국 멸망사 The Passing of Korea』(1906)에서 일본 함대가 제물포에 정박해 있던 러시아 함대를 포격하는 장면을 실감나게 묘사하고 있다. 1904년 2월 8일 러시아 함대는 무방비 상태에서 일본군의 공격을 받고 맥없이 항복해야 했으며 일본군은 사실상 별다른 충돌 없이 서울에 입성할 수 있었다. 러시아에 대한 일본의 정식 선전포고는 2월 10일에야 이뤄졌다.

『르 프티 주르날』1904년 2월 21일자. 1904년 2월 8일 일본 해군이 러시아군이 주둔하고 있는 항을 공격함으로써 러일전쟁을 촉발한 장면을 묘사한 것이다.

러시아군은 서울을 일본에 내준 채 북쪽으로 퇴각했고, 대규모 전투는 만주와 동해 해상을 중심으로 벌어졌기 때문에 조선으로서는 청일전쟁 때와는 달리 요행히 전쟁의 화염에서 비껴나 있었다. 『절처봉생』의 내용 중 광화문에서 총소리가 났다고 한 것은 매우 국지적인 충돌이거나 위협을 목적으로 한 데 지나지 않았을 가능성이 높다.

『절처봉생』은 전쟁의 소란과 소문을 피해 남산골 집에서 포천의 솔모루로 피란 가다 서로 뿔뿔이 흩어지게 된 진사 리중협 일가가 간난신고 끝에 재회하게 되는 사연을 그렸다. 그러나 이 전쟁이 과연 러일전쟁인가 하는 점은 불확실한데, 이는 『혈의 누』가 "일청 전장의 총소리"라 했던 것과 달리 이 전쟁이 어떤 전쟁인가를 알려주는 단서가 없고, 『은세계』와도 달리 사건이 벌어지는 시간적 배경이 겨울임을 알려주는 구체적인 묘사도 없기 때문이다. 또한 리중협 일가의 사람들, 리진사와 김씨 부인 및 정희는 피란을 가긴 하나 『혈의 누』의 김관일이나 최씨 부인, 옥련과 달리 양국 군이 충돌하는 전쟁터를 직접 경험한다기보다는 전쟁의 소문을 배경으로 이리저리 이합할 뿐인 까닭에 전쟁의 실체가 작품 전면에 드러나지 않는다. 『절처봉생』에 나타나는 전쟁의 자취라고는 "평양대 병정들이 쫓겨 시골로 가는 길에 작폐를" 부리는 소요 통에 리진사가 정희를 잃어버리는 것밖에 없다.

『혈의 누』는 주인공 옥련이가 청일 양군의 평양전투를 배경으로 일본 군의인 이노우에#上 소좌에 의해 구원받아 일본으로 건너가는 과정을 그려내는데, 비록 지극히 친일적인 시각으로 해석된 것이지만 전쟁의 성격을 극명히 드러내며 이로써 시대소설의 뉘앙스

을사보호조약 체결 기념 촬영을 하고 있는 이토 히로부미와 일본군 장성, 일본공사 관원들이다. 을사보호조약은 러일전쟁의 직접적인 결과였다.

를 강하게 풍긴다. 반면 『절처봉생』은 딸인 정희가 난리의 와중에 부모를 잃고 헤맬 뿐이요, 김씨 부인은 부녀자의 시련을 겪을 뿐이며, 리진사 역시 아내를 잃어버리고 금강산에 들어갔다가 출가한 여인을 만나 새 아내로 맞아들이고 가족과 재회하는 등 한 가족의 수난사에 지나지 않는 이야기를 펼쳐놓는다.

러일전쟁이 청일전쟁과 마찬가지로 조선인들의 운명을 바꾼 역사적 사건이었음은 두말할 나위가 없다. 러일전쟁을 계기로 조선은 완전히 일본 수중에 떨어졌으며 을사보호조약은 러일전쟁의 직접적인 결과였다. 그러므로 러일전쟁의 시국적 성격에 대한 『절처봉생』의 거의 철저한 무관심은 이 작품을 쓴 이가 상업적이고 직업적인 작가일 가능성이 높음을 시사한다.

『절처봉생』 작중에서 러시아와 일본의 대결이라는 역사적 사건은 구체적인 실체를 드러내지 않고 결말에 이르기까지 불분명한 채로 남는다. 그러나 실상 러일전쟁 직후의 삶의 자취와 흔적을 찾는 것은 이 작품의 성격을 이해하는 데 매우 중요하다. 이와 관련하여 명료한 근거 세 가지를 찾아볼 수 있는데, 하나는 리중협이 금강산에서 만나는 수월자라는 여승의 부모가 나누는 대화에 등장하는 『제국신문』이다.

> 속담에 열손가락을 깨무러 아니압흔 손가닥이 업다구 실하에 ᄌ녀가 ᄌ극ᄒ더리도 하나이 병이 들거나 참척이 잇스면 익가 쓰이나너 슯흐너 할터인ᄃㅣ 다만 남미를 두엇다가 딸ᄌ식일망졍 익지종지ᄒ다가 밋쳐 쳘도 아니난것슬 늬손으로 거취업시 보닏 어듸 가겨 죽어는지 살어난지도 모로고 일구월심에 ᄌ나깨나 슈심으로 지닛는이는 타방골리지 사의 늬외라 하로는 리지사가 늬당에 드러와 그부인과 한담을 ᄒ다가
> (부) 여보 디갑 근일에 졔국신문을 보엿소
> (딕) 졔국신문은 언문신문이라 ᄌ셰는 아니 보왓소ᄆᆞ은 웨 그리시오 무신 말이 잇습던잇가
> (부) 근을에 긔가법이 터져겨 아모 판겨 외손녀 쌀이 쳥상으로 잇다가 아모 아들과 혼인을 올게 지닉고 아모 참판에 쌀이 쳥상으로 잇다가 아모 아들과 혼인을 올게 지닉고 아모 참판에 쌀도 홀노되엿다가 아모ᄒ고 혼인을 지닛단너 그게 다 참말일ᄭㅏ요. (노익형, 『절쳐봉생』, 박문서관, 1914, 128쪽)

『제국신문』은 1898년 8월 10일에 창간되어 1910년에 폐간된 한글 전용 신문으로 독자층의 상당수가 서민과 부녀자였으며, 이

해조와 이인직 등이 제작에 참여한 것으로 알려져 있다. 이 신문에 게재된 귀족 집안 여식들의 개가 소식에 관한 이야기는 개가가 점차 자연스러운 일로 받아들여진 세태를 드러낸다. 수월자라는 여성의 부친은 역관으로 유명한 지사 리원규로, 남매 가운데 여식을 승려로 만들어놓고는 수심에 잠겨 있다가 "세상사가 이렇게 변할 줄 누가 알았단 말이냐"라며 탄식한다. 만약 작중에 등장하는 전쟁이 청일전쟁이었다면 이런 묘사는 불가능했을 터이다.

다른 하나는 김씨 부인이 박선달을 통해서 남산골 집을 처분하는 대목에 나오는 천일은행의 존재다. 이 은행은 대한천일은행을 말하는 것으로, 정부와 상인들이 자본을 합쳐 1899년 1월 30일에 창립한 것이다. 1905년에는 경제 위기와 화폐 개혁으로 일시 휴업을 하게 되지만 1906년 6월에 자본금을 늘려 민간 은행의 면모를 갖추게 된다. 한국상업은행의 전신이다.

(박) 아씨 아모 걱정 마시고 집문셔를 쥬십시오 소인이 어려서 알어 하깃심잇가 집문셔는 마츰 김씨 부인이 떠느올찌 쥬머니에 느코온 거시라 부인이 셔심지 아너하고 열는 쑈니셔 당부하느마듸도 업시 쥬어보니니라 박션달이 문셔를 가지고 쏜살갓치 명동으로 올너와서 김쳠지를 초즈보고

(박) 그 진스님께셔는 몸이 편치 못하셔셔 못오시고 니가 판각문셔를 가지고 왓스니 오날이라도 월가를 하여야 압다리를 스깃소

(김) 압다 그 진스님이야 오시고 아너오시고 문셔만 왓시면 월가될 거시니 념녀말나 하고 부리낙게 갓다오더니 육쳔오빅환을 차즈라 하기로 박션달이 육쳔오빅환을 바다셔 구문외에 이십환을 상급으로 김쳠지

를 더쥬고 그 남겨지는 광통교 쳔일은힝에 임치훈 후 통장을 맛터가지고 그 길로 동뒤문안 연모골로 와셔 그젼 졔미부 황의관사던 동뇌다가 시로 지은 와가이십오간의 먼지만 쓸고 들집을 스빅오십환을 쥬고 소셔 한셩부판각까지 뇌여 가지고 나려와셔 김씨 부인게 남산골 집을 육쳔오빅환 바든말이며 연모골집 스빅오십환 쥬고산 말이며 그 남은 돈은 은힝소에 임치하고 온 젼후 셜화를 일중하너.(노익형, 『졀쳐봉생』, 박문서관, 1914, 95~96쪽)

나머지 하나는 가족과 뿔뿔이 흩어지게 된 리즁협이 수월즈, 즉 경난을 새 아내로 맞아들여 서울로 올라와 목도하게 되는 남산골의 변모다.

이서 리진수는 우연너 강가도 잘들쒼 아너라 졸지에 의식이 유여하여 셰승에 그릴 거시 업시나 그 부인과 쏠아희 사싱을 몰너 일구월심에 수심이라. 셔을 드러오던 길로 바로 남손골 즈기집이 엇지 되엿나 하고 가본즉, 집은 간 곳도 업고 일본사람이 집을 굿듯이식로 지은지라. 물어볼 곳도 업고 눈물만 쑤리고 도러와 싱각을 하너 실하에 한낫 혈육이 업시너 쳔영향화 슨칠 일은 죠상에 큰 득죄요 셰상에 거두를 못할 셔셰라. 찰아리 즁쫑비쳑을 하쥬흔들 남북촌 유명흔 뒤가 후예라 누가 모로리가 잇슬리요. 하로는 학부뒤신 아모씨가 리즁협의 학식이 넉넉흔 쥴 아는지라, 공쳔으로 셩균관 교수를 시켜 거지생居齋生을 교육하게 하는지라.(노익형, 『졀쳐봉생』, 박문서관, 1914, 133쪽)

금강산을 떠돌다가 올라와 본 남산골 자기 집은 앞서 본 것처럼 김씨 부인의 일을 봐주는 박선달이 일본인에게 팔아넘긴 참이다. 『절처봉생』은 남산골이 일본인들 천지가 되어가는 시대적 변모를 보여주는 흔치 않은 작품인데, 이러한 남산골의 변모는 다음의 인용문이 일러주듯이 전통적인 조선 가옥을 허물고 근대적 측량을 거쳐 일본 가옥으로 변모시키는 과정을 통해 이뤄진다.

그 잇튼날 운동복쟝에 낙가오리 보시를 쓰고 불난셔 졔조 살쥭경을 쓰고 죵려단장의 게다를 신은 일본 신스 하나이 넌력거를 타구 와셔 집긔지와 좌쳐를 스면 들너보더니, 거미구에 양복을 말쑥하게 입고믹 고즈의 구쓰를 신은 쳘문 학도 하나이 칭량긔게를 메고 오더니 리진스 집 안마당에다 등질장스 바장딕 벌어 세우듯 칙판을 쇼쳐노고 스면으로 포쳔혁을 씌어 지더라.

집은 비록 게짝지만 하나 공딕가 널너셔 산을을 흔집이라 긔지가 한량업시 널너셔 육빅여평이라 미평에 십환식 흥졍을 흐여노고 그 길로 곳 나려와셔 김씨부인의 회보를 흘러인딕.(『절쳐봉생』, 박문서관, 1914, 93쪽)

러일전쟁 이후 남산골이 일본인들의 거주지로 각광받게 되었음을 여기서 볼 수 있다. 그런데 실로 경성의 도시 공간은 러일전쟁 전후로 그 공간적 성격이 달라진다. 초기에는 일본인 이주자들이 일시적으로 들어와 단신 이주자들이 많았던 데 비해 러일전쟁 이후로는 그 양상이 크게 바뀌어 반영구적 정착을 목적으로 가족 단위로 이주해와서 자택을 짓고 사는 거류민이 급증했다.

전쟁이 발발하자 전쟁 경기에서 이익을 얻으려는 일본인들이 하

종로로 일대인 혼마치 거리. 일제강점기에 일본인 촌으로 자리잡은 곳으로, 길 양쪽에 일본인 상가가 빼곡이 들어차 있다.

루에도 몇십 명씩 들어왔던 까닭에 한 달도 채 지나지 않아 1000명이 넘는 증가세를 보였고, 이들 가운데 상당수는 일본으로 되돌아갔지만 서울에 남아 생존을 도모하려는 이가 적지 않았던바 그 결과 거류민들이 전년에 비해 크게 증가하는 양상을 띠었다. 박찬승*에 따르면, 지금의 퇴계로 일대에는 한인들로부터 한옥을 매입하

12장
신소설에 그려진
청일전쟁과 러일전쟁

311

• 박찬승, 「러일전쟁 이후 서울의 일본인 거류지 확장 과정」, 『지방사와 지방문화』 5권 2호, 2002.

고 구릉을 깎아 일본인들을 위한 유곽 거리가 만들어졌다고 한다. 일본인 거류지역이 크게 확장되어 진고개 전체, 충무로의 저동芧洞, 초동草洞 일대, 남산 밑의 남산동, 회현동, 남학동, 필동 전체가 일본인들의 거주지로 변모했다. 일본식 가옥의 경쟁적인 신축은 이에 따른 자연스러운 결과였다.

소설로서 『절처봉생』의 가치 가운데 하나는 이처럼 러일전쟁을 전후로 하여 서울에 나타난 생활상의 변화를 세태와 풍속의 측면에서 풍부하게 드러낸다는 데 있다. 이 작품은 『혈의 누』가 보여주는 시국의 향방에 대해서는 철저히 무능력한 사유능력을 내비치지만, 일본군이 조선에 침투하는 등 곧 전쟁이 일어나리라는 흉흉한 소문이 돌고 돈 끝에 벌어진 러일전쟁을 전후로 하여 나타난 서울의 변모 양상을 여러 방면에 걸쳐 매우 구체적으로 그려내고 있는 것이다. 이러한 묘사의 배면에 직인으로서의 작가, 작가적 정체성을 획득하지 못한 채 출판업주의 지배 아래 '다시 쓰기'를 통한 소설 생산에 종사해야 했던 민중적 작가의 초상이 개입되어 있음은 물론이다.

1장   왜, 이만주를 죽여야 했는가?

　　姜性文, 「世宗朝 婆猪野人의 征伐研究」, 『陸士論文集』 30, 육군사관
　　　　학교, 1986

　　金九鎭, 「여진과의 관계」, 『한국사』 22, 국사편찬위원회, 1995

　　노영구, 「세종의 전쟁수행과 리더십」, 『오늘의 동양사상』 19, 예문동
　　　　양사상연구원, 2008

　　李鉉淙, 「여진관계」, 『한국사』 9, 국사편찬위원회, 1981

　　이규철, 『조선초기의 對外征伐과 對明意識』, 가톨릭대학교 국사학과
　　　　박사논문, 2013

　　정다함, 「조선 초기의 '征伐' - 천명, 시계, 달력, 그리고 화약무기」,
　　　　『역사와 문화』 21, 문화사학회, 2011

2장   이시애 반란 사건의 비밀

　　金相五, 「李施愛의 亂에 對하여」 上, 『全北史學』 제2집, 전북대학교 사
　　　　학회, 1978

　　――――, 「李施愛의 亂에 對하여」 下, 『全北史學-故 姜喆鍾敎授 追念 特
　　　　輯』 제3집, 전북대학교 사학회, 1979

　　金順南, 『조선초기 體察使制 연구』, 景仁文化社, 2007

　　李東熙, 「李施愛 亂에 있어서 韓明澮·申叔舟의 역모 연루설」, 『全羅文
　　　　化論叢』 第7輯, 全北大學校 全羅文化研究所, 1994

　　오종록, 『조선초기 양계의 군사제도와 국방』, 국학자료원, 2014

　　鄭泰憲, 「世祖의 李施愛亂 收拾政策」, 『史學研究』 제38호, 한국사학회,
　　　　1984

　　車文燮, 「이시애李施愛-관북인關北人의 분화噴火」, 『한국의 인간상』,
　　　　신구문화사, 1965

한희숙, 「세조의 정책에 정면으로 도전하다 —이시애」, 『모반의 역사—
역사는 그들을 역모자라 불렀다』, 한국역사연구회 엮음, 세종서
적, 2001

3장   열탕과 온탕을 오가는 일본과의 교류
『한국군사사 6: 조선전기 II』, 육군본부 엮음, 경인문화사, 2012
김일환, 「세종대 대마도정벌의 군사적 전개과정」, 『순천향인문과학논
총』 제31권 2호, 순천향대학교 인문과학연구소, 2012
심민정, 「삼포왜란의 발생원인과 대마도」, 『동북아문화연구』 34, 동
북아시아문화학회, 2013
이규철, 「1419년 대마도 정벌의 의도와 성과」, 『역사와 현실』 74, 한
국역사연구회, 2009
이재범, 「三浦倭亂의 歷史的 性格에 대한 再檢討」, 『韓日關係史硏究』
6, 현음사, 1996
李鉉淙, 「三浦倭亂原因考」, 『海圓黃義敦先生古稀紀念史學論叢』, 동국
대학교출판부, 1960
장준혁, 「麗末鮮初 동아시아 국제정세 속의 대마도 정벌」, 『歷史와 實
學』 53, 역사실학회, 2014
한문종, 「朝鮮初期의 倭寇政策과 對馬島征伐」, 『全北史學』 19·20, 전
북사학회, 1997

4장   임진왜란, 동부 유라시아 대륙 플레이어들의 각축전
구범진, 『청나라, 키메라의 제국』, 민음사, 2012
기타지마 만지, 『도요토미 히데요시의 조선 침략』, 김유성 옮김, 경인
문화사, 2008
김시덕, 『그들이 본 임진왜란』, 학고재, 2012
──, 『동아시아, 해양과 대륙이 맞서다』, 메디치, 2015
김호동, 『몽골 제국과 세계사의 탄생』, 돌베개, 2010
신동규, 『근세 동아시아 속의 일·조·란 국제관계사』, 경인문화사,
2007
엘리엇, 마크 C., 『만주족의 청제국』, 이훈·김선민 옮김, 푸른역사,
2009

퍼듀, 피터 C., 『중국의 서진−청의 중앙유라시아 정복사』, 공원국 옮김, 길, 2012

하네다 마사시, 『동인도회사와 아시아의 바다』, 이수열·구지영 옮김, 도서출판 선인, 2012

한명기, 『역사평설−병자호란』 1·2, 푸른역사, 2013

5장 병자호란을 보는 새로운 시각

류재성, 『병자호란사』, 국방부전사편찬위원회, 1986

한명기, 『정묘·병자호란과 동아시아』, 푸른역사, 2009

──, 『역사평설−병자호란』 1·2, 푸른역사, 2013

6장 오랑캐 러시아를 무찌른 정벌은 왜 상처가 되었나

『비변사등록』

『조선왕조실록』

계승범, 『조선시대 해외파병과 한중관계−조선 지배계층의 중국 인식』, 푸른역사, 2009

郝建恒·侯育成·陳本栽, 『歷史文獻補編: 17世紀中俄關係文件選譯』, 北京: 商務印書館, 1989

Эдуард Прац, Дополнения к Актам историческим том 3, Санкт-Петербург, 1846~1872

РГАДА, Сибирский приказ фонд, стлб. 124

7장 "영조는 우리 국왕이 아니다!"

『감란록』

『무신역옥추안』

고수연, 「조선 영조대 무신란의 실패 원인」, 『한국사연구』 170, 한국사연구회, 2015

변주승·문경득, 「18세기 전라도 지역 무신란戊申亂의 준비과정: 「무신역옥추안」을 중심으로」, 『인문학연구』 93, 한국외국어대학교 철학과문화연구소, 2013

이종범, 「1728년 무신란의 성격」, 『조선시대 정치사의 재조명: 사화·당쟁편』, 범조사, 1985

장필기, 『영조대의 무신란, 탕평의 길을 열다』, 한국학중앙연구원출
　　판부, 2014

정석종, 『조선후기사회변동연구』, 일조각, 1984

정호훈, 「18세기 정치변란과 탕평정치」, 『한국 고대·중세의 지배체제
　　와 농민』, 지식산업사, 1997

조찬용, 『1728년 무신봉기와 300년 차별』, 학고방, 2012

허태용, 「1728년 무신란의 진압과 『감란록』의 편찬」, 『한국사연구』
　　166, 한국사연구회, 2014

8장　평안도에서 자란 저항의 주체들

고석규, 「서북지방 향촌지배세력의 변동」, 『19세기 조선의 향촌사회연
　　구: 지배와 저항의 구조』, 서울대학교 출판부, 1998

오수창, 『조선후기 평안도 사회발전 연구』, 일조각, 2002

정석종, 「홍경래난과 내응세력」, 『조선후기의 정치와 사상』, 한길사,
　　1994

─── , 「홍경래난의 성격」, 『조선후기의 정치와 사상』, 한길사, 1994

Sun Joo, Kim, *Marginality and Subversion in Korea: The Hong
　　Kyŏngnae Rebellion of 1812*, University of Washington
　　Press, 2007

9장　제국의 함포, 조선의 위기

『고종실록』

『丙寅日記』

『平壤監營啓錄』

『한국군사사 9: 근·현대 I』, 육군본부 엮음, 경인문화사, 2012

김명호, 『초기 한미관계의 재조명: 셔먼호 사건에서 신미양요까지』,
　　역사비평사, 2005

김원모, 「로즈 艦隊의 來侵과 梁憲洙의 抗戰」, 『東洋學』 13, 단국대학
　　교 동양학연구소, 1983

─── , 『開化期 韓美交涉關係史』, 단국대학교 출판부, 2003

서인한, 『丙寅·辛未洋擾史』, 국방부전사편찬위원회, 1989

梁敎錫, 「丙寅洋擾의 考察」 『史叢』 29, 고려대학교 역사연구소, 1985

연갑수, 『대원군집권기 부국강병정책 연구』, 서울대학교 출판부, 2001

이헌주, 「관찰사 박규수, 평양사람들과 제너럴 셔먼호를 불태운 배경은?」, 『개화기 지방 사람들』 2, 어진이, 2006

쥐베르, 앙리·마르탱, C. H., 『프랑스군인 쥐베르가 기록한 병인양요』, 유소영 옮김, 살림출판사, 2010

「韓佛關係資料(1846~1856)」, 『敎會史硏究』 1, 한국교회사연구소, 1977

「韓佛關係資料(1866~1867)」, 『敎會史硏究』 2, 한국교회사연구소, 1979

10장 민초, 혁명을 말하다

나카츠카 아키라·박맹수·이노우에 가쓰오, 『동학농민전쟁과 일본』, 한혜인 옮김, 모시는사람들, 2014

나카츠카 아키라, 『1894년, 경복궁을 점령하라』, 박맹수 옮김, 푸른역사, 2002

박맹수, 『사료로 보는 동학과 동학농민혁명』, 모시는사람들, 2009

─────, 『개벽의 꿈, 동아시아를 깨우다─동학농민혁명과 제국 일본』, 모시는사람들, 2011

─────, 『생명의 눈으로 보는 동학』, 모시는사람들, 2014

조경달, 『이단의 민중반란─동학과 갑오농민전쟁 그리고 조선 민중의 내셔널리즘』, 박맹수 옮김, 역사비평사, 2008

표영삼, 『표영삼의 동학이야기』, 모시는사람들, 2014

11장 "우리 나라 이익의 초점은 조선에 있다"

『승정원일기』

『고종실록』

『만국공법』

강상규, 「고종의 대내외 정세인식과 대한제국 외교의 배경」, 『동양정치사상사』 4권 2호, 동양정치사상사학회, 2005

─────, 「1884년 의제개혁에 대한 정치적 독해: 문명사적 전환기의 현실정치 공간과 한일관계의 한 측면」, 『세계정치』 12권, 2010

─────, 「동아시아 문명권에서 '주권'과 '국제' 개념의 탄생: 만국공법의 판본비교와 번역」, 『중국학보』 62집, 2010

———, 「박규수와 고종의 정치적 관계연구」, 『동양정치사상사』 11권
1호, 동양정치사상사학회, 2012

12장 신소설에 그려진 청일전쟁과 러일전쟁
김청강, 「딱지본 대중소설, 혼란과 판타지」, 『대중서사연구』 15, 2006
노익형, 『절쳐봉생』, 박문서관, 1914
이인직, 『혈의루』, 광학서포, 1908
한기형, 『한국근대소설사의 시각』, 소명출판, 1999
후지무라 미치오藤村道生, 『청일전쟁』, 허남린 옮김, 소화, 1997

지은이

이규철 _____ 명지대 인문과학연구소 박사후연구원. 논문「조선초기의 대
외정책과 대명의식」「조선 초기(태조대~세종대)의 대외정보 수
집활동」외 다수.

오종록 _____ 성신여대 사학과 교수. 저서『여말선초 지방군제 연구』『조선
초기 양계의 군사제도와 국방』, 공저『한국문화유산의 이해
와 답사』『조선시대 사람들은 어떻게 살았을까』외 다수.

윤훈표 _____ 전 연세대 국학연구원 연구원. 저서『여말선초 군제개혁연
구』, 공저『경제육전과 육전체제의 성립』『개성부원록』『한국
군사사』외 다수.

김시덕 _____ 서울대 규장각한국학연구원 교수. 저서『그림이 된 임진왜란』
『교감·해설 징비록』『그들이 본 임진왜란』『동아시아, 해양과
대륙이 맞서다』외 다수.

한명기 _____ 명지대 사학과 교수. 저서『임진왜란과 한중관계』『광해군』
『정묘·병자호란과 동아시아』『역사평설 병자호란』(1·2) 외
다수.

계승범 _____ 서강대 사학과 교수. 저서『조선시대 해외파병과 한중관계』『정
지된 시간』『우리가 아는 선비는 없다』『중종의 시대』외 다수.

정호훈 _____ 서울대 규장각한국학연구원 교수. 저서『조선후기 정치사상
연구』『선각』『조선의 소학』, 공저『실용서로 읽는 조선』『조선

기록문화의 역사와 구조』(1·2) 외 다수.

오수창 _____ 서울대 국사학과 교수. 저서『조선후기 평안도 사회발전 연구』
『조선시대 정치, 틀과 사람들』, 공저『역사, 길을 품다』, 역서
『서수일기: 200년 전 암행어사가 밟은 5천리 평안도 길』외
다수.

윤대원 _____ 서울대 규장각한국학연구원 HK연구교수. 저서『상해시기 대
한민국임시정부 연구』『21세기 한·중·일 역사 전쟁』, 공저
『대한민국 임시정부의 현대사적 성찰』『조선 기록문화의 역사
와 구조 2』외 다수.

박맹수 _____ 원광대 원불교학과 교수. 저서『개벽의 꿈, 동아시아를 깨우
다』『생명의 눈으로 보는 동학』, 공저『동학농민전쟁과 일본』
『인문학 특강』외 다수.

강상규 _____ 한국방송통신대 일본학과 교수. 저서『19세기 동아시아의 패
러다임 변환과 제국일본』『19세기 동아시아의 패러다임 변환
과 한반도』『19세기 동아시아의 패러다임 변환과 다중거울』외
다수.

방민호 _____ 서울대 국문과 교수. 저서『일제 말기 한국문학의 담론과 텍
스트』『이상 문학의 방법론적 독해』『한국 전후문학과 세대』
『채만식과 조선적 근대문학의 구상』외 다수.

전란으로 읽는 조선

ⓒ 규장각한국학연구원 2016

1판 1쇄	2016년 2월 1일
1판 3쇄	2020년 11월 16일

엮은이	규장각한국학연구원
펴낸이	강성민
기획	윤대원 정일균 권기석
편집장	이은혜
마케팅	정민호 김도윤
홍보	김희숙 김상만 지문희 김현지
독자 모니터링	황치영

펴낸곳	(주)글항아리	출판등록 2009년 1월 19일 제406-2009-000002호

주소	10881 경기도 파주시 회동길 210
전자우편	bookpot@hanmail.net
전화번호	031-955-2696(마케팅) 031-955-2670(편집부)
팩스	031-955-2557

ISBN	978-89-6735-298-1 03900

글항아리는 (주)문학동네의 계열사입니다.

이 도서의 국립중앙도서관 출판예정도서목록(CIP)은 서지정보유통지원시스템 홈페이지(http://seoji.nl.go.kr)와 국가자료종합목록 구축시스템(http://kolis-net.nl.go.kr)에서 이용하실 수 있습니다. (CIP제어번호:2016001776)

＊이 저서는 2008년 정부(교육과학기술부)의 재원으로 한국연구재단의 지원을 받아 수행된 연구임.

geulhangari.com